Nomura Research Institute
野村総合研究所
Motoko Matsushita　Hiroyuki Hayashi　Hiroyuki Nitto
松下東子＋林　裕之＋日戸浩之 著

日本の消費者は何を考えているのか？（二極化時代のマーケティング）

3年に一度の生活者1万人アンケートからわかる日本人の価値観

東洋経済新報社

まえがき

30年続いた平成時代が終わり、新たに令和が始まった。平成は、世界を見れば冷戦の終結、同時多発テロ、世界金融危機など激動の時代であり、日本においてもバブル経済の崩壊とその後の失われた20年と言われる長期にわたる経済の停滞期、大震災などの災害とそこからの再生など、やはり日本人の価値観に大きな変化をもたらす出来事がたくさんあった。

株式会社野村総合研究所（ＮＲＩ）では、１９９７年から3年ごとに、全国の生活者１万人に対して生活価値観や消費行動・意識などの幅広い項目についてのアンケート調査を行っている。２０１８年が最新の調査だが、まさに足掛け21年間、平成時代の3分の2におよぶ長期間にわたって、日本人の変化を追いかけてきたことになる。

このＮＲＩ「生活者１万人アンケート調査」について特筆したいのは、この調査が日本全体の縮図となるように無作為抽出した対象者に対して、訪問留置法で調査を行っている点である。訪問留置法とは一戸ずつ訪問して調査票への回答を依頼するやり方であり、年齢的にも下は15歳から上は79歳まで（２００９年調査までは69歳）、幅広い年齢の方々のご意見をうかがっている。

近年、いわゆる大規模サンプル調査といえばインターネット調査で行われることが主流となっているが、訪問留置式の本調査は、対象者がインターネット利用者に限定されることなく、各調査時点の日本人の意識・行動がデータでわかる貴重なものとなっている。

この「対象者がインターネットの利用者に限定されない」という特徴は、長期時系列で日本人の価値観・意識・行動の変化を見ていく上で、実は非常に重要だ。というのも、冒頭にあげたような国内外での大きな出来事に加え、インターネットの普及と情報端末の変化が及ぼす影響は多大なものだからである。１９９７年の調査開始時には個人利用率９・２％とごく限られた層が利用していたインターネットだが、２０１７年には80・９％と８割を超える日本人が利用している（総務省「通信利用動向調査」）。

また、インターネットの利用シーンも仕事や学業でのデータ処理・分析や、情報収集、電子メールのやり取りに限られていた以前に比べ、買い物や余暇活動・娯楽目的での利用やより高次のコミュニケーション、現在の状況に基づいた即時的な情報の取得など、大きく拡充された。例えば、本調査における２０００年調査時点でのインターネットショッピング利用率はわずか５％だったが、直近２０１８年調査では58％にまで拡大している（長期時系列比較のため15歳～69歳に限定して集計）。

特に、情報端末がデスクトップＰＣやノートＰＣから、タブレット、スマートフォンに変化したことが消費者のライフスタイルや消費行動に与えた変化は著しい。２０１２年には20代を中心に、一部の若者による利用に留まっていたスマートフォンだが、2015年には中高年層、特に主婦層へ普及し、さらに2018年には高年齢層への普及が進んだ。

スマートフォン利用率については2012年から2015年にかけての変化が大きかったが、スマートフォンで「していること」については、2015年から2018年にかけて飛躍的に拡大した。今や日本の消費者のほとんどが、あのスマートフォンの小さな画面を通じて情報を取得し、モノを買い、または売り、余暇を楽しみ、時間をつぶし、人と出会い、語らい、人間関係を構築しているのである。

インターネットはもはや部屋にこもって「取り組む」もの、そして世帯で共有するものではなくなり、個々人が持ち歩くスマートフォンからいつどこでもアクセスして楽しむものとなった。このことは、消費行動をはじめ、趣味・余暇時間の過ごし方、情報収集の仕方、コミュニケーションのあり方など、さまざまな面で影響を与えたが、その詳細についても本文の中で述べていく。

そして、この「つながり」の高次化が、「ひとり」の意味を変えてきている。あそこのカフェでスマートフォンを見ながら食事をしている女性はひとりなのだろうか、それとも画面の向こうの誰かと語らっているのだろうか。学校から帰ってくるといつもひとりで部屋にこもっているように見える息子は、実は多くの友人たちとチャットでおしゃべりを楽しんでいるのかもしれない。

ひとりでいながら孤独ではなく、しかしいつもつながっていることに疲れてひとりになりたいときもある。日本人の3分の1がすでに「ひとり世帯」であり、15年後には生涯未婚率が30％を超え人口の半分が独身になると言われているこの社会において、「つながり」と「ひとり」、そこからさらに「家族」の意味をも考え直すことも重要だろう。

冒頭で触れたような国内外の大きな変化も、それぞれの時代を生きてきた消費者の価値観や意識・行動の特徴を形成している。

生まれたときから経済の成長を知らず、非正規雇用などの不安定なライフコースの増加を目の当たりにしてきた若者が、果たして前の世代のように、挑戦がもたらす成果を信じられるものだろうか。いつまでも世帯形成しない子を持ったまま老後に突入する高齢者の生活設計は、年金「逃げ切り」世代と同じものになるだろうか。

失われた20年を体験したあとの消費者は、景気が上向けばまた、バブル期のように右肩上がりの収入増加を信じて消費をしてくれるようになるのだろうか。

本書はこうした疑問に対して、主にＮＲＩ「生活者１万人アンケート調査」の結果に基づき、日本の消費者の変化や現代消費者の平均像、世代別の消費者像や、消費者マーケティングに関する示唆などを紹介していくものである。

２０１３年に発刊した前々著『なぜ、日本人はモノを買わないのか?』(東洋経済新報社) は２０１２年調査までの結果に基づいていた。前著『なぜ、日本人は考えずにモノを買いたいのか?』(同) は２０１５年調査までの結果に基づいたものであった。それらの発表からさらに６年、３年が経った。

２０１５年調査から２０１８年調査までの３年間に起こった大きな変化としては、先に述べたスマートフォンのさらなる普及と利用内容の拡充に加え、雇用環境の好転による足元の景況感の回復、働き方改革の推進、地震や土砂災害などの自然災害の多発などがあげられるだろう。

景況感については本年（２０１９年）10月に予定されている消費税率アップについても、消費者の視野に入っていると考えられる。本文では、これらの直近の変化が日本の消費者の価値観と意識・行動に与えた影響についても詳しく紹介していく。


本書はマーケティングの参考になると考えられるが、企業のマーケティング担当者だけではなく、消費者を対象に仕事をされているすべての方々にお役立ていただくことを願っている。

読者の皆さんは日々の業務の中で消費者変化についての感覚や仮説をお持ちだろうが、本書におけるデータとその考察とひき比べてみてそれらの仮説がどうだったか、また、変化の背景にあるものが何で、それはさらにどのような変化を併せもたらしているか、などの視点で読み進めていただければ、より一層本書をお役立ていただけることと思う。


日本の消費者は一見して成熟し、平均像としては将来に対して漠然とした不安を抱いているものの、現状に概ね満足、変化や挑戦を望まない傾向が強まっている。そして、一人ひとりがスマートフォンの小さな画面を通して目に見えない人間関係や社会に埋没し、ますます捉えどころがなくなってきている。

しかし、消費者は依然として日々の生活の中で、何かを欲求し、対価を払いながらそれを入手し、満足を得るという消費活動を続けている。本書の中のデータやそれに基づく解釈・提言が、より見えにくくなっている消費者に対する理解を深め、さらに難しさの度合いを増しつつある現代の消費者に向けてのマーケティング戦略の構築をお手伝いすることができれば幸いである。

松下東子

目次——『日本の消費者は何を考えているのか？　二極化時代のマーケティング』

第1章

背中合わせの家族と進む個人消費

今野《こんの》淳一《じゅんいち》さんは47歳、団塊ジュニア世代である。健康・体型維持のためのランニングが趣味で、各地で開催されるマラソン大会にも多く参加している。会社の同僚や学生時代の友人にもランニングを楽しむ仲間は多く、集まって練習をしたり、ウェアやシューズ、サポーター、機能食・サプリメントなどの関連用品についての情報交換をしたりするのも楽しい。

仕事をしていてもネット上のコミュニティで時間を問わずにやり取りできるのは便利な時代になったと思う。関連用品の買い物もレビューを見ながらネットでできるのが便利だが、つい配送の時間指定を忘れて自分のいないときに届いてしまうと、「また買い物して」「受け取るのが面倒くさい」などと家族に文句を言われるのが難点だ。明日は働き方改革で推奨されている月1度の有給休暇を取る予定なので、ひとりで大きなスポーツ用品専門店まで出かけてみようか。

妻の聡子《さとこ》さんは、最近ネットゲームでの国際交流にはまっている。留学経験があり英語が得意で仕事で使うこともあるが、語学は使わないとすぐに錆びつく。息子とのコミュニケーションを取ろうとして始めたゲームだったが、海外のサーバーに入れば英語でさまざまな国の人たちとチャットしながらプレイできることがわかり、今や自分の方が楽しんでいる。シンガポールのゲーム仲間が使っていると言っていたゲーミングイヤフォンは日本でもユーザー評価が高かったので買ってみたが、なかなか具合がよい。誕生日にでも、息子にも同じものを買ってやろうかと思っている。

息子の大地《だいち》さんは高校生で、家にいるときはとにかくスマートフォンが手放せない。ゲームや動画・音楽コンテンツを楽しむことも多いが、それをしながら学校の友達とＳＮＳや通話アプリで会話をするのが楽しい。宿題の内容や、試験勉強の範囲を確認できるのも便利だ。部屋で勉強していても、みんなで集まって勉強しているような感じがいい。次の長期休みに親は旅行にでも行こうというけれど、快適な自分の部屋で、いつでも友達と一緒に好きなことを楽しめるこの環境がベストだ。どうしても行くなら、Ｗｉ－Ｆｉ環境のよいところにしてほしい。

大地さんの妹の紗雪《さゆき》さんは中学生。ようやく自分のスマートフォンを買ってもらい、今は兄が面白いと勧めてくれたアニメのシリーズを一気見することにはまっている。もうすぐ今のシリーズを見終わってしまうので、今日の夕食後、兄が部屋に行ってしまう前に、新しいお勧めを聞いておかなくては――。

1

「お茶の間の団欒」の消失
——情報端末の個人化が家族のふれあいをなくす？

それぞれの端末で、それぞれのアクティビティを楽しむ家族

「お茶の間」といえば、テレビを囲んで家族が会話する団欒の場。卓袱台がダイニングテーブルやローテーブルになり、ソファに座るようになっても、その光景は家族のあり方として続いてきた。その場において、ともに食事をとったり同じテレビ番組を見て感想を言い合ったりしながら、子どもたちは信頼・安心できる家族とふれあい、人とのコミュニケーションの取り方や他者への気づかいを学んでいく。また、親が、そして夫や妻が、子やパートナーが何を楽しみ、何に悲しんでいるのか、心身の調子はどうかを知る場でもある。

家の中心にあって重要な役割を果たしてきたお茶の間だが、それが日本では今、消えゆこうとして

いる。背景にはスマートフォンやタブレット端末などを個々人が保有し、それぞれの、そしてその時々の興味に応じて情報収集したり、友人とコミュニケーションしたり、動画・音楽コンテンツやゲームを楽しむようになったことがあげられる。

例えば、冒頭の今野さん家族のように、同じリビングルームにいても、それぞれが自分のしたいことを楽しみ、興味やアクティビティを共有しない。テレビはついていないか、ついていても誰も見ていない。このような家族の光景が現代日本では増えている。それにはスマートフォンやタブレット端末など個人端末の普及が、特に大きな役割を果たしている。

日本人全体でのスマートフォンの個人保有率は7割を超え、スマートフォンの個人保有率は、2012年の23％から2015年の52％、2018年には71％へと増加した。さらに、いわゆる標準世帯像となる父、母、子世代である40代以下では約9割からそれ以上となっている（図表1-1-1）。まさに、先に描出した家族像のような年代では、家族一人ひとりに1台ずつのスマートフォンという状況である。

また、スマートフォンで楽しむアクティビティの幅も広がり、それぞれのアクティビティの従事率も大きく伸びている。端末自体の個人保有率の伸びは、2012年から2015年にかけての方が大きかったが、スマートフォンを用いてのアクティビティの広がりや深化については、むしろ2015年から2018年の方が大きい。

図表1-1-2は「パソコン、タブレット端末」と「スマートフォン」の端末別にそれぞれのアクティ

図表1-1-1　男女・年代別情報端末の利用状況（自分で自由に使えるもの、複数回答）

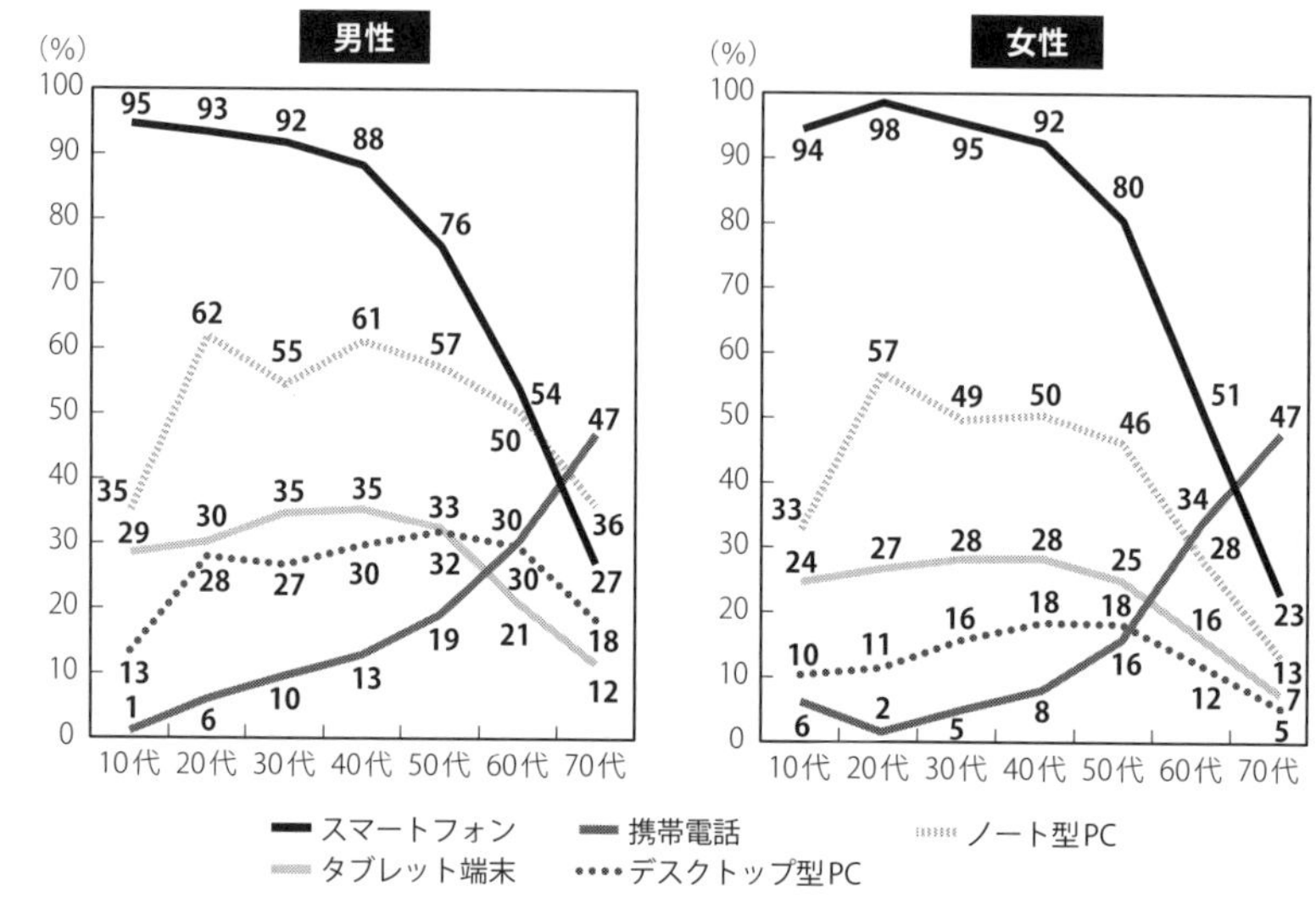

出所：NRI「生活者1万人アンケート調査」（2018年）

ビティの従事率を前回２０１５年調査時と今回２０１８年調査時で比較してみたものである。「パソコン、タブレット端末」での各アクティビティの従事率は変化なしか、むしろ下がっているのに対して、「スマートフォン」での従事率は、ほぼすべての項目で大きく上昇している。

特に注目したいのは、「インターネットショッピング（ネットスーパー以外）」、「商品の評価サイトの閲覧」、および「銀行口座の残高照会・ネットバンキング」などのいわゆる消費・バンキングなどの金銭のやり取りに関連する項目が大きく伸びている点である。これらの項目は、２０１５年時点では、「パソコン、タブレット端末」と同程度かそれを下回っており、「お金に関することはやはりスマートフォンではまだ

図表1-1-2　ソーシャルメディアなどの利用状況（利用端末別、複数回答）

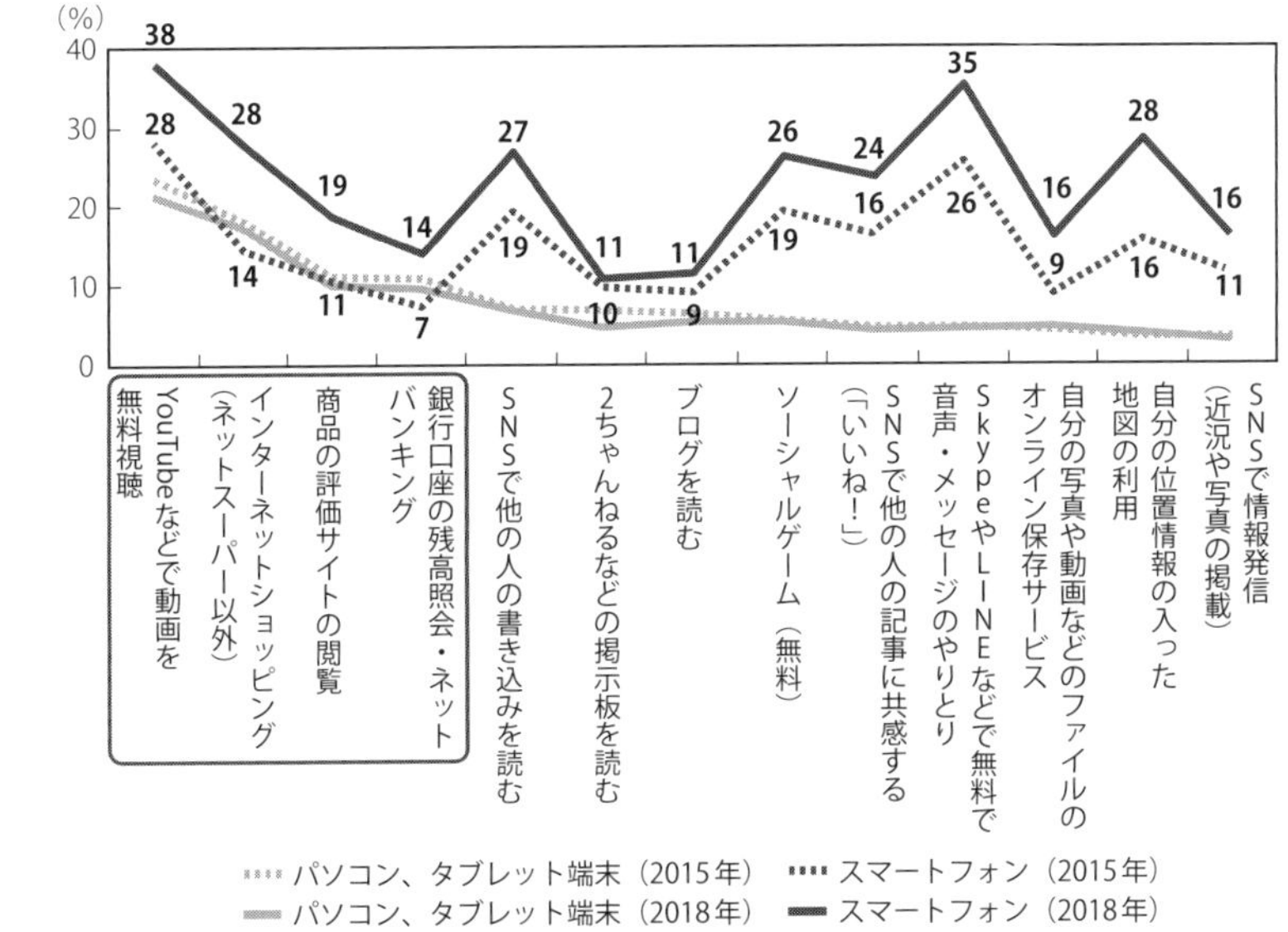

出所：NRI「生活者1万人アンケート調査」（2015年、2018年）

不安」との消費者意識がうかがえていた。２０１８年にはそのためらいを払拭して、何でもスマートフォンで実施してしまう消費者が増えたことが示唆されている。２０１５年、２０１８年ともに、動画の視聴やソーシャルゲーム、ＳＮＳでのコミュニケーションについては「スマートフォン」が「パソコン、タブレット端末」を上回っており、スマートフォンは恰好の時間つぶし・コミュニケーションツールであることは間違いない。２０１８年にはそれに加えて、消費のためのツールとしてもスマートフォンが優先的に選ばれるようになってきたと言えよう。

　まさにいつでも、どこでも、日本の消費者はスマートフォンの小さな画面からさまざまな情報を取得し、コミュニケーションやコンテンツを楽しみ、消費やバンキングまで行っているのである。

テレビは見ない、または「ながら見」。インターネット利用時間が大きく伸びる

実際、平日のインターネット利用時間（仕事での利用を除く）が、この3年間で１０３分から１１９分へと増加する一方で、テレビの視聴時間は若年層を中心に減少しており、全体では１５１分から１４５分へ減少した。

まずは平日のテレビ視聴時間の２００９年からの時系列推移を見てみよう（図表1-1-3）。テレビは２０１２年調査以降に視聴時間が減少している。全体平均で見ると、テレビ離れはあまり進んでいないようだが、実は年代別の傾向が大きく異なるのである。

10代・20代の若年層において２００９年以降段階的に視聴時間が減少してきており、例えば10代では２００９年の１４０分と比較すると、２０１８年の１０４分では平均で36分減少したことになり、いわゆる若年層の「テレビ離れ」が明確に見て取れる。

また、30代・40代では２０１２年まではテレビ視聴時間の減少は見られなかったが、この層に大きくスマートフォンが普及した２０１５年以降ではやはり減少が観測されており、２０１８年では２００９年時点と比べて平均で20分程度減少したことになる。この年代にはドラマ視聴のターゲット

図表1-1-3　テレビ視聴時間

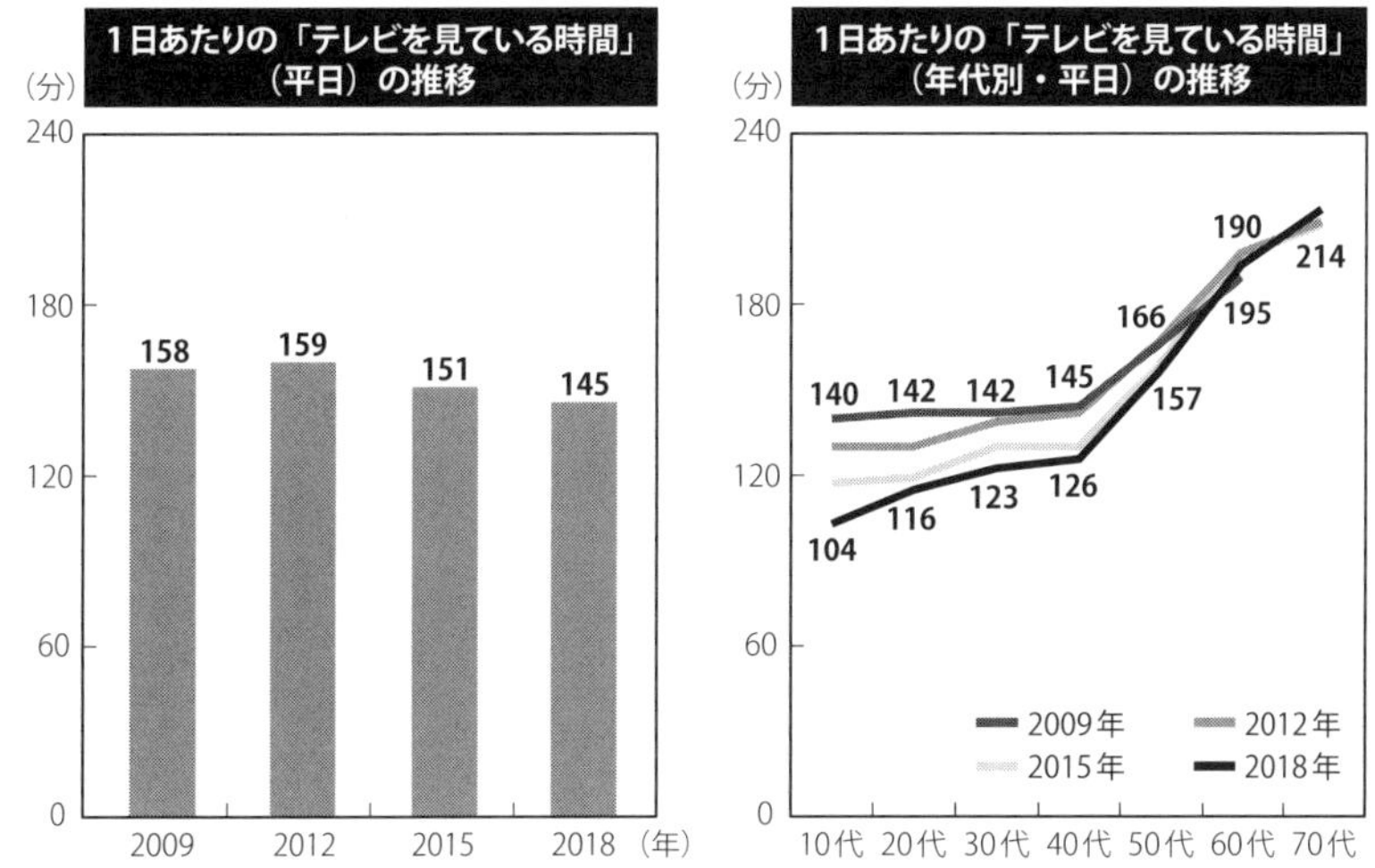

出所：NRI「生活者1万人アンケート調査」（2009年、2012年、2015年、2018年）

といわれるＦ２層（35－49歳女性）も含まれるため、番組視聴率の獲得はますます難しくなっているといえる。

一方、60代・70代のシニア層については、ほぼまったくといっていいほどテレビ視聴時間の減少が見られない。全体平均でのテレビ視聴時間の減少幅が少ないのは、人口構成の大きいシニア層がテレビ離れしていないことに支えられていることがわかる。

一方、インターネットの利用時間については、若年層を中心に、継続的に大きく伸びている（図表1－1－4）。全体傾向としては、スマートフォンが特に普及した２０１５年調査において、平日プライベートでのインターネット利用時間は64分から１０３分へと大きく伸び、２０１８年調査ではさらに１１９分へと増加している。

特に10代・20代の若年層においては、２０１８

図表1-1-4　インターネット利用時間

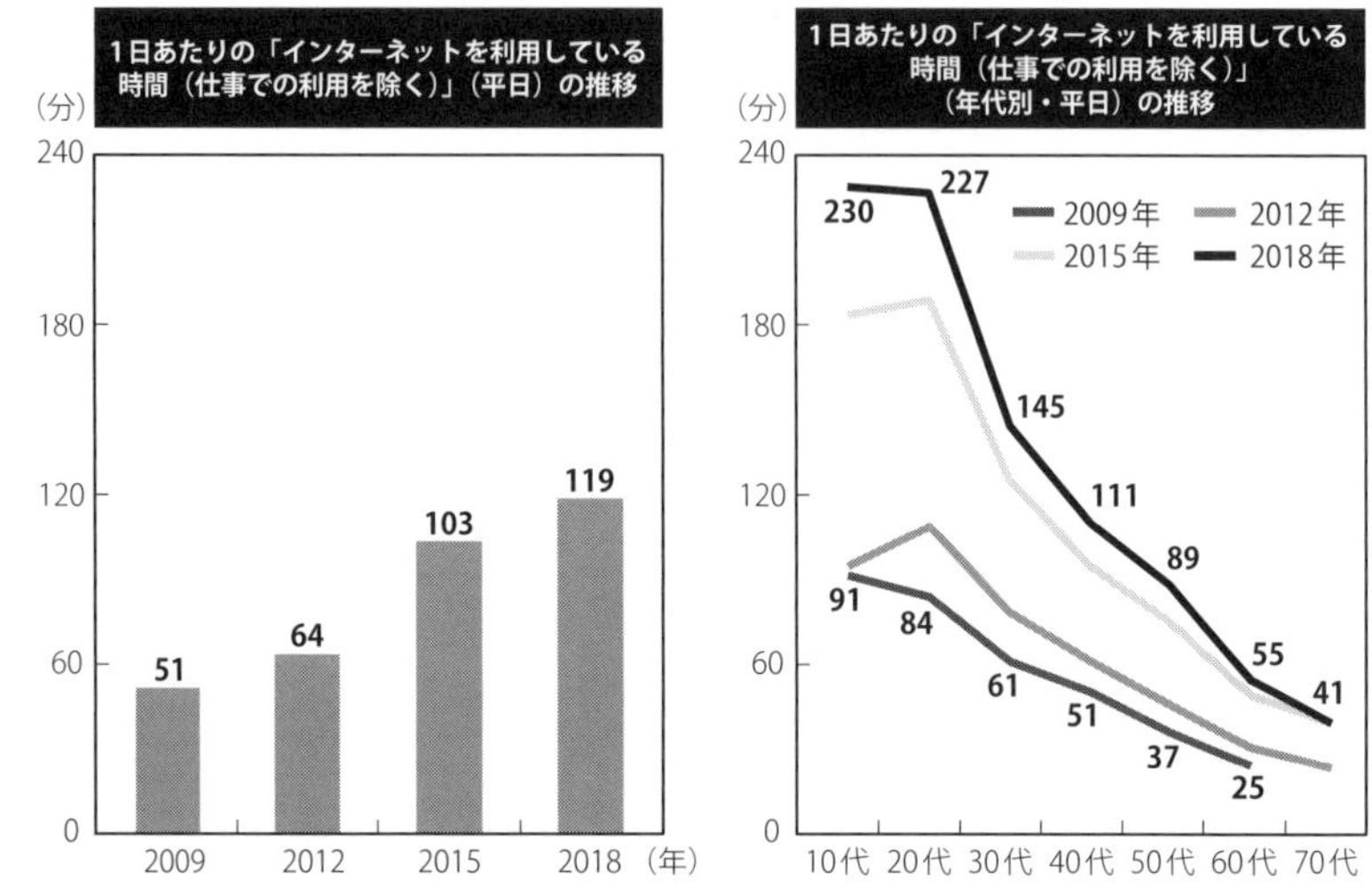

出所：NRI「生活者1万人アンケート調査」（2009年、2012年、2015年、2018年）

年調査時点で平日1日あたり230分前後、つまり4時間近くも何らかの形でインターネットを利用するまでになった。

また、テレビ視聴時間の減少よりもインターネット利用時間の伸びの方が顕著な結果となっているが、このことは、テレビはつけているが同時にスマートフォンやパソコンなどでインターネットをも楽しんでいる「ながら見」状態の増加を示唆している。

「よく見るメディア」として スマートフォンが急伸

実際、意識面として「よく見るメディア」では、若年層を中心に「インターネット（携帯電話、スマホ、タブレット）」をよく見る人が大きく伸びている（図表1-1-5）。他

図表1-1-5　よく見るメディア（インターネット）

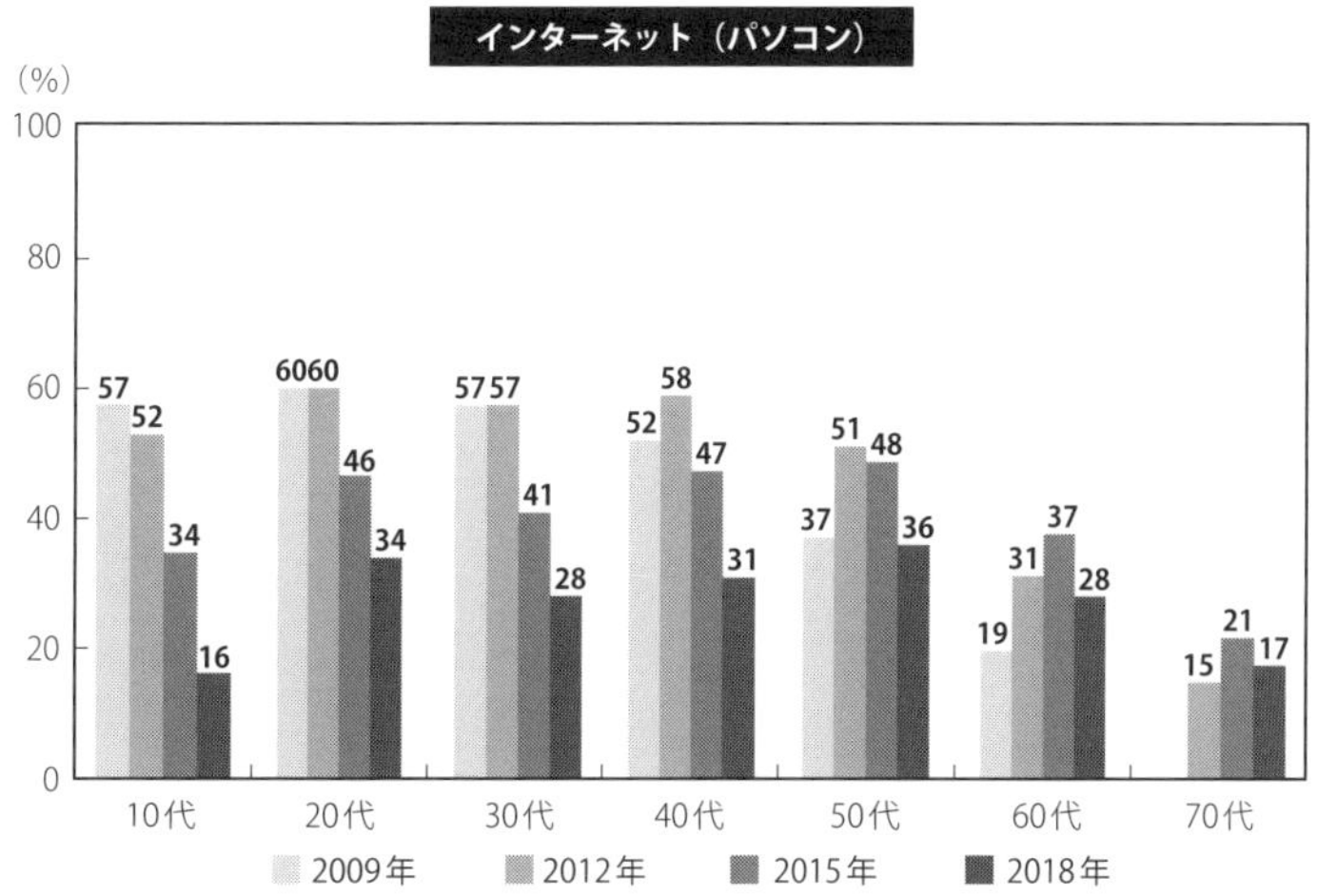

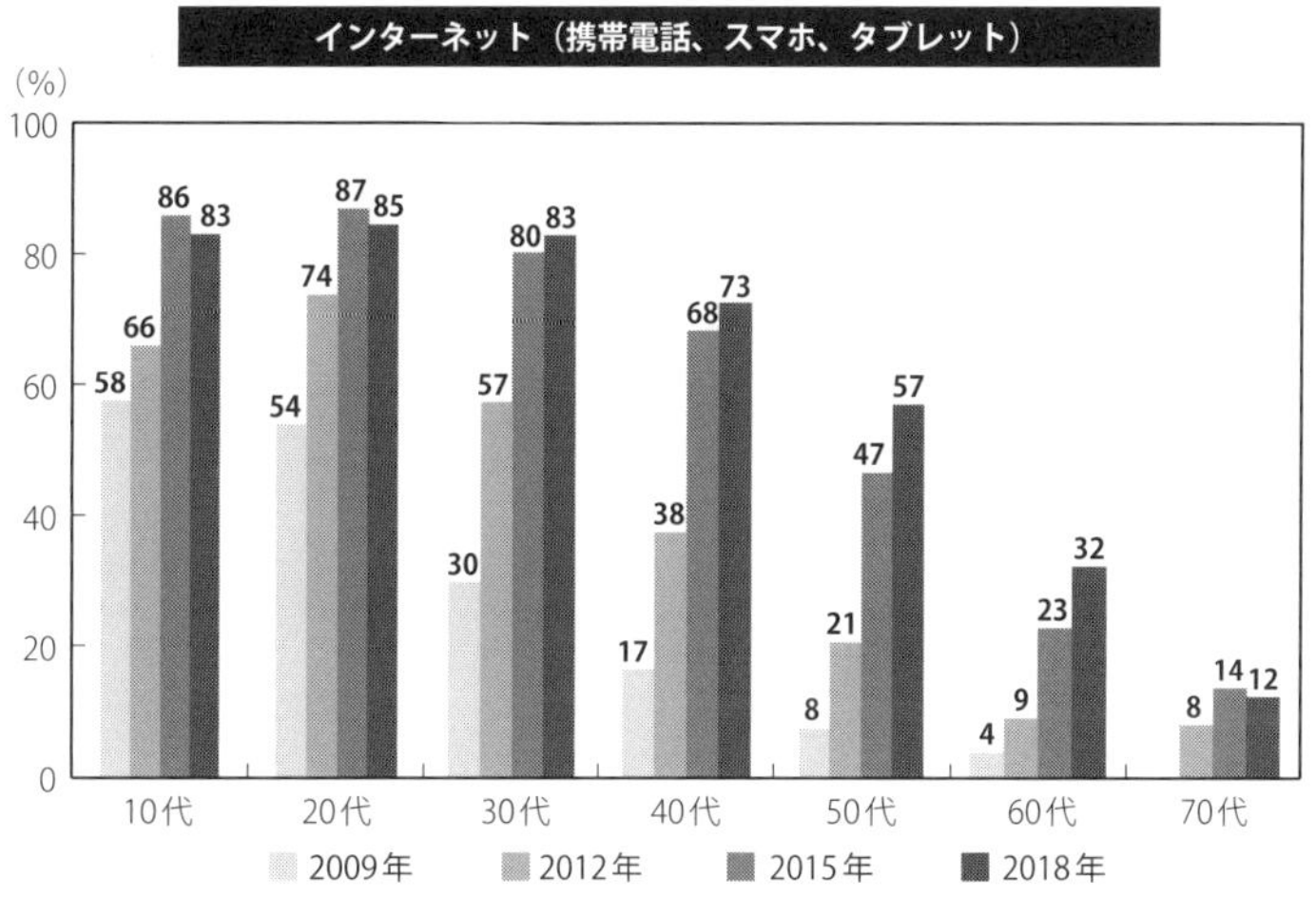

出所：NRI「生活者1万人アンケート調査」（2009年、2012年、2015年、2018年）

方で、「インターネット（パソコン）」については若年層を中心に減少する傾向にあり、前述したインターネット利用時間の伸びは、もっぱらスマートフォン利用によるものであることがわかる。むしろ若年層を中心に、テレビ離れだけでなく、パソコン離れも進んでいる。

後にデータを示して詳述するが、趣味・余暇活動として「パソコン」をあげる人の割合も減少している。一方で「テレビ・パソコン・携帯などゲーム」や「ビデオ・DVD鑑賞」などは直近にかけて大きく増加しており、デジタルコンテンツ自体への興味は伸びている。このことは、従来であれば世帯財として共有されていたパソコンからインターネットにアクセスしていた家族が、今では1人1台のスマートフォン端末からネット空間に入り込み、それぞれのアクティビティを楽しむようになったことを示唆している。

インターネットは、もはや自室にこもってパソコンに向かってしっかりと楽しむものではなく、リビングで、外出先で、通勤・通学途中にスマートフォンから、気軽に楽しむものになっている。

一方、テレビについては、意識面での「よく見るメディア」について、「テレビ（民放）」と「テレビ（NHK、NHK-BS）」に分けて聴取しているが、それぞれ回答傾向の特色が出ている（図表1-1-6）。全体として「テレビ（民放）」の水準は高いものの、若年層では回答割合が大きく減少し、「テレビをよく見なくなった」として意識面でのテレビ離れが進んでいる。特に、10代のティーンエイジャーにおける直近の減少幅は大きく、家族で同じテレビ番組を見て話題を共有するという「お茶の間」経験の減少がうかがえる。

図表1-1-6　よく見るメディア（テレビ）

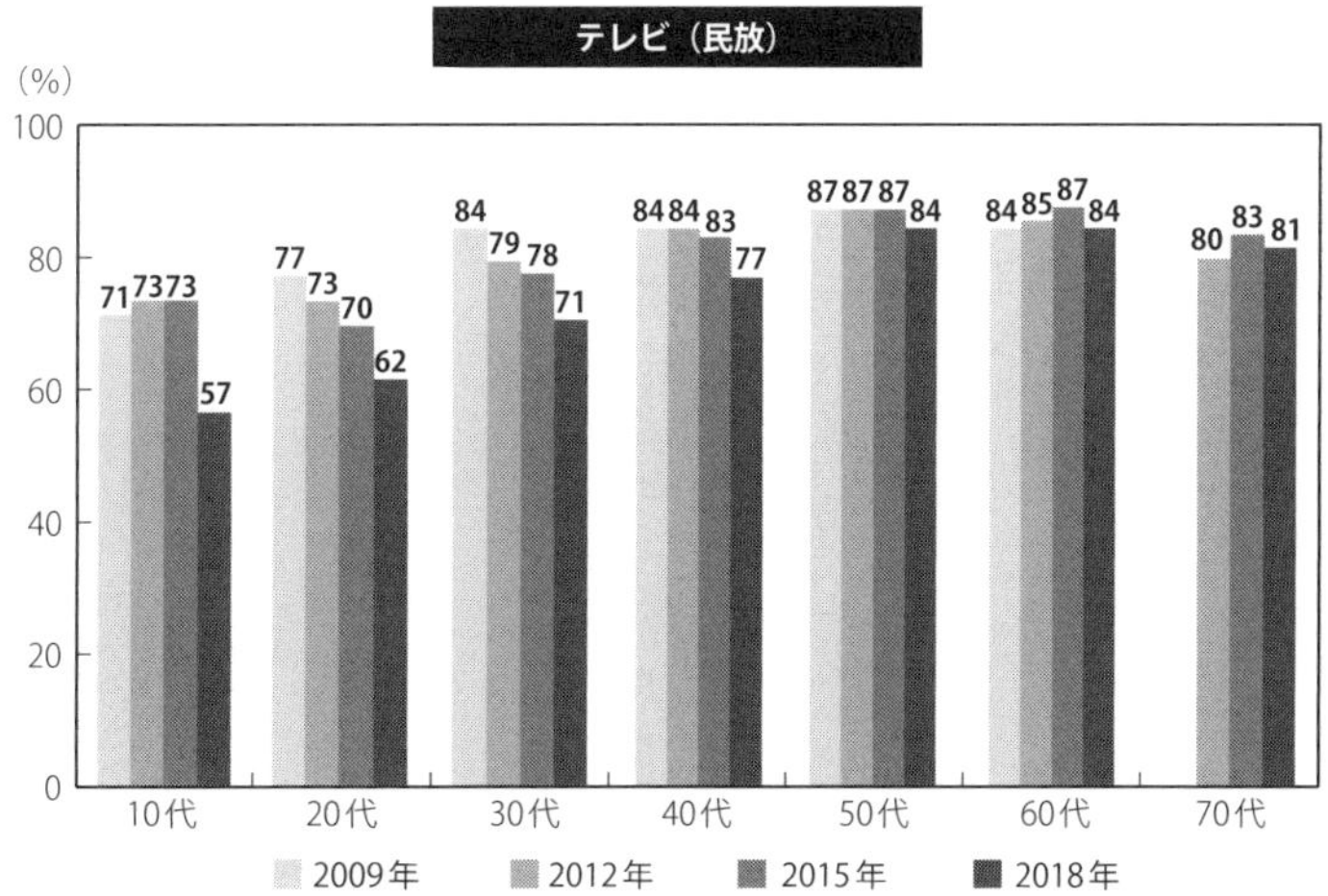

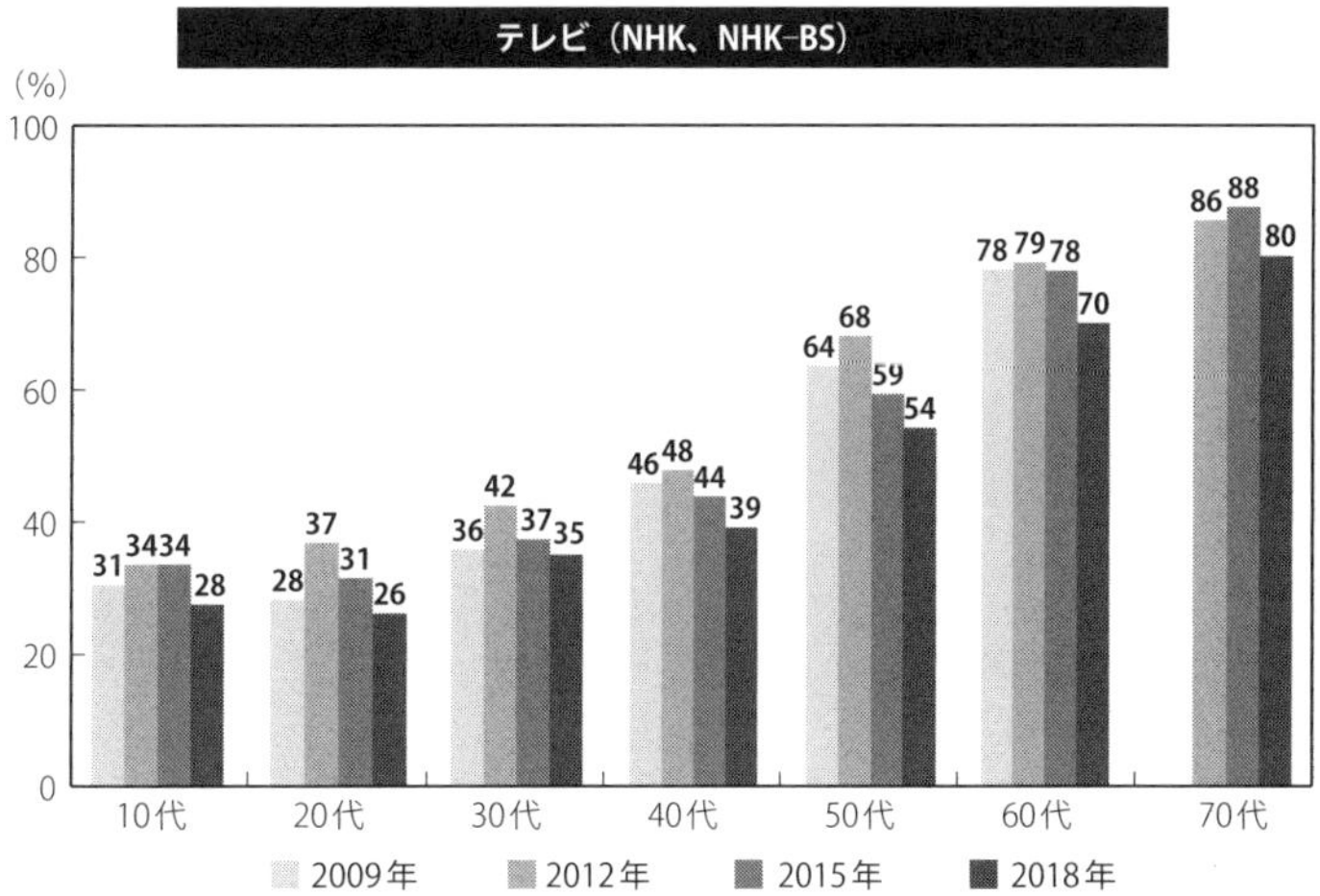

出所：NRI「生活者1万人アンケート調査」（2009年、2012年、2015年、2018年）

図表1-1-7　各メディアを「現在、よく見る」人の割合

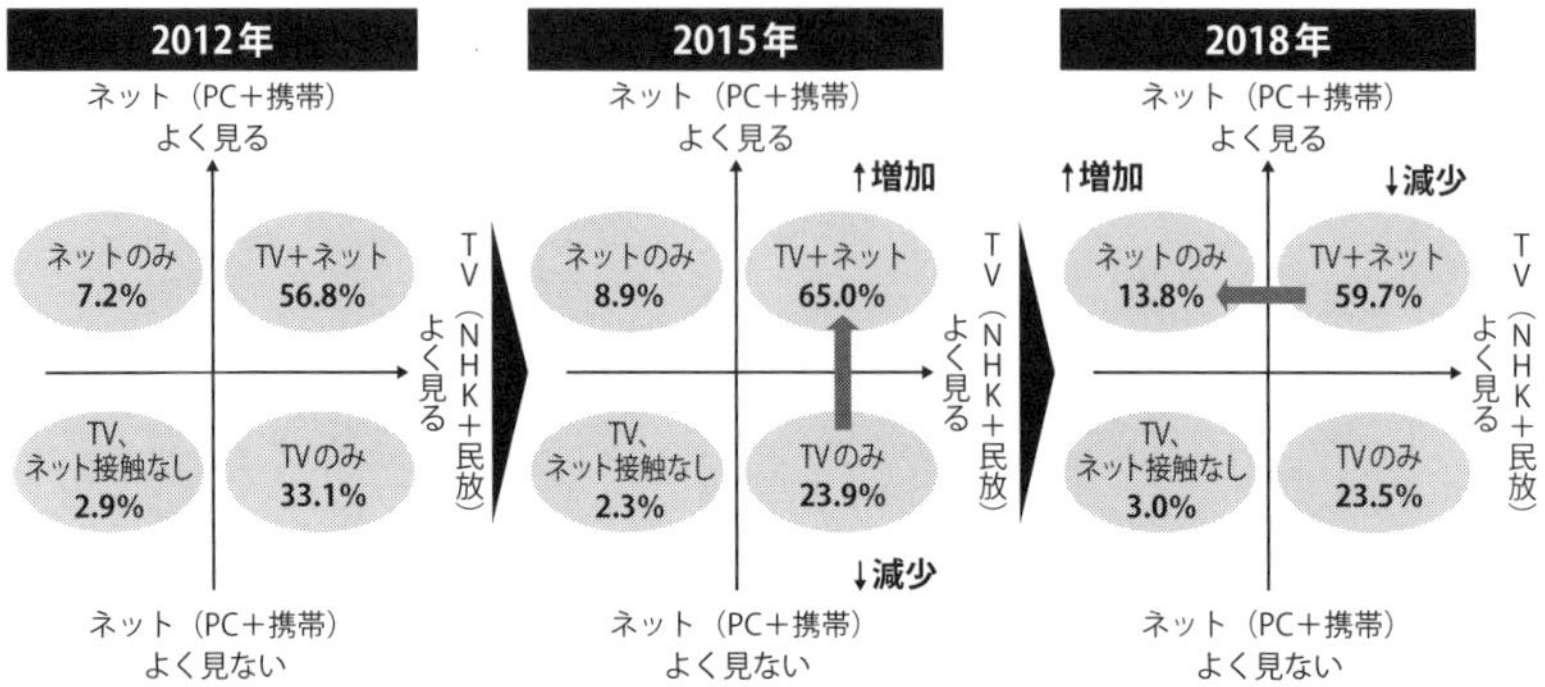

※60代以下に限定して集計。無回答を省く
出所：NRI「生活者1万人アンケート調査」（2012年、2015年、2018年）

冒頭に現代の家族像として描出した今野さん家族のように、子どもの興味を知り、共通の話題を持とうとするならば、親の方がネット空間でのアクティビティに歩み寄っていく必要があるのかもしれない。

また、「テレビ（ＮＨＫ、ＮＨＫ-ＢＳ）」についても各年代で回答割合が減少していることは共通だが、高齢者ほどＮＨＫをよく見る傾向にある。「テレビ（民放）」、「テレビ（ＮＨＫ、ＮＨＫ-ＢＳ）」ともに、テレビの利用者像、そして利用目的について、変化が進んでいることがうかがえるデータとなっている。

テレビとネットをどちらも「よく見る」として併用しているのか、それともすでにネットしか見なくなっているのかについても、時系列で推移を見てみよう（図表１-１-７）。２０１２年から２０１５年の３年間では、ネットをよく見る層が増えて、ＴＶ＋ネットの併用層が増加している。その後の２０１５年から２０１８年の３年間ではＴＶをよく見る層が減った一方で、ネットをよ

く見る層の割合は変わらなかったため、ネットのみ層が増加し、TV+ネット層が減少に転じた。

このメディア利用パターン4象限の分布には年代差が顕著だ。10代、20代の若年層では男女とも2割超がネットのみ層となっており、特に20代男性ではその割合が37%と4割近くに達している。一方、TVのみ層は年齢が上がるほど高くなり、男性70代では64%、女性70代では77%がTVのみ層となっている。年代によって、見ているメディアとその比重が大きく異なるのが、現代日本の消費者なのだ。

ここまで本節で紹介したデータからは、リビングルームにおける「お茶の間」とその中心としての「テレビ」の存在感が薄れてきていること、また、たとえ場を共有していても視線を合わせることなく、それぞれのスマートフォンでゲームや動画、各自が属するコミュニティでの会話を楽しむ、「背中合わせの家族」像ともいうべき姿が浮かび上がってくる。

スマートフォンが1人1台の勢いで普及している現代、個々人の望む時間軸、空間軸でインターネットに接続する消費者同士は、もはや同じ空間にいても違う文脈で生活を送っているのである。このことは消費者の生活価値観や消費意識・行動に大きな変化をもたらしたことを、次節以降で詳しく紹介したい。

2

背中合わせの家族

――夫婦・家族の間でも個人志向が強まる

夫婦の間で秘密をもってもかまわない

家族として生活の場は共有していても、それぞれが背中合わせに自分の趣味やコミュニティを楽しむようになったことは、生活価値観にも影響を及ぼした。生活価値観の時系列変化を2000年から2018年までで比較してみると、この18年間では伝統的家族観からの脱却が強く見られたが（図表1-2-1）、その変化は特に前回2015年調査から今回2018年調査への3年間で大きい。

中でも最も大きく伸びたのは、「場合によっては、夫婦の間で秘密をもってもかまわない」、「夫婦はお互い経済的に自立した方が望ましい」、「夫婦はお互いの自由時間の使い方に干渉すべきではない」などの項目であり、夫婦間であってもそれぞれの余暇時間・人間関係・消費を個人的に楽しもう

図表1-2-1　2000年から2018年にかけての生活価値観の推移
（抜粋項目、「そう思う」「どちらかといえばそう思う」の合計）

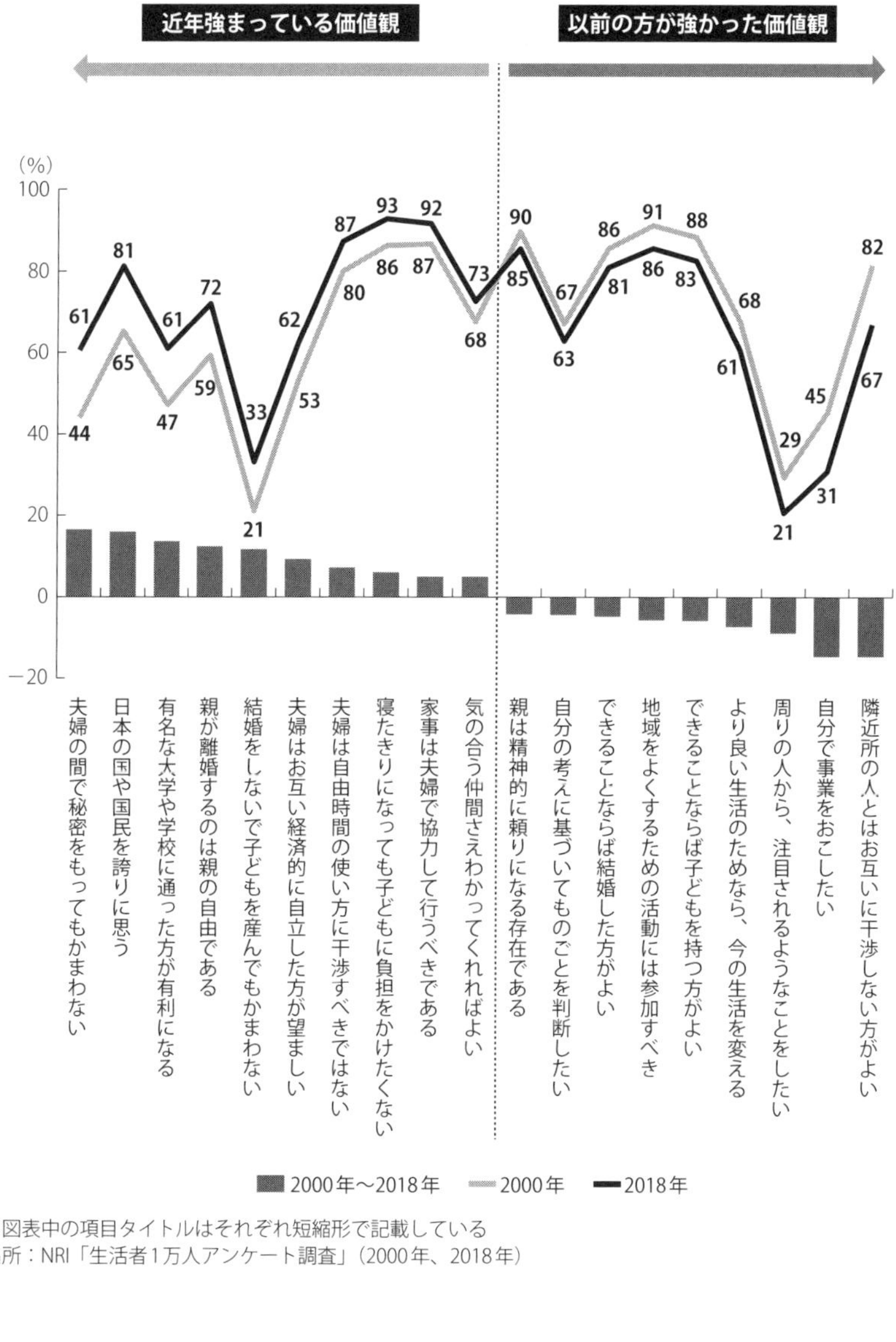

※図表中の項目タイトルはそれぞれ短縮形で記載している
出所：NRI「生活者1万人アンケート調査」（2000年、2018年）

という、家族内個人志向とでもいうべき傾向が強まっている。

夫婦の間の「秘密」といってもさほど大仰なものではなく、「夫に内緒の買い物がある」、「妻に知らせていない休日がある」などである。冒頭の今野さん一家のご夫婦のように、ちょっと高価な趣味のものを自分のこづかいで買ったり、たまには家族に知らせずに自分だけの自由な休日を楽しんだりといった、ささやかで愛嬌のある「秘密」が、生活者インタビューやＮＲＩ「生活者年末ネット調査（２０１８年）」の自由回答で語られている。インターネットで購入したものの届け先を職場にしている人や、中には私書箱を借りているという人もいた。

これらの項目の２０１２年からの時系列推移を男女・年代別に見てみる（図表1-2-2）。どちらの項目も２０１８年に向けて老若男女で等しく増加しており、男女どちらかだけ、あるいは一定の年代だけという傾向は見られない。また、全体平均の時系列変化は年代構成比の変化によるものではなく、時代の影響によるものだということがうかがえる。

また、面白いのは、「場合によっては、夫婦の間で秘密をもってもかまわない」への共感については男女であまり水準に差は見られないが、「夫婦はお互い経済的に自立した方が望ましい」については、従来から男性に比べて女性の方が共感する割合が高い傾向にあることだ。相手に対して「秘密」を持ってもよいとする意識は夫婦とも同程度だが、経済的自立についての意識は夫よりも妻側で高いようである。

こうした夫婦の余暇活動面・経済面での自立の背景には、夫婦がスマートフォンを通じてそれぞれ

図表1-2-2　「場合によっては、夫婦の間で秘密をもってもかまわない」
「夫婦はお互い経済的に自立した方が望ましい」の推移
(「そう思う」「どちらかといえばそう思う」の合計、男女・年代別)

「場合によっては、夫婦の間で秘密をもってもかまわない」

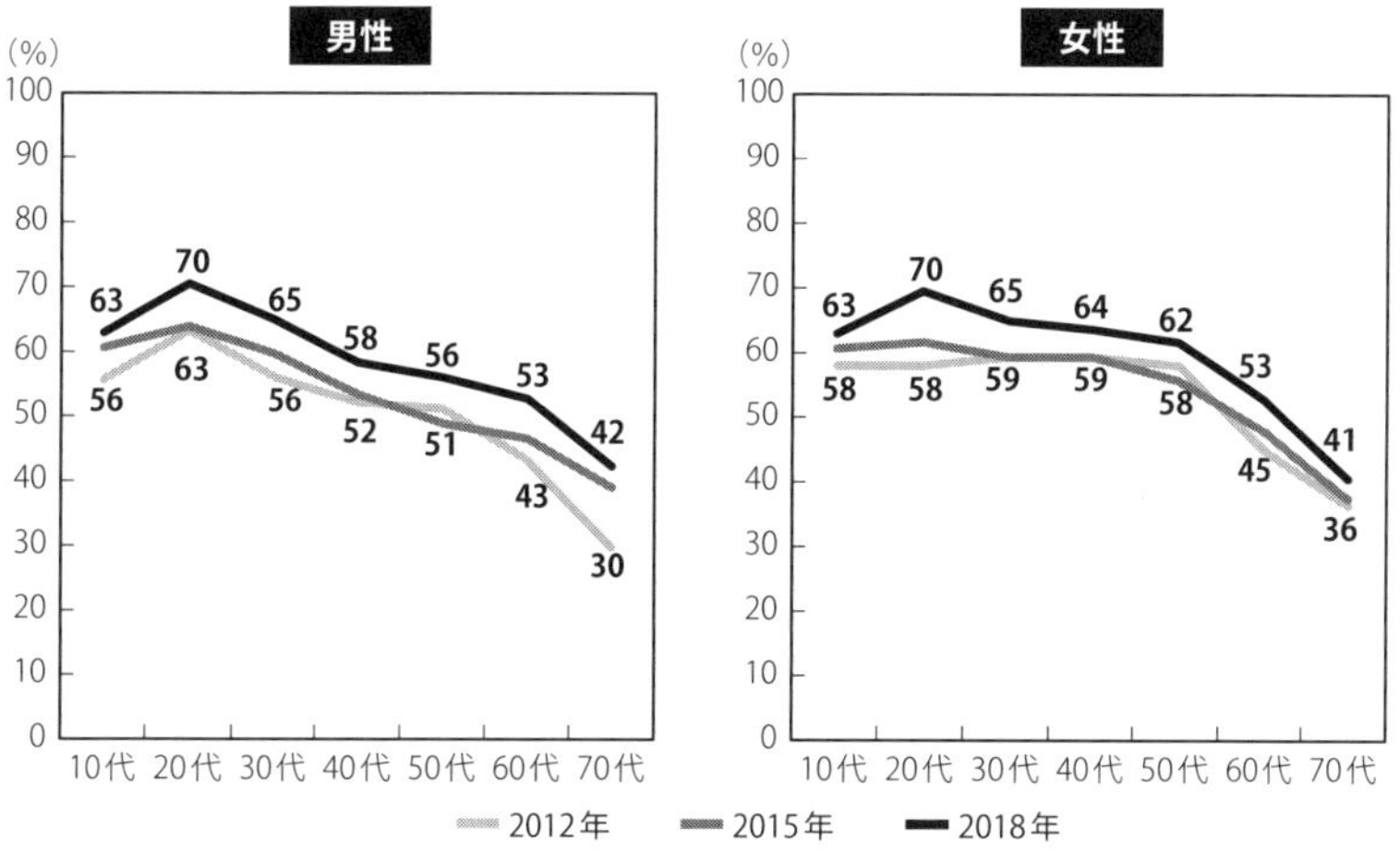

「夫婦はお互い経済的に自立した方が望ましい」

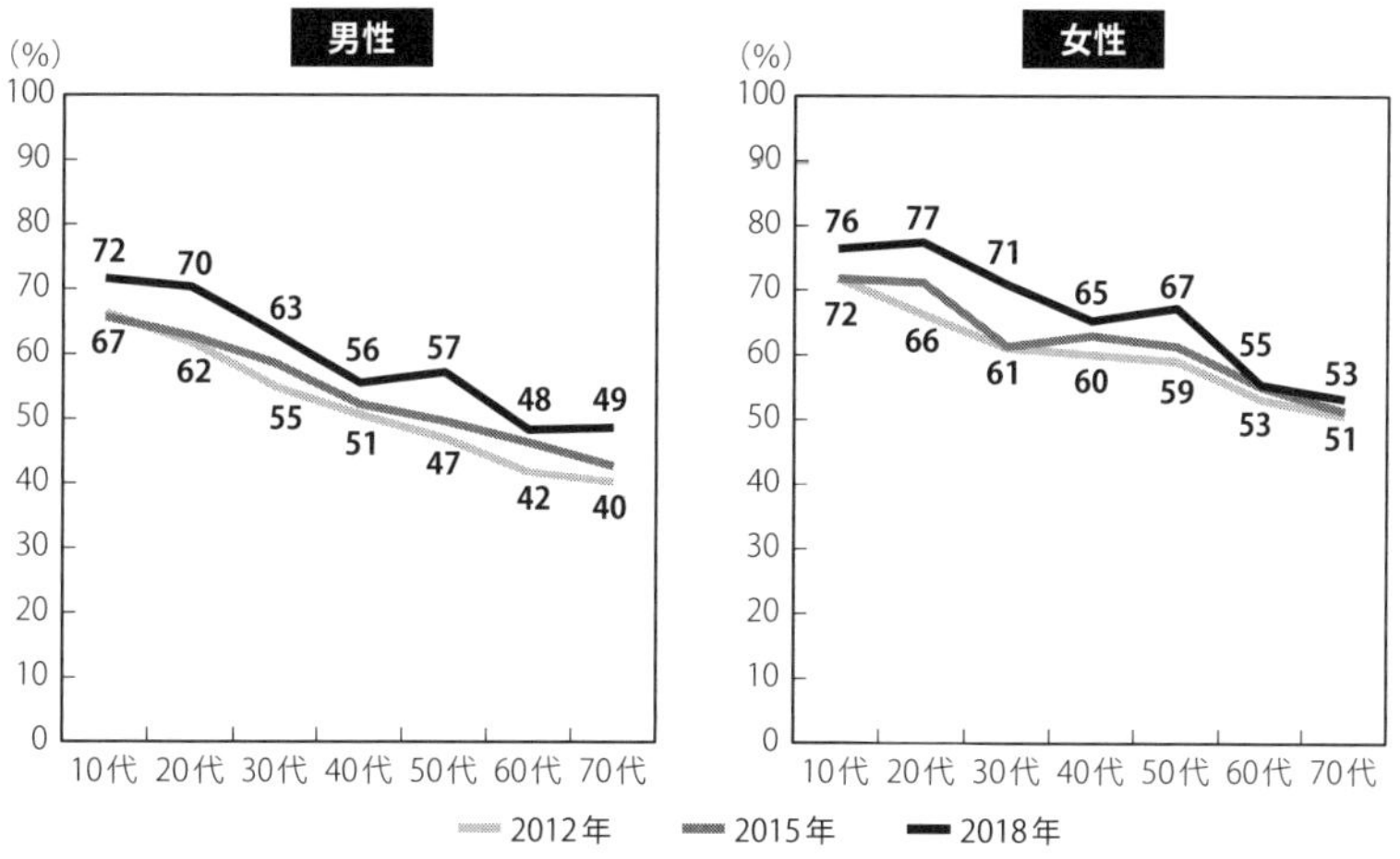

出所：NRI「生活者1万人アンケート調査」(2012年、2015年、2018年)

のネットワークを持っていることに加え、雇用環境の好転による女性の経済的自立、働き方改革により夫婦とも自由な時間を獲得したことなどがある。夫婦であっても、すべてを相手と共有するのではなく、それぞれの趣味や興味、人間関係などは個人のものとして持ち続ける、新しい夫婦のありようが生まれてきている。

家族の「形」にこだわる必要はないという新たな価値観の台頭

また、図表1-2-3では、2015年から2018年にかけての直近3年間で、最も変化幅の大きかった項目を5つ示している。この3年間で5ポイント以上「そう思う」計が増えた項目は、「結婚をしないで子どもを産んでもかまわない」(「そう思う」+「どちらかといえばそう思う」:26%→33%)、「親が離婚するのは親の自由である」(同:65%→72%)、「場合によっては、夫婦の間で秘密をもってもかまわない」(同:55%→61%)などである。

一方、この3年間で5ポイント以上「そう思う」計が減った項目は、「できることならば子どもを持つ方がよい」(同:88%→83%)、「できることならば結婚した方がよい」(同:86%→81%)の2つである。先の5ポイント以上増加した項目と合わせて見ると、いずれも「形」としての家族や夫婦のあり方へのこだわりや心理的プレッシャーが薄れていることを示している。

女性の活躍が推進され、生涯未婚率がこの先男性では30%、女性では20%にも達しようとしている

図表1-2-3　2015年から2018年にかけての生活価値観の変化
（変化幅±5ポイント以上の項目抜粋）

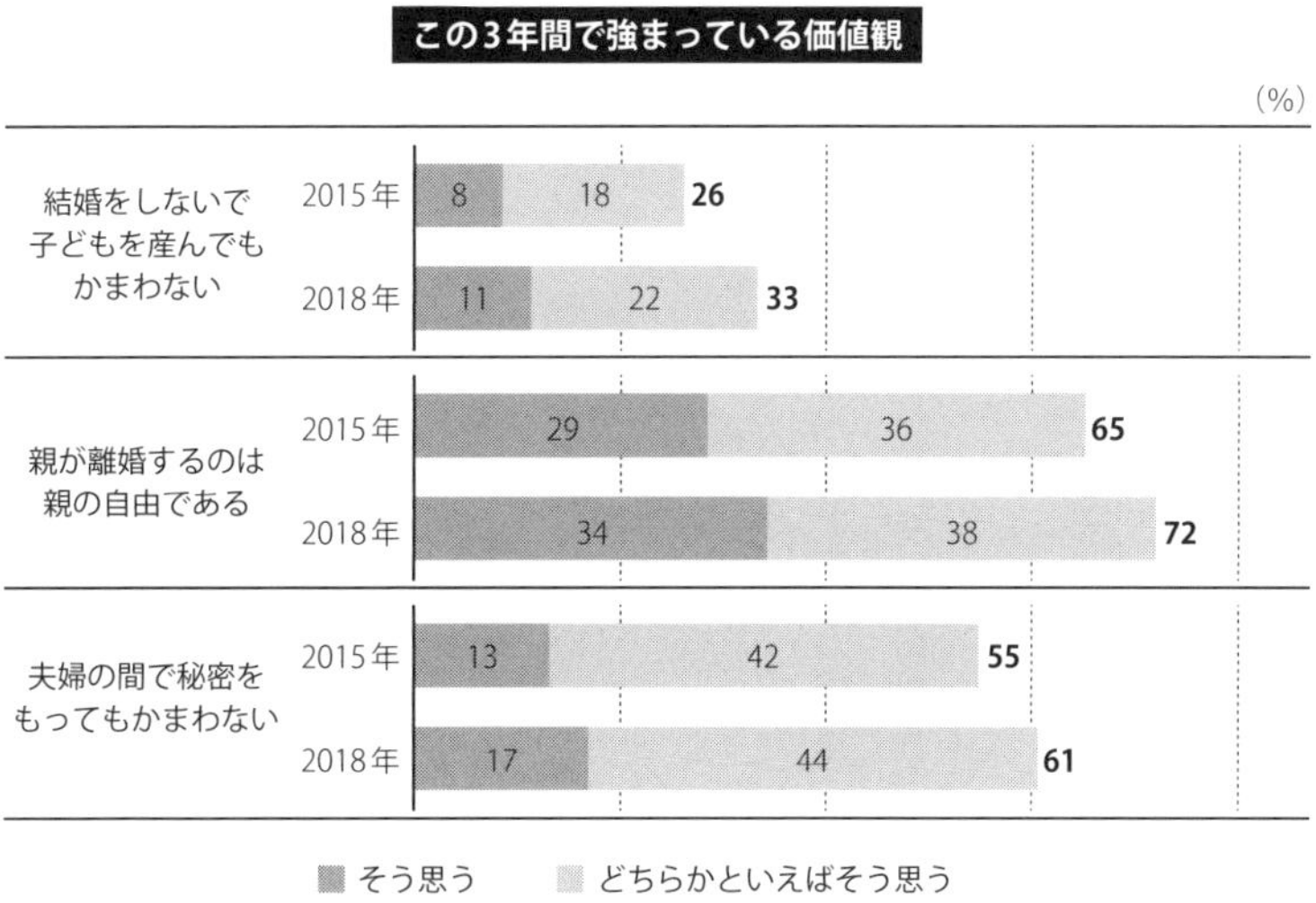

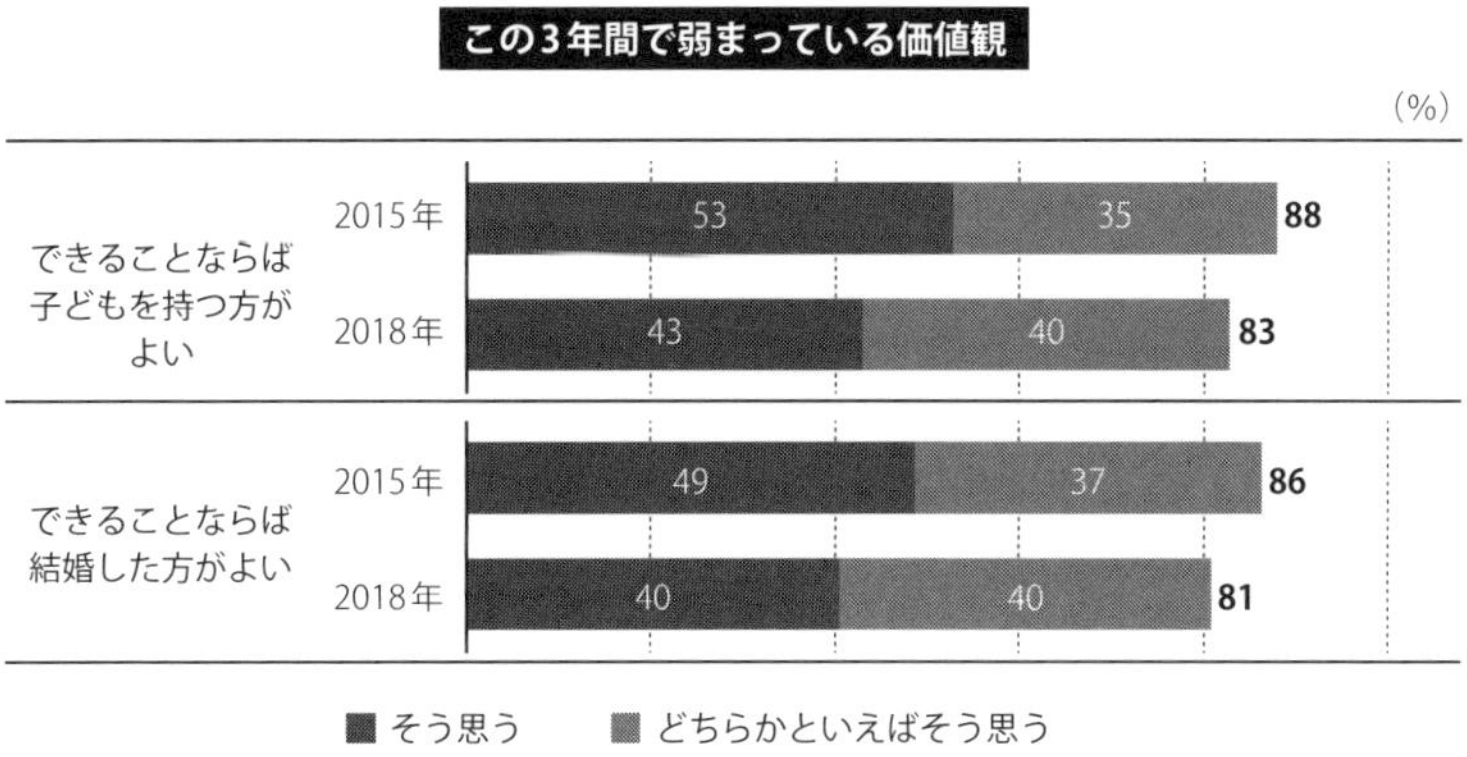

※図表中の項目タイトルはそれぞれ短縮形で記載している
出所：NRI「生活者1万人アンケート調査」（2015年、2018年）

現代社会において、いわゆる「標準世帯」を形成しなければならないという社会的な強制力が弱まりつつあるのは、ある意味で当然なことかもしれない。

なお、「標準世帯」とは夫が働いて収入を得、妻が専業主婦、かつ子どもが2人いるという世帯形態を指す。従来は家計調査などの国の統計や税金、社会保障給付・負担の試算などに用いられていたが、現在ではその構成比は5%未満となっている。何が「標準」的な家族像であるのか、時代とともに移り変わってきた結果といえよう。

ゆとりある郊外で趣味に没頭するのが「理想の暮らし」

インターネットで趣味の仲間や情報空間、消費空間に、いつでも、どこからでもアクセスできるのであれば、あえて住環境の不利な都心部に住む必要はない。図表1-2-4で示すのはさまざまな「暮らし」をあげて、共感するものを複数回答で選んでもらう形で尋ねた、現代日本人の「理想の暮らし」についてのデータである。

これを見ると、「ほどよい利便性を持った郊外で、快適な居住空間を楽しみながら暮らす」が50%で最多となっており、続いて「仕事をしつつも、趣味に没頭する生活を送る」(47%)、「省エネルギー、リサイクルなど、地球環境に優しい生活や行動に取り組む」(44%)となっている。現代日本の消費者の多くは、ゆとりある郊外で趣味に没頭することを「理想の暮らし」と考えているようである。

図表1-2-4　理想の暮らし（複数回答）

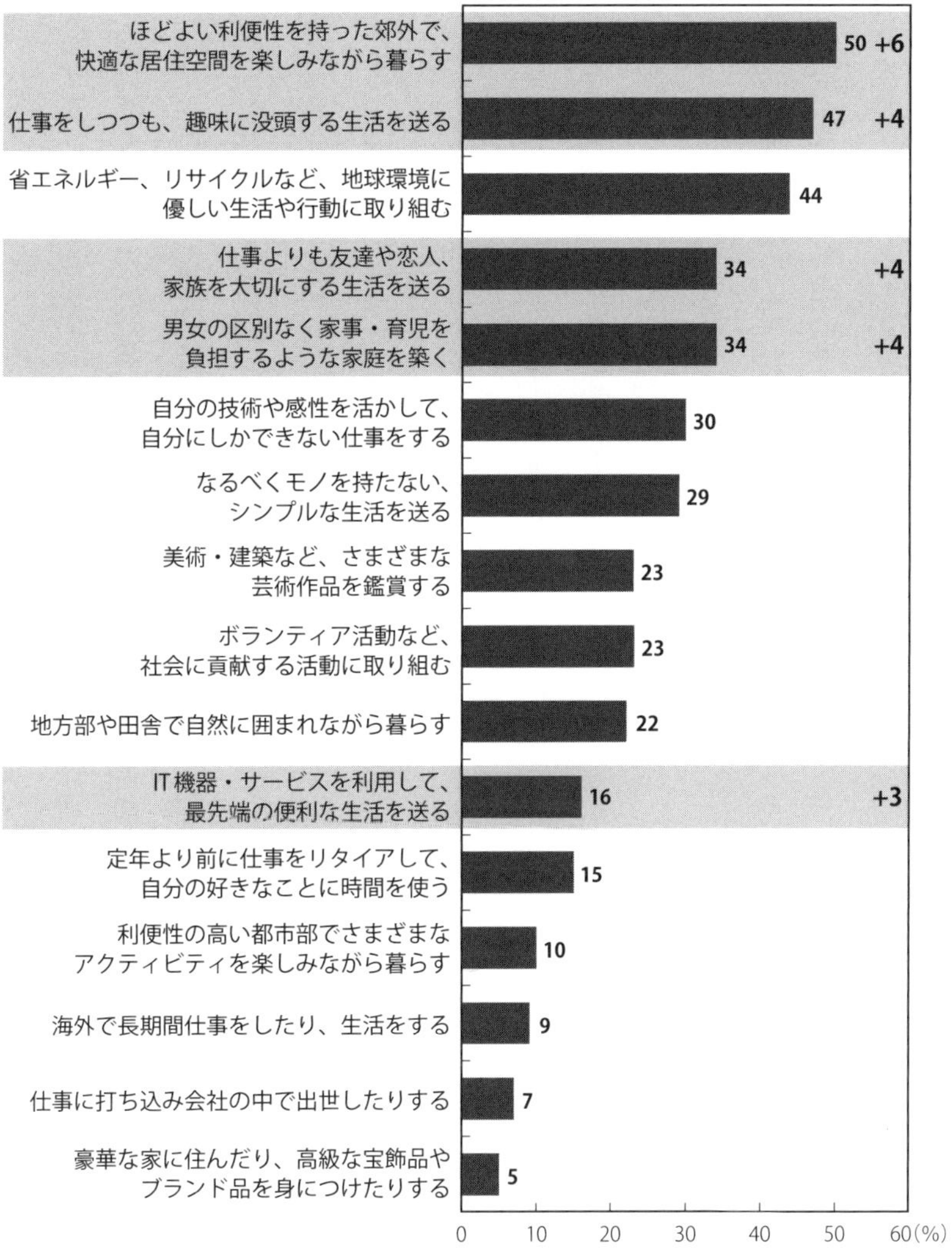

※「＋」は、2015年調査からの変化（%ポイント）。変化の大きかったもの上位5つまでを記載
出所：NRI「生活者1万人アンケート調査」（2015年、2018年）

さらに少し下がったところで、「仕事よりも友達や恋人、家族を大切にする生活を送る」、「男女の区別なく家事・育児を負担するような家庭を築く」（ともに34％）などのプライベートの人間関係や家庭を重視する暮らし方で共感が高くなっている。ここまであげたどの項目も男女・年代を問わず共感が高いが、「男女の区別なく家事・育児を負担するような家庭を築く」については、男女差が大きく、特に女性で共感が高い項目となっている。

年代差が比較的見られるのが「省エネルギー、リサイクルなど、地球環境に優しい生活や行動に取り組む」、「なるべくモノを持たない、シンプルな生活を送る」で、これらの項目は高年齢層ほど強く共感されている。前者の省エネ・環境志向については、従来から比較的時間とお金に余裕のある高齢者でよく共感されており、エコカーなどの環境志向の消費財もまずは高齢者から普及していた。そして後者のいわゆる「ミニマリスト」意識についても実は高齢者で高い傾向があり、徐々に身辺整理しながら人生を総括していきたい意識が見て取れる。

逆に「理想の暮らし」として共感する人が少なかったのは、「豪華な家に住んだり、高級な宝飾品やブランド品を身につけたりする」（5％）、「仕事に打ち込み会社の中で出世したりする」（7％）、「海外で長期間仕事をしたり、生活をする」（9％）などであり、かつてのバブル期のような生活や成功への野心的な意欲、海外志向などはあまり見られない結果となった。「まえがき」で提起した、「失われた20年を体験したあとの消費者は、景気が上向けばまた、バブル期のように右肩上がりの収入増加を信じて消費をしてくれるようになるのだろうか」という問いについては、このデータを見る限りでは、否との答えが正しそうである。

変化・挑戦を好まず、安定志向の価値観が強まる

ところで、「仕事に打ち込み会社の中で出世したりする」や「海外で長期間仕事をしたり、生活をする」については、年代別で見れば若者でやや高い価値観であるが、上の世代と比べて顕著に高いわけではない。インタビューなどにおいても、上の世代が若かったころに見られたチャレンジ志向や海外への憧れは、今の若者からは感じにくい。

本節の冒頭で紹介した生活価値観の変化を見たときに、「一流企業に勤めるよりも、自分で事業をおこしたい」、「より良い生活のためなら、今の生活を変えるようなことにもチャレンジしていきたい」などへの支持が減少しているとおり、起業家志向、チャレンジ志向は弱くなり、現状の生活を維持しようとする意識が強くなっている。

この挑戦を避け、変化を好まない傾向は若者でも強く見られ、長引く景気の低迷が、挑戦・変化がもたらす成果に対する信頼を失わせたことを示唆する。日本全体が成長していた時代には、挑戦は人より大きな成功をもたらす可能性を感じさせるものだったが、経済が縮小し格差とライフコースの多様化が拡がる現代では、挑戦はむしろリスクを強く感じさせるものとなっているのだろう。

また、海外への憧れについては、薄れているように見受けられる。現代においてはインターネット

を通じて、いつでも、どこでも、世界のあらゆる場所の情報を簡単に得ることができる。「隣の芝生は青い」ではないが、よく見えないからこその憧れや好奇心といったものを、現代の若者は海外に対して抱きにくくなっているのかもしれない。むしろ、自室からゆったりと好きな居場所にアクセスして趣味や人間関係を楽しむことこそが、安全で快適な「理想の暮らし」となっているわけである。

「働き方改革」は消費意識・行動にも影響

2018年にかけて「理想の暮らし」として伸びている項目群について、さらに付け加えたい解釈としては、「働き方改革」の影響があげられる。「IT機器・サービスを利用して、最先端の便利な生活を送る」ことで、住環境のよい郊外で、趣味を楽しみながら、家族や友人、恋人との時間を確保し、家事についても分担する、といった、「働き方改革」の提唱するライフスタイルへの共感が見て取れる。

「働き方改革」については我々が日頃、消費財マーケティングに関する仕事をしていく中で、その影響を感じることが多い。これまで長らく勤勉であることがよしとされてきた日本人が、国策として「頑張らなくてもいい（企業は頑張らせすぎてはいけない）」、「多様で柔軟な働き方によりゆとりある暮らしを楽しむのがよい（企業はそれを認めるべき）」という方針を示された。その結果、例えば趣味や快適な時間を過ごすことに関する消費に心ひかれるようになったり、無理な頑張りを想起させるような消費を忌避するようになったり、といった傾向が、あちらこちらで見られるのである。この働き方改革による「趣味消費の充実」とでもいうべき消費意識や消費行動への影響については、後段の第3章で詳しく紹介していこう。

コラム

「秘密」があり、自由時間を一緒に楽しめなくても夫婦でありたい？ 日米中、価値観の違い

日本人の価値観として、「場合によっては、夫婦の間で秘密をもってもかまわない」、「夫婦はお互い経済的に自立した方が望ましい」、「夫婦はお互いの自由時間の使い方に干渉すべきではない」が大きく伸びたことについては、すでに紹介した。この3つの項目については以前、国際比較調査をした際に、興味深い結果が得られている。

少しデータは古いが、野村総合研究所（NRI）では2014年に、日本、アメリカ、中国（Tier0、Tier1、Tier2の都市部）の3カ国で同じ調査票を用いてインターネットでの価値観比較調査を行ったが、その中で、夫婦の性別役割分担や夫婦のあり方についての考え方を尋ねた項目があった。

まず、5年前の調査時点で、性別役割分担については、項目によっては3カ国中で日本が最も共感が低いということがわかった。図表1-2-5を見ると、「家族の介護・看護は女性が中心と

図表1-2-5　夫婦関係についての考え方（「そう思う」「どちらかといえばそう思う」の合計）

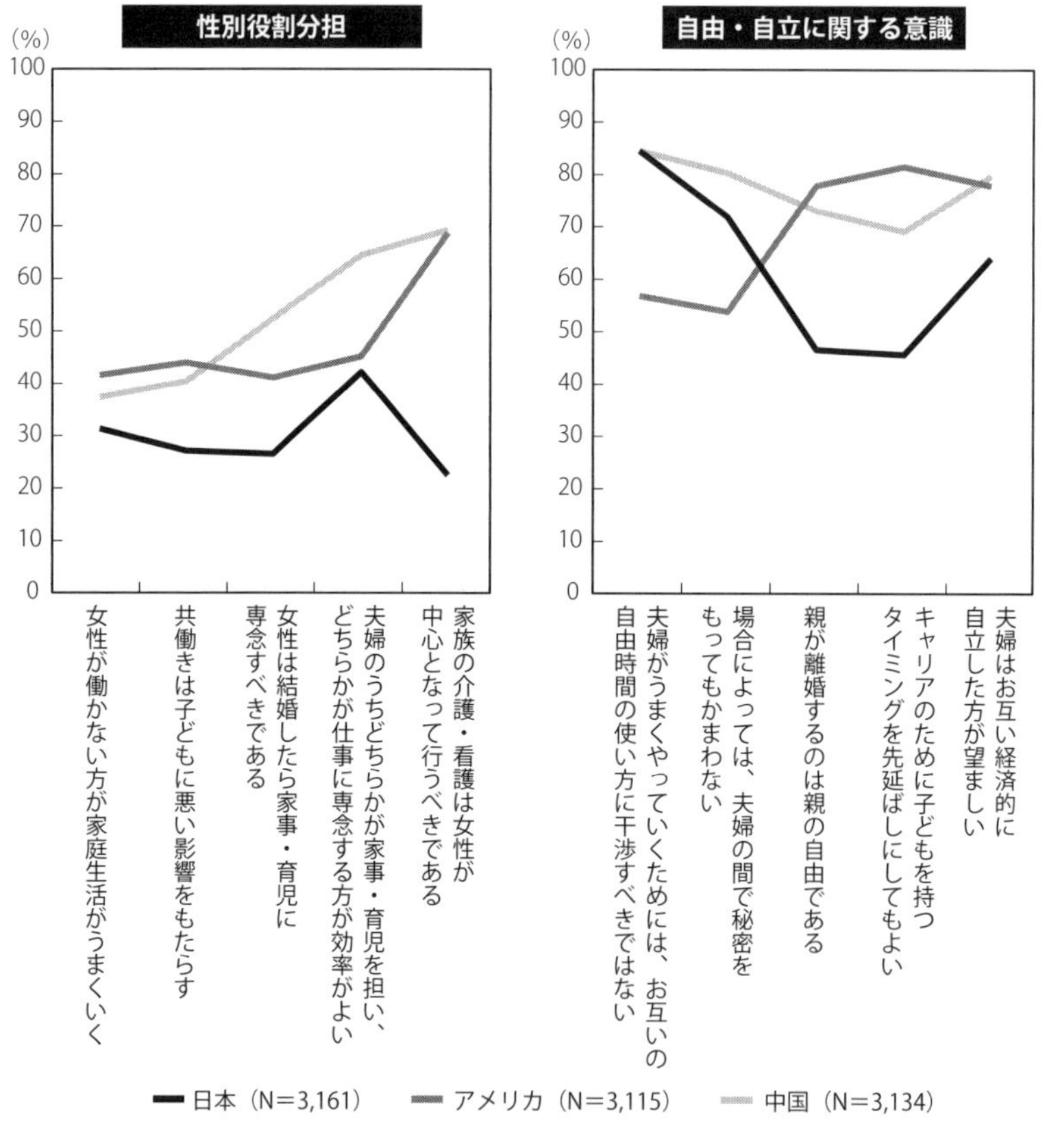

出所：NRI「日・米・中インターネット生活者調査」（2014年8月）

なって行うべきである」、「女性は結婚したら家事・育児に専念すべきである」などの項目で、日本はアメリカ、中国都市部に比べ共感する人の割合が顕著に少ない。女性の役割として「こうあるべき」という社会的通念については、近年になって女性の活躍推進や男性の家事・育児参加が強く取り上げられるようになった分、否定的な考え方を示す日本人が多いということかもしれない。

実際、5年前の時点でも「家事は夫婦で協力して行うべきである」、「育児において、母親と父親では平等に参加すべきである」などの項目においてはアメリカ、中国都市部と並んで高く、日本人は意識の面では男女平等が進んでいるといえる。

一方、自由・自立に関する意識では、「夫婦はお互い経済的に自立した方が望ましい」、「親が離婚するのは親の自由である」などの項目において、日本は「そう思う」計の割合がアメリカ、中国都市部に比べて低かった。これらの項目は直近にかけて大きく伸びており、夫婦の自由・自立に関する考え方においてもアメリカ、中国都市部に追いつきつつあることがうかがえる。

そして、「夫婦がうまくやっていくためには、お互いの自由時間の使い方に干渉すべきではない」、「場合によっては、夫婦の間で秘密をもってもかまわない」という2つの項目については、アメリカの共感が、日本、中国都市部に比べて顕著に低い。この点は、夫婦関係が成り立つために必要なことに対する各国の考え方の違いが表れているようで興味深い。

離婚率が高いアメリカでは、夫婦の間に「秘密」があり、また自由時間を一緒に楽しめないようであれば、あえて夫婦である必要はないと考える人が多いのかもしれない。

日本ではこれらの項目への共感度が直近にかけて高まってきているが、それでも夫婦であろうと考える背景には、家族の「形」に縛られる意識は薄れてきているとはいうものの、やはり親としての子どもに対する責任意識や、社会的な「家族」の通念によるプレッシャーがアメリカに比べて強いという考え方もできる。

なお、この調査はインターネット調査（インターネットユーザーを対象に実施）であるため、「生活者1万人アンケート調査」と比較した際に、回答率の絶対水準が異なる点に留意が必要である。

3

進む個人消費

――夫が、妻が、子どもが何を購入したのか、知ろうと思わなければわからない

スマートフォンでの消費、アカウントは個人別か家族共有か

背中合わせの家族となり、夫婦、親子の個人化が進んだ結果、消費も個人単位で行われるようになってきた。冒頭の今野さん一家のように、リビングルームで家族それぞれがスマートフォンをいじりながら、こちらでは電子書籍をダウンロード、あちらでは無料のビデオ動画を視聴し、またこちらでは気になる商品のユーザーレビューをチェックしそのままポチッと購入、などという光景は、今や一般的な光景になった。

そして、購入やダウンロードのためのアカウントを夫婦、親子が共有していれば、互いの興味や消費行動もうかがえるが、もし家族がそれぞれで個別アカウントを持っていれば、あえて共有しない限

り、お互い何を購入し、ダウンロードしたか、知ることはない。

スマートフォンが余暇活動やコミュニケーションのみならず、消費のための情報収集やインターネットショッピングにも使われるようになったことは、先に紹介した。直近3年間では、スマートフォンによって従事されるアクティビティのうち伸びが顕著なのは、インターネットショッピングやそのための情報収集、ネットバンキングなどの消費、お金まわりの項目である。

消費の重点は、リアル店舗から、あるいは大きな画面のあるパソコンから、手のひらサイズのスマートフォンへと急速にシフトしている。その結果、よりシンプルな比較行動で、しかしより個人の興味に深く根ざし、家族に知られることなく行われるようになってきているのである。

ネットショッピングは大きく伸び、少額化・高頻度化

まず前提として、インターネットショッピングはどの年代においても、利用率、利用者あたりの年間平均利用回数ともに、大きく伸びてきた。図表1-3-1は年代別のインターネット利用率（1年以内）の2000年調査からの7回分の推移と、2009年調査以降の利用者あたりの年間平均利用回数の推移を示したものである。年間利用率はすべての年代で調査を重ねるごとに伸びており、きれいな虹型のグラフとなっている。15歳〜69歳の平均利用率は2000年調査時の5％から2018年調査時には58％にまで高まっている。

図表1-3-1　年代別インターネットショッピング利用率の推移と年間平均利用回数の推移

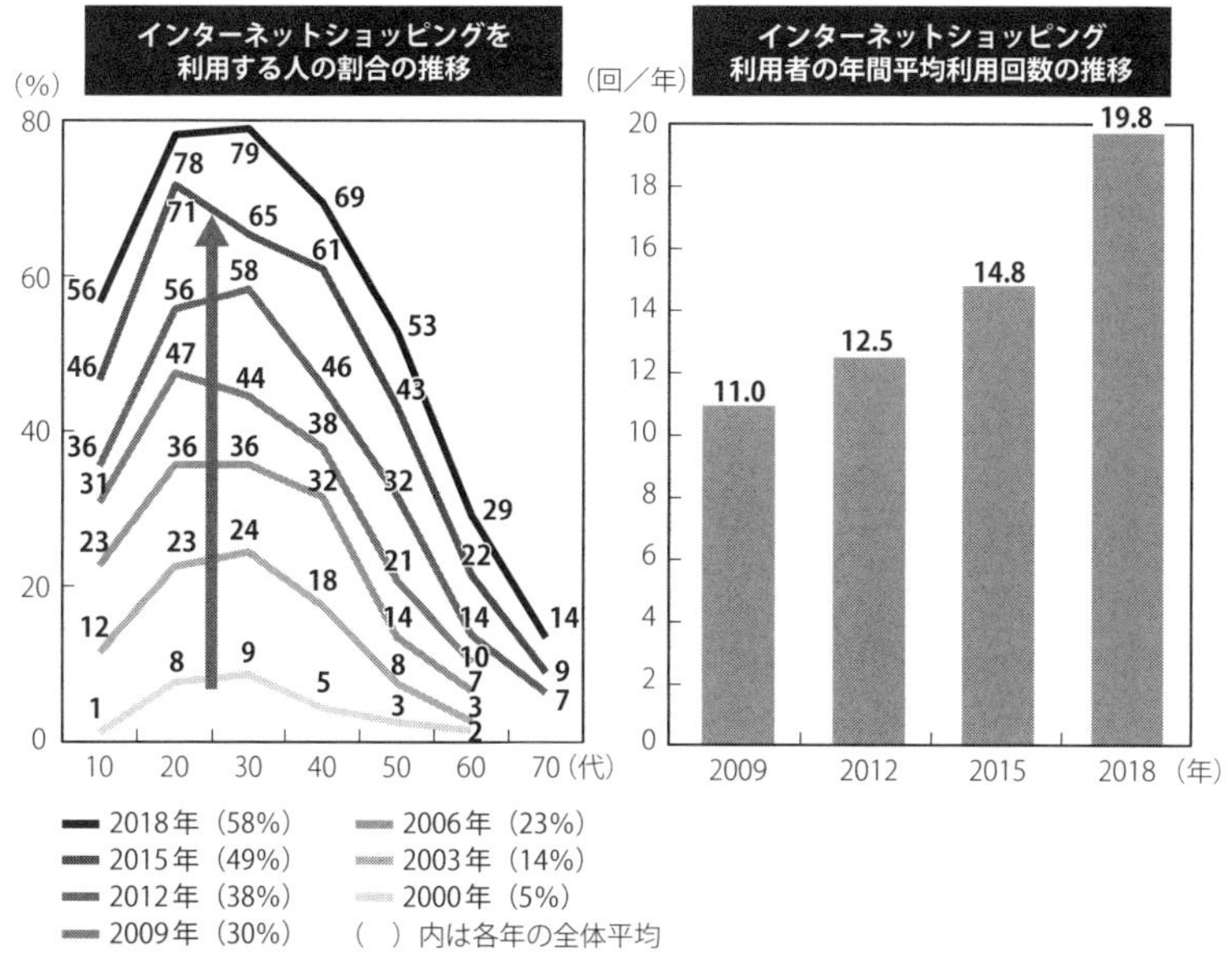

※2000〜2006年調査は「パソコンを使って商品・サービスの発注をしたことがある人」の割合、2009〜2015年調査は「インターネットショッピング利用者の割合」（それぞれ1年間で利用した割合）

出所：NRI「生活者1万人アンケート調査」（2000年、2003年、2006年、2009年、2012年、2015年、2018年）

さらに、利用者あたりの年間平均利用回数は、２００９年調査時の11・０回から２０１８年調査時には19・８回へと、２倍近くにまで増加した。特に、２０１５年から２０１８年までの直近３年間での伸びが大きく、高頻度化が進んでいる。インターネットショッピングは、より多くの人に、より気軽に日常的に楽しまれるようになってきた。

２０１２年調査からの３回の調査でインターネットショッピングの市場規模を、年間利用率×利用者あたり年間平均利用回数から見た延べ回数（１００人あたり年間総利用回数）で比較してみると、

図表1-3-2　インターネットショッピングの100人あたり年間総利用回数の推移

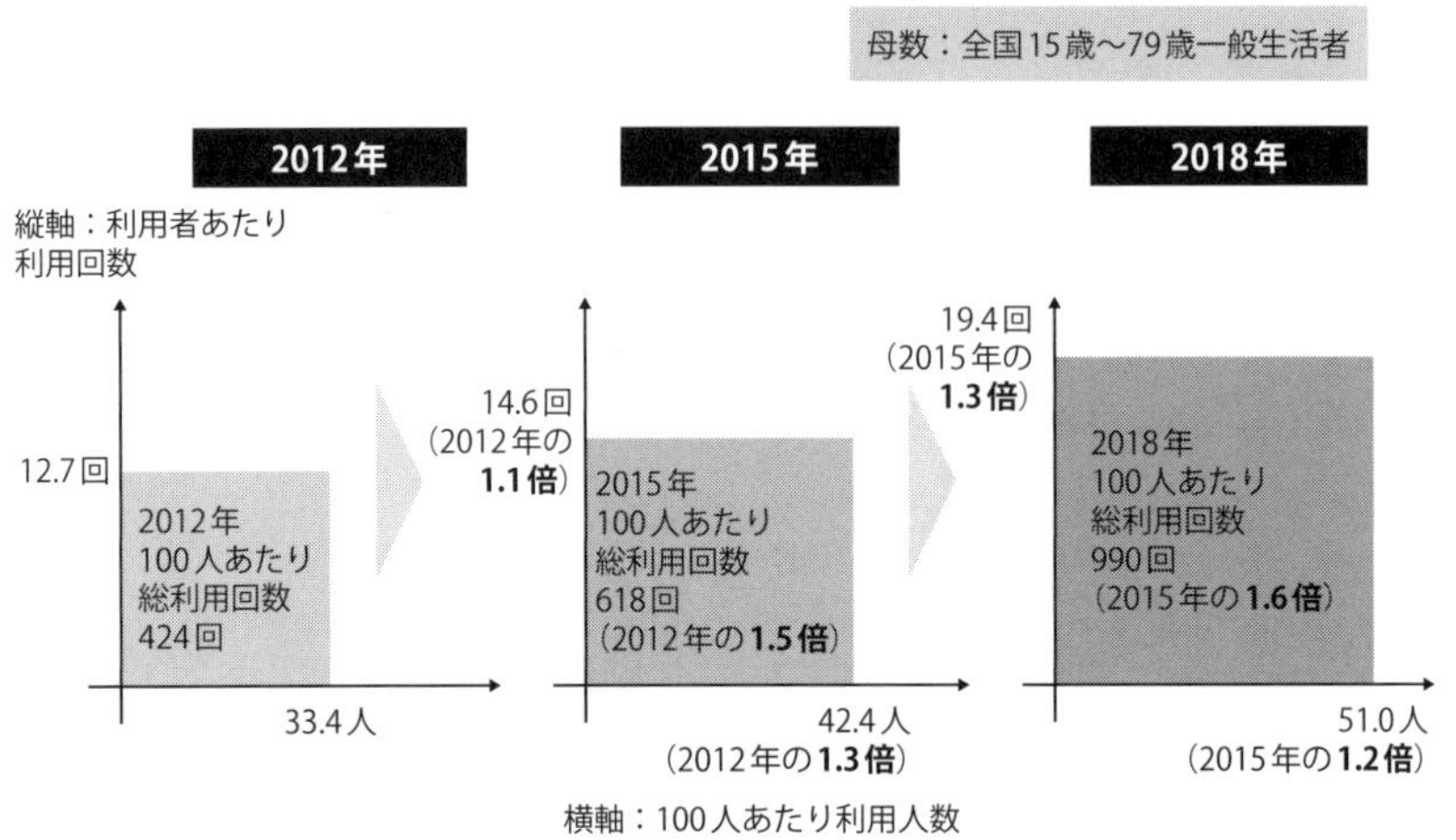

出所：NRI「生活者1万人アンケート調査」（2012年、2015年、2018年）

2012年調査時には424回だったものが、2015年には1・5倍の618回、2018年にはさらに1・6倍の990回へと倍々ゲームで成長している（図表1-3-2）。「生活者1万人アンケート調査」では金額については聴取していないため金額市場規模までは推計できないが、少なくとも回数ベースでのインターネットショッピングは成長を続けており、いまだ鈍化していない。

特に2015年からの3年間では利用者あたり年間平均利用回数の伸びが顕著で、年代別に見ると10代の伸びが顕著となっている（図表1-3-3）。NRI「生活者年末ネット調査」（2018年）で1回あたりの購入金額を尋ねたものを男女・年代別に集計してみると、平均利用回数の多い10代男女では、男性1135円／回、女性416円／回と、全年代平均の

図表1-3-3　インターネットショッピング利用者の年間平均利用回数の推移（年代別）

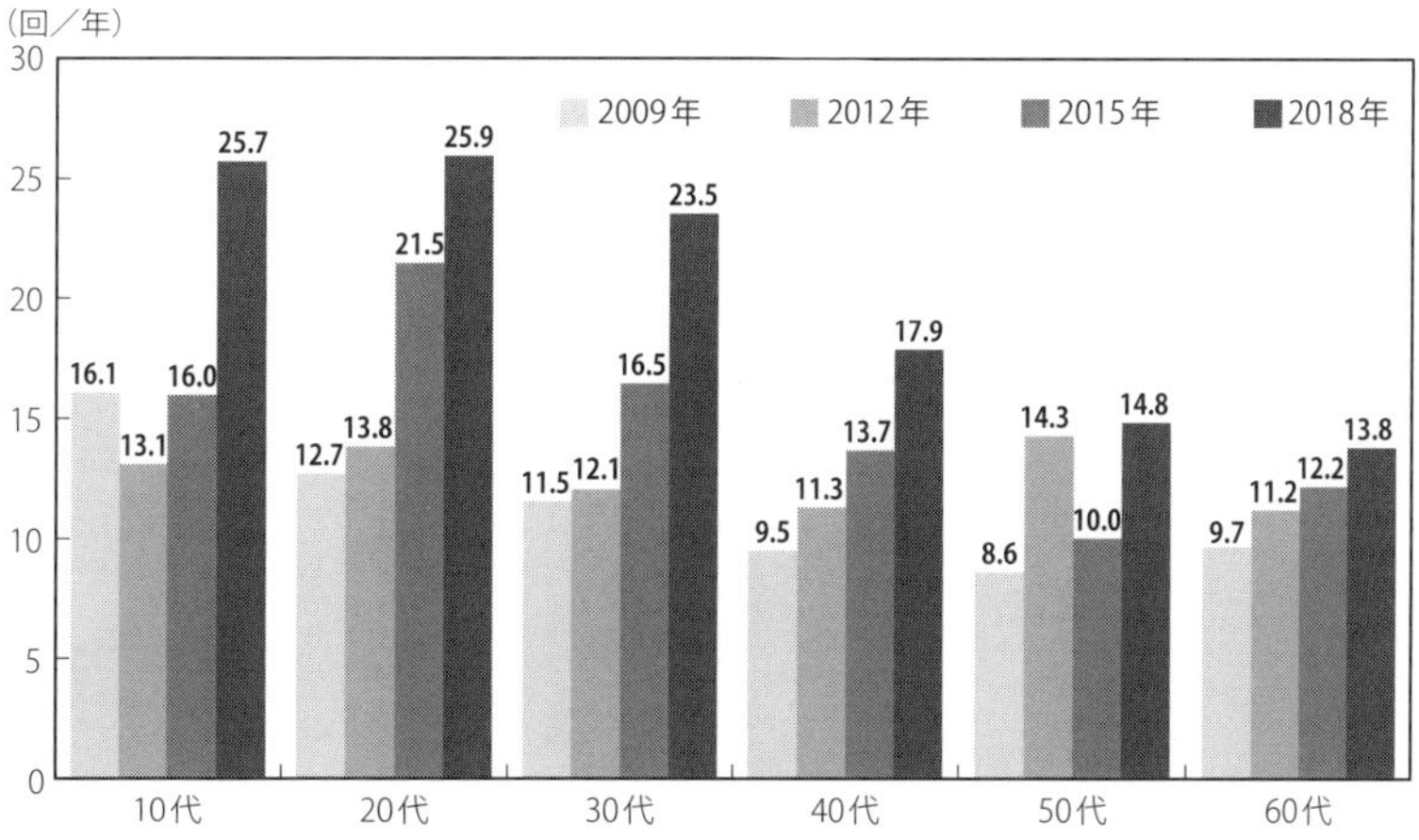

出所：NRI「生活者1万人アンケート調査」（2009年、2012年、2015年、2018年）

2846円／回と比べて顕著に低額となっている。若者は少額のものを、高頻度で購入しているのである。

図表1-3-4に示すとおり、若者では「音楽や本などは、モノの形ではなくデータで持ちたい」という傾向が強い。電子書籍やビデオ、音楽などのコンテンツを気軽に購入できるようになったことも、この10代のネットショッピングの伸びをもたらしたと考えられる。また、10代以外の年代でも2015年と比べて2018年の方が、「データで持ちたい」とする割合が高くなっており、紙やCDなどの形ではなくデータ、いわゆるデジタルコンテンツの需要が増していることがうかがえる。

NRI「生活者年末ネット調査」（2018年）で、最近ネットショッピングで購入したものを尋ねた際、主に10代から30代までの若年層で、

図表1-3-4 「Aに近い」「どちらかといえばAに近い」の合計の割合の推移（年代別）

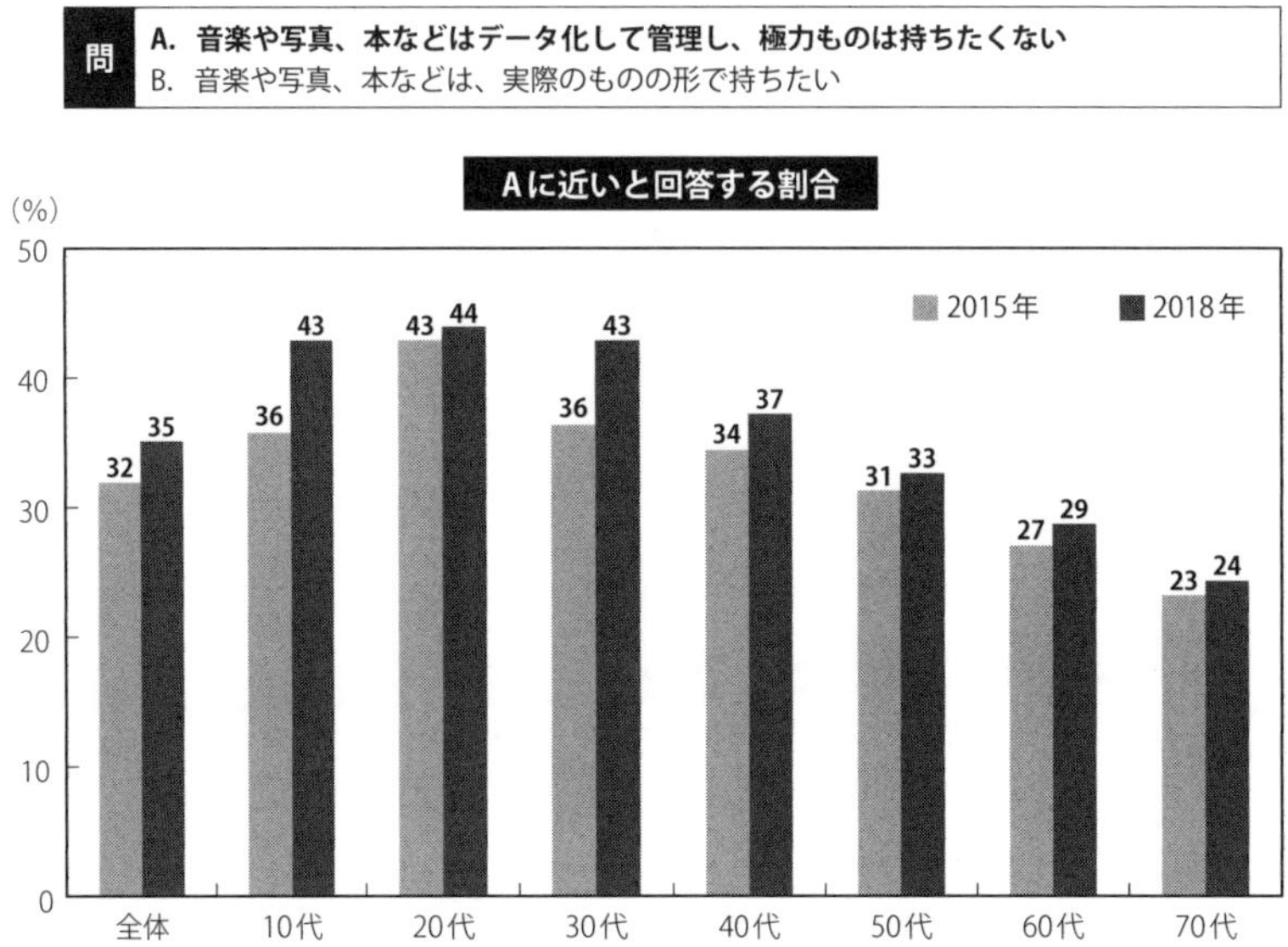

出所：NRI「生活者1万人アンケート調査」（2015年、2018年）

「ゲームソフト（ダウンロード版含む）」、「音楽コンテンツ」、「スマートフォンアプリ」、「書籍・マンガ（電子版）」などの回答が見られた。さらにゲーム内の課金なども、広義ではネットショッピングに含まれる。

こうしてデジタルコンテンツで購入されることが増えてくると、親は子どもが何に興味を持ち、何を楽しんでいるかがわかりにくくなる。従来のように本棚に並ぶ本の背表紙や、部屋から漏れ聞こえてくる音楽、リビングルームで見ているテレビ番組などから子どもの興味を察する機会が減ってしまったのだ。冒頭の今野さん一家の母親のように、意識的に子どもと趣味や興味を共有していく努力が、より一層必要な時代になってきているかもしれない。

「ユーザー評価」を参考に、シンプルかつより属人的な購買意思決定が行われている

主な消費意識の時系列変化を見ると、消費の際にいろいろ情報を集めてから買いたいとする情報収集傾向は、2009年をピークに飽和している(図表1-3-5)。1990年代から2000年代にかけて、インターネットが普及する中で売り手への情報の偏在が解消され、「情報を集めれば集めるほどお得に買える」という意識が浸透した。情報弱者、デジタルディバイドなどという言葉も生まれた。

それが、2010年代になると、スマートフォンやタブレット端末などの普及による情報への接触ポイントの増加、SNSやCGM(コンシューマージェネレイテッドメディア:消費者が投稿した情報により形成されるメディア)の増加、普及による情報の多様化により情報が氾濫、消費者は情報を集め続けることに疲れてしまった感がある。実際、2012年調査以降で「A:商品やサービスに関する情報が多すぎて、困ることがある」、「B:商品やサービスに関する情報が不足していて、困ることがある」のどちらに近いかを尋ねているが、すべての調査において7割の消費者が「情報が多すぎて困る」と回答しているのである。

「価格が品質に見合っているかをよく検討してから買う」、「商品を買う前にいろいろ情報を集めて

図表1-3-5 「情報収集」にまつわる消費意識の推移

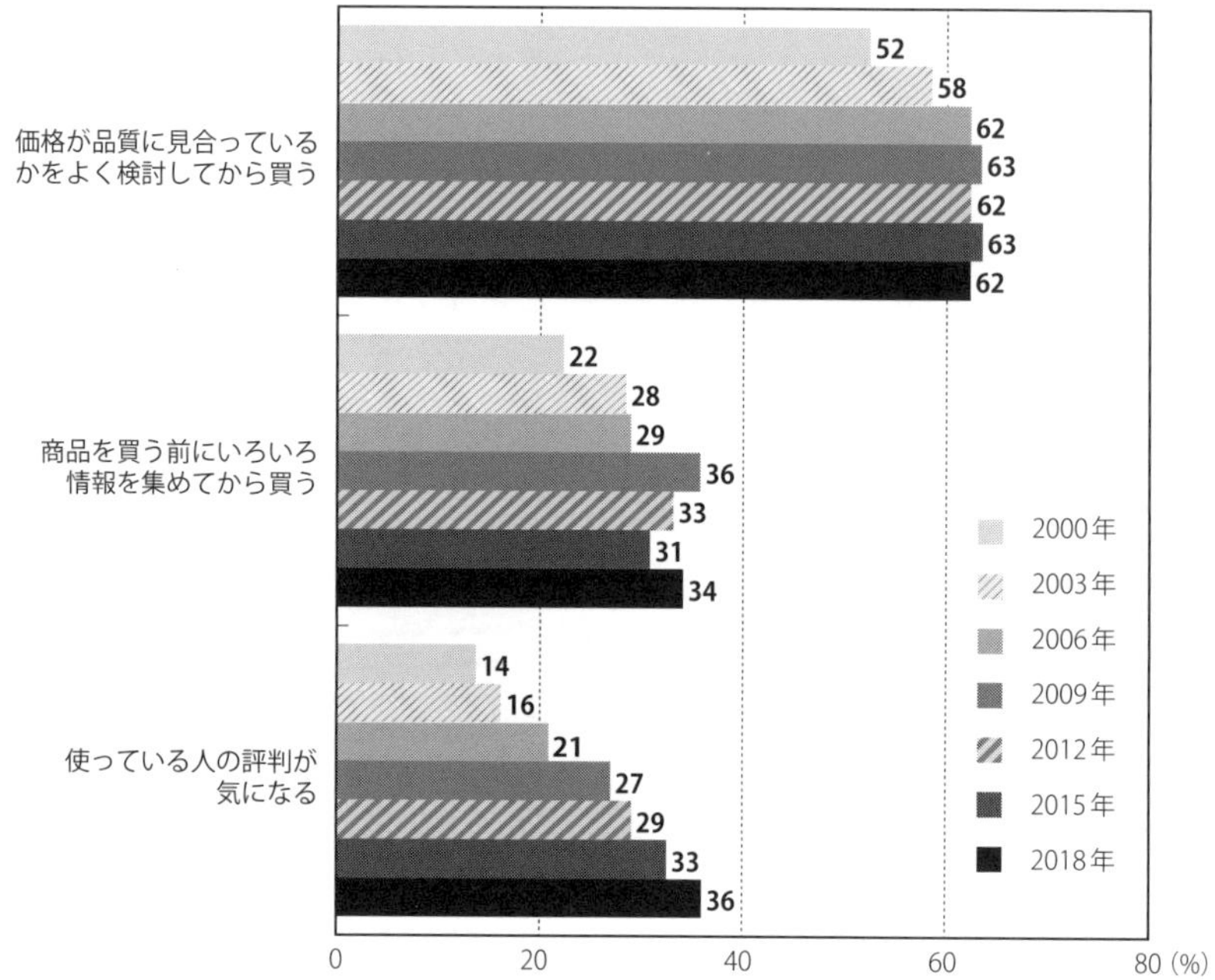

出所：NRI「生活者1万人アンケート調査」(2000年、2003年、2006年、2009年、2012年、2015年、2018年)

から買う」の2つの項目では2009年以降で頭打ちになっているが、「使っている人の評判が気になる」については一貫して高まり続けている(図表1-3-5)。さまざまな情報が氾濫する中で、「ユーザー評価」の重視度合いはますます強まっているということである。

スマートフォンの小さな画面では、パソコンの画面のように、複数ウィンドウを起ち上げて、横に並べて詳細情報を比較することは難しく、画面から画面への遷移も起こりにくいと言われている。消費の際にスマートフォンを用いて情報を得る場合には、気になるな、レビューを見てみよう、評価が高いようだ、購入しよう、というようなシンプルな情報収集と意思決定が行われると考えられる。

また、情報端末の個人化により、各人がそれぞれ趣味の消費に走りやすくなったことも、「使っている人の評判が気になる」割合の増加に影響しているだろう。CGM（コンシューマージェネレイテッドメディア）には、一部のSNS、口コミサイトのほか、COI（コミュニティ・オブ・インテレスト：趣味のコミュニティ）も含まれる。NRI「生活者年末ネット調査」（2018年）でネットショッピングでの「ユニークな買い物体験」について自由記述で回答してもらったところ、「スマートフォンゲームにハマっていて、ゲームユーザーからオススメされた本を買ってしまった」（10代男性、学生）、「欲しいものは趣味の車関係の物を購入する事で、取引した相手と趣味が同じで知り合い、一緒に行動する事もある」（60代女性、パート・アルバイト）など、趣味仲間との情報交換に起因する消費や、趣味の物については同好の士の高評価レビューを見てつい買ってしまう、などの記述も見られた。

情報端末であるスマートフォンが1人1台の状況にまで普及したことにより、個人の趣味や興味に応じた買い物は、同好の士によって書かれるユーザーレビューを参考にしながら、ひとりでポチッと購入してしまう「個人消費」の傾向が進んでいるようだ。消費者はよりシンプルかつ端的な情報取得をしながら、より自分の興味やそれを共有する趣味仲間からの属人的な情報に基づいて購買意思決定を行うようになってきているのである。

この個人消費の進展は、特に前回2015年調査から2018年調査までの直近3年間で見られる大きな変化であり、スマートフォンのさらなる普及によりＣＧＭがより身近なものとなったことや、情報端末の個人化ひいては趣味生活の個人化が進んだことを背景とした時代効果である。

第２章で見ていく各世代の「世代効果」「年齢効果」と合わせて、今後のマーケティング施策のあり方を考えていく上で着目すべき重要な要素であるだろう。

コラム

日本人の余暇活動の推移
――ゲーム・動画コンテンツ視聴が再び大きく伸びる

消費の個人化により、従来以上に趣味や興味に基づいた消費が行われるようになっている可能性について紹介してきたが、ここで、日本人の余暇活動の推移について見てみたい（図表１－３－６）。

まず、長期的に見て、「パソコン」、「ビデオ・ＤＶＤ鑑賞」、「テレビ・パソコン・携帯などのゲーム」などのデジタルレジャーは１９９７年の調査開始時から最も大きく伸びている。しかし、「パソコン」は２００９年をピークに下降に転じており、スマートフォンの普及によりインターネットやデジタルレジャーは「パソコン」にしっかり向き合って楽しむものではなくなった、との仮説を裏付けている。

一方、２０１２年以降でやはり飽和傾向を見せていた「ビデオ・ＤＶＤ鑑賞」や「テレビ・パソコン・携帯などのゲーム」は、２０１５年から２０１８年にかけ、再び急伸を見せている。この背景には、動画配信サービスや動画共有サービスの普及や、アプリ型ゲームの増加により、スマートフォンでこれらのデジタルレジャーがよく楽しまれるようになったことがあるだろう。

そして、もうひとつ、スマートフォンの普及と切り離せないのが、街レジャーの伸長である。２０１５年調査の分析時にすでにその萌芽は見られ、本調査分析メンバーは「今後街レジャーがさらに伸びていくのではないか」との仮説を立てていたが、果たして２０１８年調査ではそのとおりとなった。

スマートフォンがあるおかげで、とりあえず街に出てから面白いスポットやおいしい飲食店を探す、合流できそうな仲間を探す、待ち合わせまでの時間をつぶす、ひとりで行動していても誰かとつながりながら楽しむ、などの行動がより容易に行えるようになったのである。結果、「外食・グルメ・食べ歩き」、「映画・演劇・美術鑑賞」、「音楽鑑賞」などの街レジャーは伸長し、特に「外食・グルメ・食べ歩き」の伸びは顕著である。

旅行系レジャーでは、海外旅行が伸びていない中で、国内旅行の伸びが著しい。健康や食べ物などに不安が出てくるシニア層のみならず、若者でも国内旅行支持が強まっていることが、消費者インタビューから示唆されている。若者では、ガイドブックなどの一般的に得られる情報ではなく、ＳＮＳで実際にその地を旅した人の体験を読み、飲食店や料理の画像を見、地元の人から

図表1-3-6　余暇活動をする人の割合（複数回答）

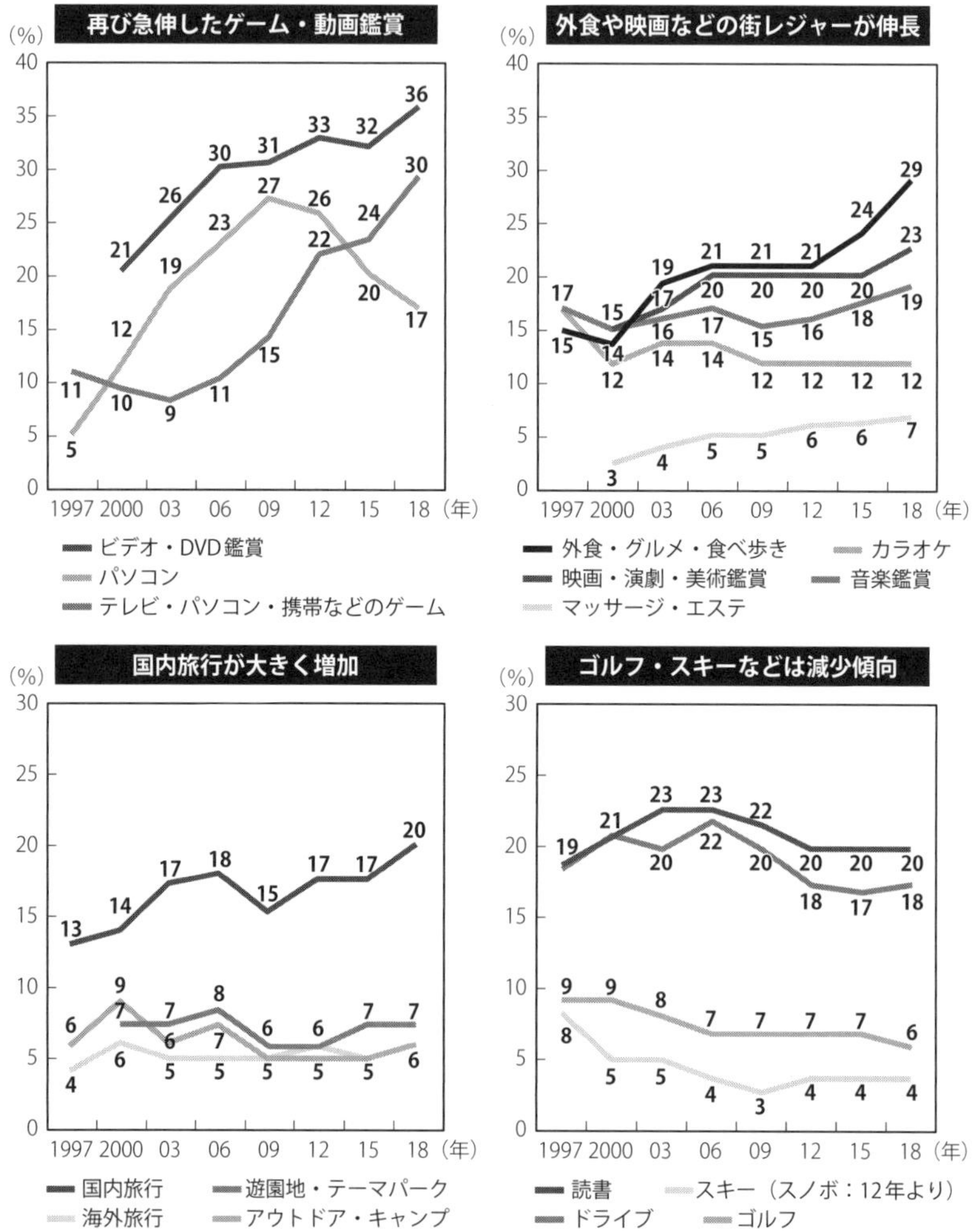

出所：NRI「生活者1万人アンケート調査」（1997年、2000年、2003年、2006年、2009年、2012年、2015年、2018年）

お勧めを聞いて、その時、その場所ならではのディープな経験をし、それを共有するという楽しみ方が支持されているようだ。

後段で触れるが、現代日本の消費者は、若年層を中心にブランド志向が薄れ、その一方で仲間からの承認欲求が高まっている。旅行もブランドではなく共感性、例えば遠い海外の「ロマンティック街道」よりも、先日友人と自転車について話した際に話題に上がったしまなみ海道の方が、よりディープな体験を共有しあえそうで魅力的に映る、ということかもしれない。

また、従来型レジャーでは、「ゴルフ」や「スキー・スノボ」の減少・低迷が止まらない。一方で、「車離れ」と言われながらも「ドライブ」は全体では割合を維持し、直近では上昇している。ドライブを趣味とする割合の時系列推移には年代差が大きい。40代以上、特に高年齢層では健康寿命の伸長も影響してドライブを楽しむ人の割合が増えているのに対し、まさに「若者の車離れ」と言われるように30代以下では大きく減少しているのである。人口構成が高年齢によることで一見してドライブを楽しむ人の数は保たれているが、若い年齢層では実感どおり減ってきているということを指摘しておきたい。

4

変わりゆく日本人

——生活満足度は高く、変化・挑戦を好まない。今持っているものを大切にする

人と違ったことや起業をするよりも、学歴や肩書きなどで有利な多数派となりたい

2000年から2018年にかけての生活価値観の推移（図表1-2-1）で、注目すべき変化があった項目について、さらに年代別の時系列推移を見てみよう。

近年弱まっている価値観としては、「自分で事業をおこしたい」、「周りの人から、注目されるようなことをしたい」、「より良い生活のためなら、今の生活を変えるようなことにもチャレンジしていきたい」、「たとえ他人にどう思われようと、自分の考えに基づいてものごとを判断したい」などの、起業・チャレンジ志向や自己主張に関する項目が多く含まれることはすでに述べた。少子高齢化が進み、若者が減っていく日本においては、当然と思われるかもしれない。

図表1-4-1 「より良い生活のためなら、今の生活を変えるようなことにもチャレンジしていきたい」の推移（「そう思う」「どちらかといえばそう思う」の合計、男女・年代別）

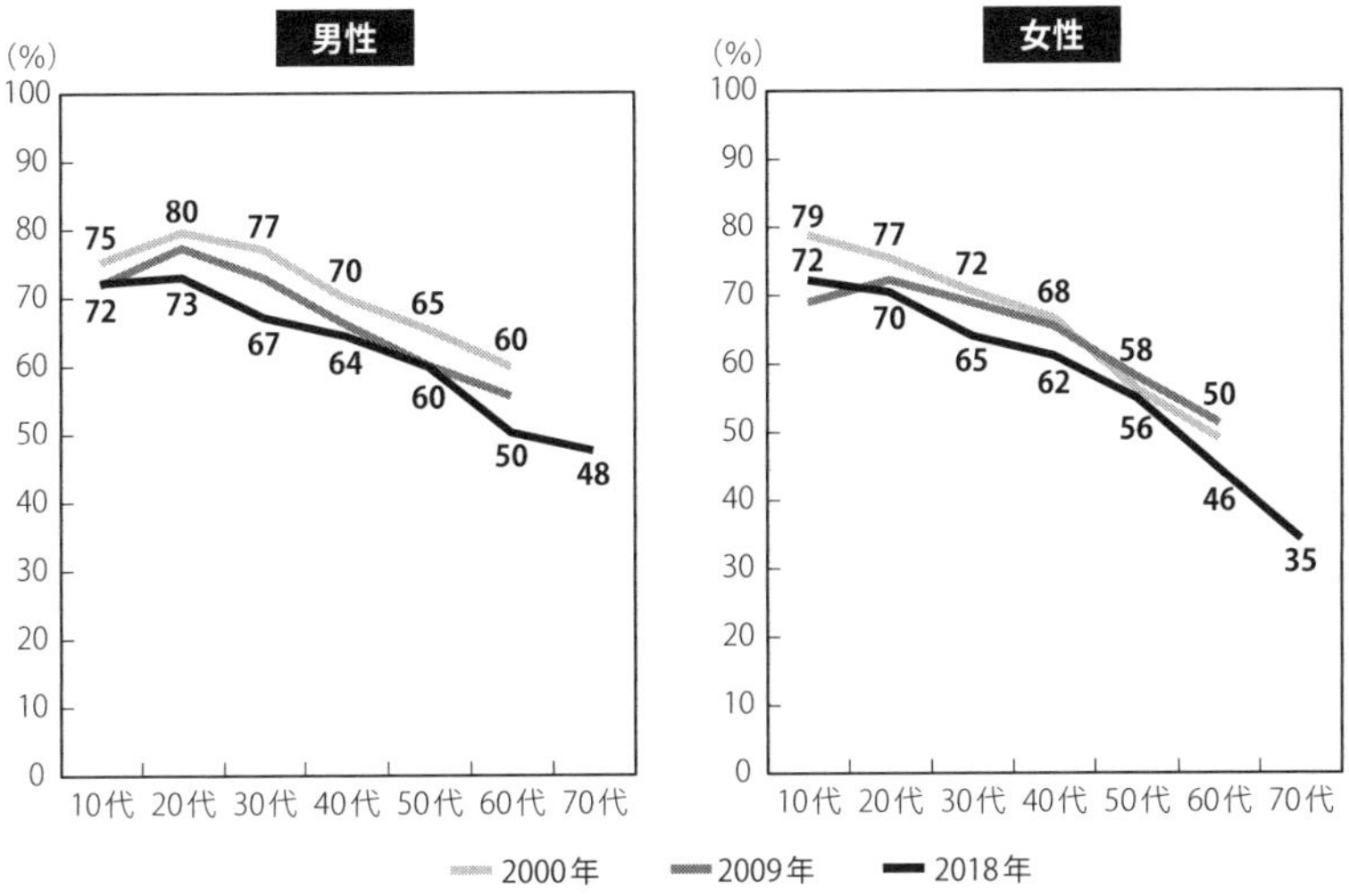

出所：NRI「生活者1万人アンケート調査」（2000年、2009年、2018年）

図表1-4-1に見るとおり、「より良い生活のためなら、今の生活を変えるようなことにもチャレンジしていきたい」という項目について「そう思う」「どちらかといえばそう思う」と答える割合は、確かに若年層ほど高い。しかし、2000年調査時からの18年間の変化で見たときに、「そう思う」計が減少している傾向は、男女・すべての年代で共通である。また、男女・年代を問わずに「そう思う」計が減少する傾向は、先にあげた起業・チャレンジ志向や自己主張に関する項目すべてで観測される。日本人は全体的に、変化・挑戦や自己主張を避けるようになってきているのである。

一方、近年強まっている価値観としては「有名な大学や学校に通った方が、将

**図表1-4-2 「有名な大学や学校に通った方が、将来は有利になると思う」の推移
（「そう思う」「どちらかといえばそう思う」の合計、男女・年代別）**

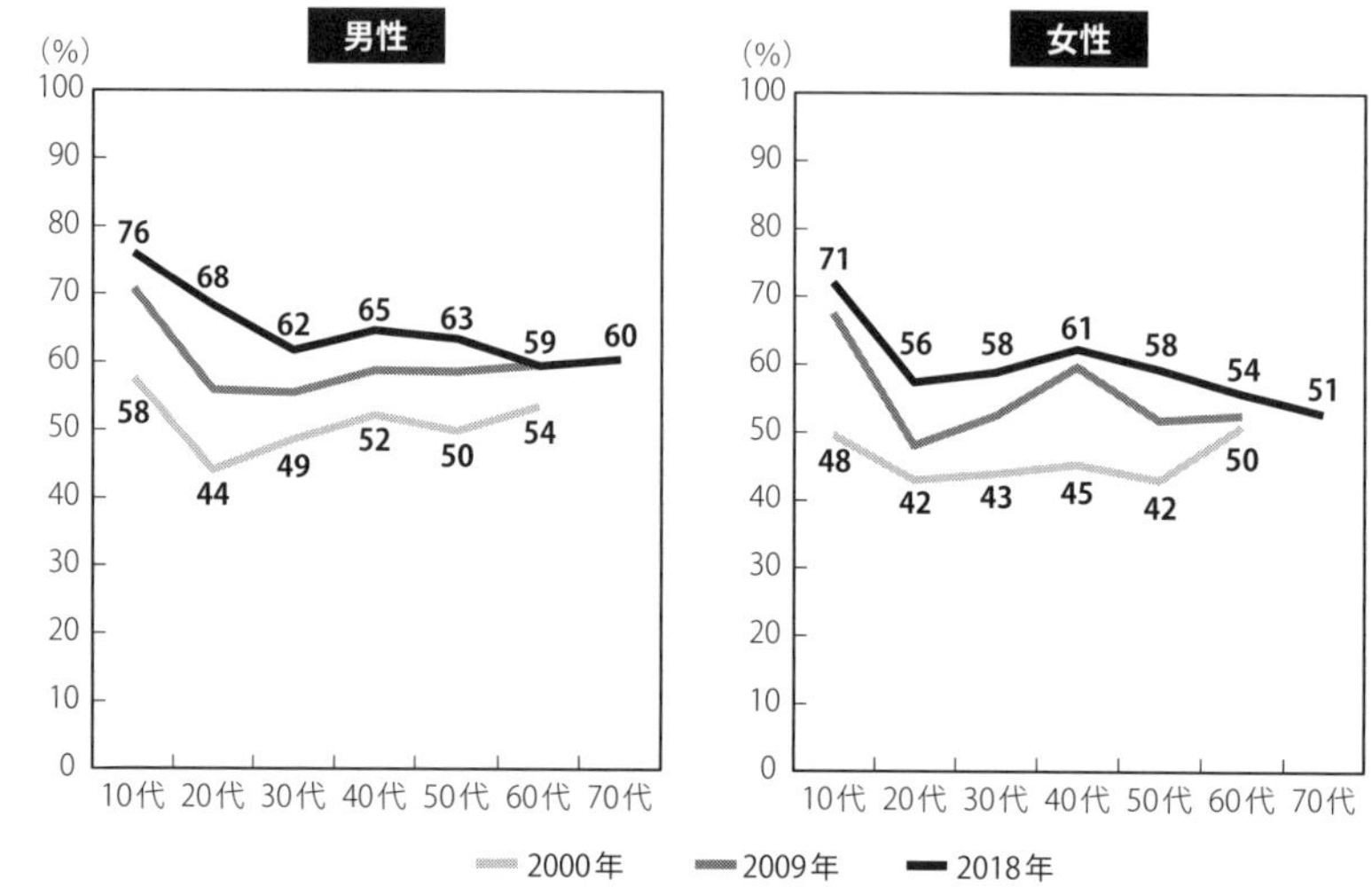

出所：NRI「生活者1万人アンケート調査」（2000年、2009年、2018年）

来は有利になると思う」があった。これも男女・年代別に見ると、男女ともに、またすべての年代で「そう思う」計が増えており、特に若年層ほどその増加は顕著である（図表1-4-2）。また、「対外的に自分の地位・立場を説明するために、役職や肩書きが欲しい」という項目については、40代以上での変化が少ないのに対して、30代以下の若者では過去18年間で顕著に高まっている。今の若者は昔の若者に比べて、学歴や肩書きを重視する傾向が強いということになる。

先にも述べたが、日本全体が成長していた時代には、人と違ったことをする、また、起業・挑戦するのは大きな成長要因・チャンスにつながることもあったが、景気の低迷が続き格差が広がる現代日本社会では、

一度失敗するとなかなか這い上がれない。特に、成長期に親世代のリストラ・失職を目の当たりにしてきた若者が、攻めよりは守りの意識が強まり、学歴や資格、肩書きといった既存の社会の枠組みの中で有利な多数派でありたいと考えるようになるのは、当たり前のことかもしれない。

「内向き志向」？　日本の国や国民を誇りに思う若者

若者の「内向き志向」とよく言われるが、現代の若者は日本に留まることを好み、海外にあまり興味がないという。近年に向けて大きく高まっていた生活価値観に、「日本の国や国民を誇りに思う」という項目がある。図表1-4-3に示す男女・年代別の時系列推移を見ると、実際に若年層で大きく高まっていることがわかる。２０００年から２００９年にかけての９年間でも高まる傾向は見られるが、その後の２００９年から２０１８年にかけての９年間の方が、上昇は顕著である。

この項目への共感が特に大きく高まったのは、２００９年から２０１２年の間である。２０１１年３月、東日本大震災は東北地方を中心に甚大な被害をもたらした。この大災害からの復興に際し、草の根的なボランティア活動や寄付活動、節電、消費による応援などの取り組みによって、手に手を取り合って乗り越えてきたという日本人としての自負が、より日本という国や国民に対するポジティブな感情を強めたと考えられる。「積極的に社会のために貢献したい」という項目への共感が、10代、20代の若者を中心に同じ時期に大きく高まっていることも、その現れであろう。

図表1-4-3 「日本の国や国民を誇りに思う」の推移
（「そう思う」「どちらかといえばそう思う」の合計、男女・年代別）

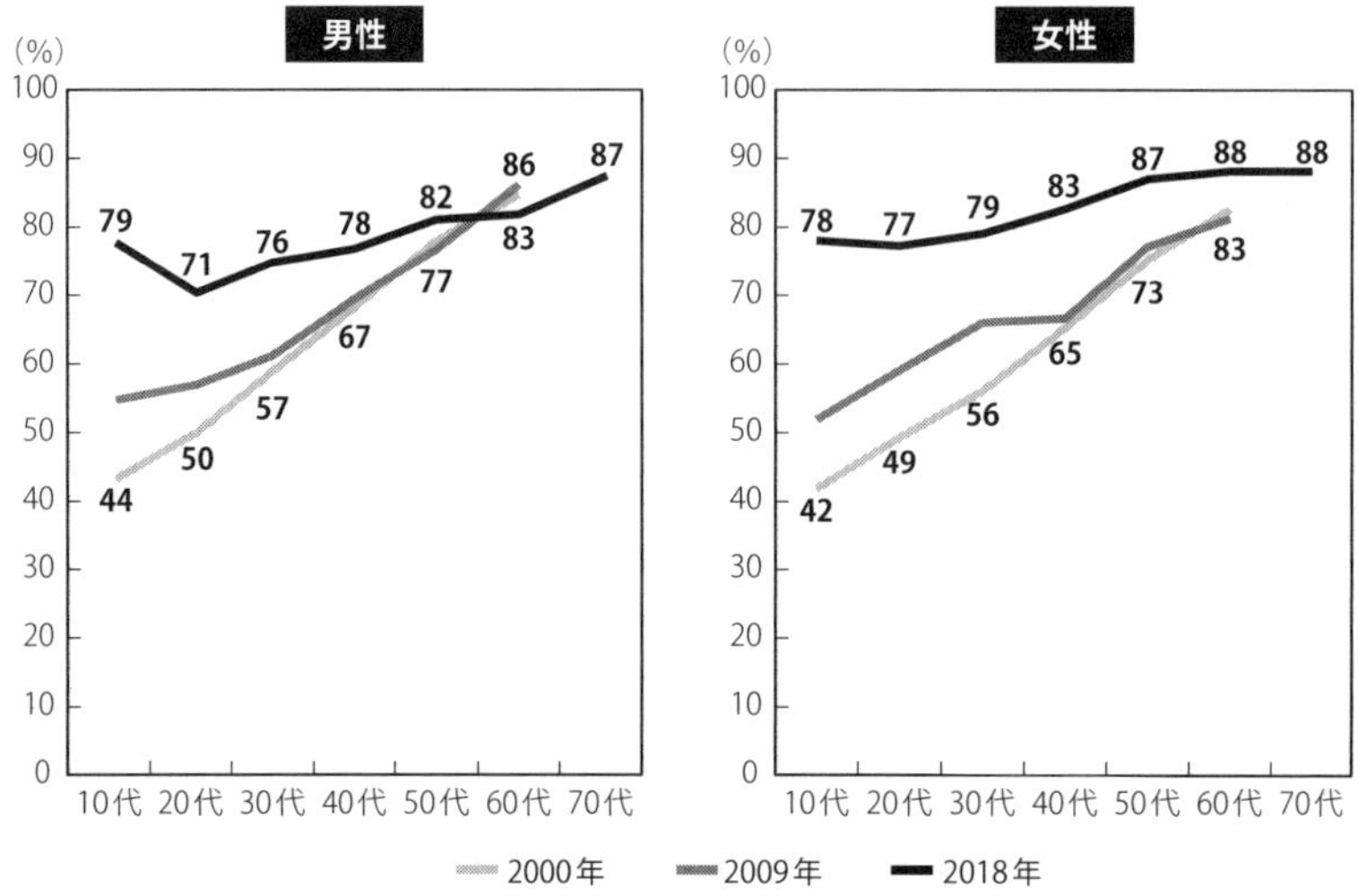

出所：NRI「生活者1万人アンケート調査」（2000年、2009年、2018年）

特に、10代、20代の若者は、「ゆとり教育」とも呼ばれるカリキュラムで教育を受けてきており、そこから生まれた「ゆとり」の一部は、環境・社会貢献意識の醸成に向けられてきた。社会の一員としての他者への思いやり、倫理意識などを身につけた土壌があったことも、若者の社会貢献意識の高まりの背景にあるだろう。

また、東日本大震災後、被災者が甚大な被害に打ちひしがれながらも冷静さを失わず、暴動・略奪などの気配なく秩序ある行動を取っているさまに海外からの称賛が集まったことも、「誇りに思う」意識に影響していると思われる。

ただし、「内向き志向」などと言われながらも、実際には短期留学や語学研修などを含めた日本人海外留学生の数は、近年大幅

図表1-4-4　「多くの人から理解されなくても、気の合う仲間さえわかってくれればよい」の推移（「そう思う」「どちらかといえばそう思う」の合計、男女・年代別）

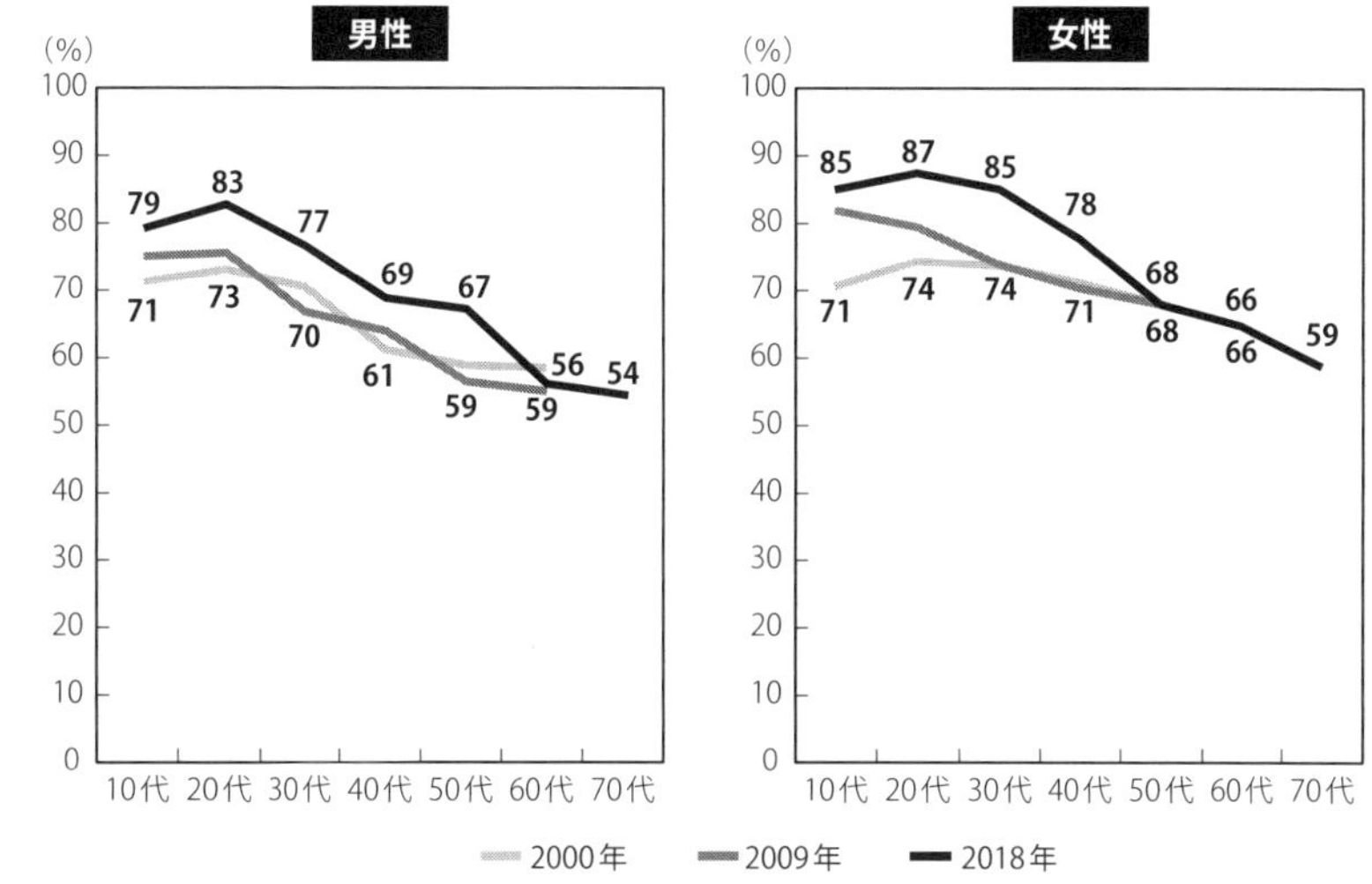

出所：NRI「生活者1万人アンケート調査」（2000年、2009年、2018年）

に伸びている。また、高い社会貢献意識のもと、海外ボランティアやＮＰＯで活躍する若者も多い。日本人として自国を誇りに思いつつグローバルに飛び出して行くことができる日本の若者像は、単に「内向き志向」と切って捨てられない頼もしさがある。

「気の合う仲間さえわかってくれればよい」は中年層でも高まっている

さらに、「最近の若者は自己主張をしない」、「気の合う仲間さえわかってくれればよいという仲間志向が強い」などという指摘も聞かれるが、年代別で見ると男性では50代、女性では40代までの年齢層で、従来と比べて大きく高まっている（図表1‐4‐

4）。「背中合わせの家族」の節でも触れたとおり、最近では情報端末の個人化やＳＮＳの普及を背景に、多くの人が趣味のコミュニティや仲間により深く入り込む傾向がある。

「気の合う仲間からの承認が得られればよい」という仲間志向の高まりは、若者にとどまらずその上の世代でも見られる価値観変化であり、消費意識や消費行動にも大きな影響を及ぼしている。それについては第3章で詳しく紹介していきたい。

生活満足度は東日本大震災を潮目に上昇。平穏な日常生活に感謝する意識が見られる

また、現状の生活にどの程度満足しているかについて尋ねた「生活満足度」については、これも東日本大震災を潮目に、２０１２年以降で高まり、現在も微増しながらその水準を維持している（図表1－4－5）。特に、「満足している」として4段階中第1段階の「TOP1BOX」に回答する割合が高まり、今回調査では過去最高水準となった。

生活者からは、東日本大震災やその後も各地で続く災害などで、家を失ったり家族を亡くしたりした方々を目の当たりにした経験から、自分が安全に毎日を送れていること、大切な人が無事で傍にいてくれることなど、平穏な日常生活を感謝し、再評価する声が聞かれる。

また、足元では家庭の収入状況についての見通しがやや好転するなど、雇用状況の好転や景気の回復を実感した人が増えている点も、２０１８年直近にかけての生活満足度向上の背景にはあると考え

図表1-4-5 「現状の生活にどの程度満足しているか」の推移

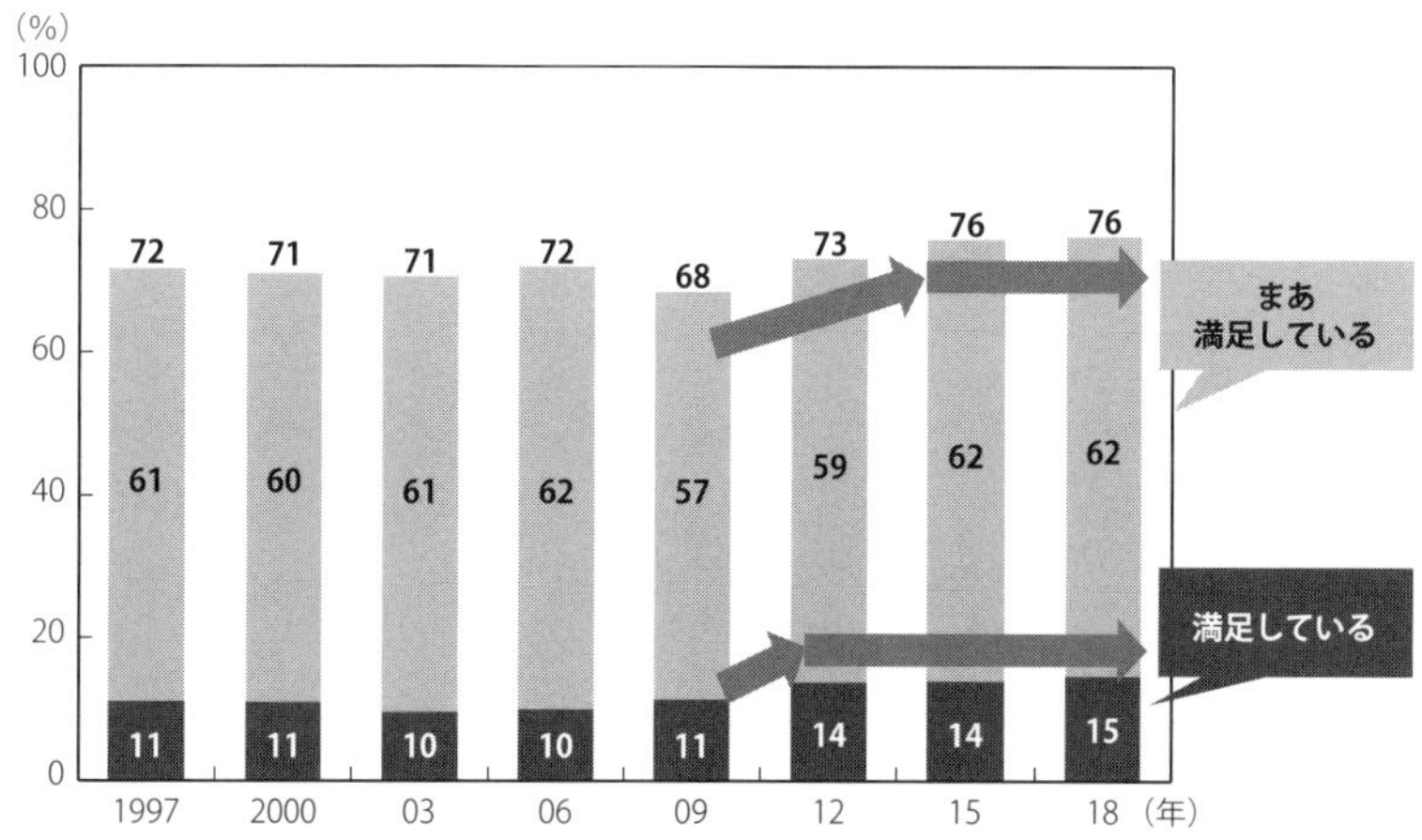

※「満足している」、「まあ満足している」、「あまり満足していない」、「満足していない」の4段階の選択肢の回答結果の一部をグラフに示している
出所：NRI「生活者1万人アンケート調査」(1997年、2000年、2003年、2006年、2009年、2012年、2015年、2018年)

られる。「生活者1万人アンケート調査」において、生活満足度は経済状況との相関が高いという分析結果も得られており、家庭の経済状況の好転が生活満足度を高めることは想像に難くない。

ここまでの生活価値観の変化や生活満足度の推移を見ると、長引く景気の低迷や、相次ぐ大事件・大災害を経験した平成時代を通じて、日本人の中では変化・挑戦を避け、今持っているものを大切にしようという価値観が強まったと言えるだろう。

未婚者の増加により、「親の健康」が就業継続のリスクに直結する人が増加

図表1-4-6では、生活していく上で直

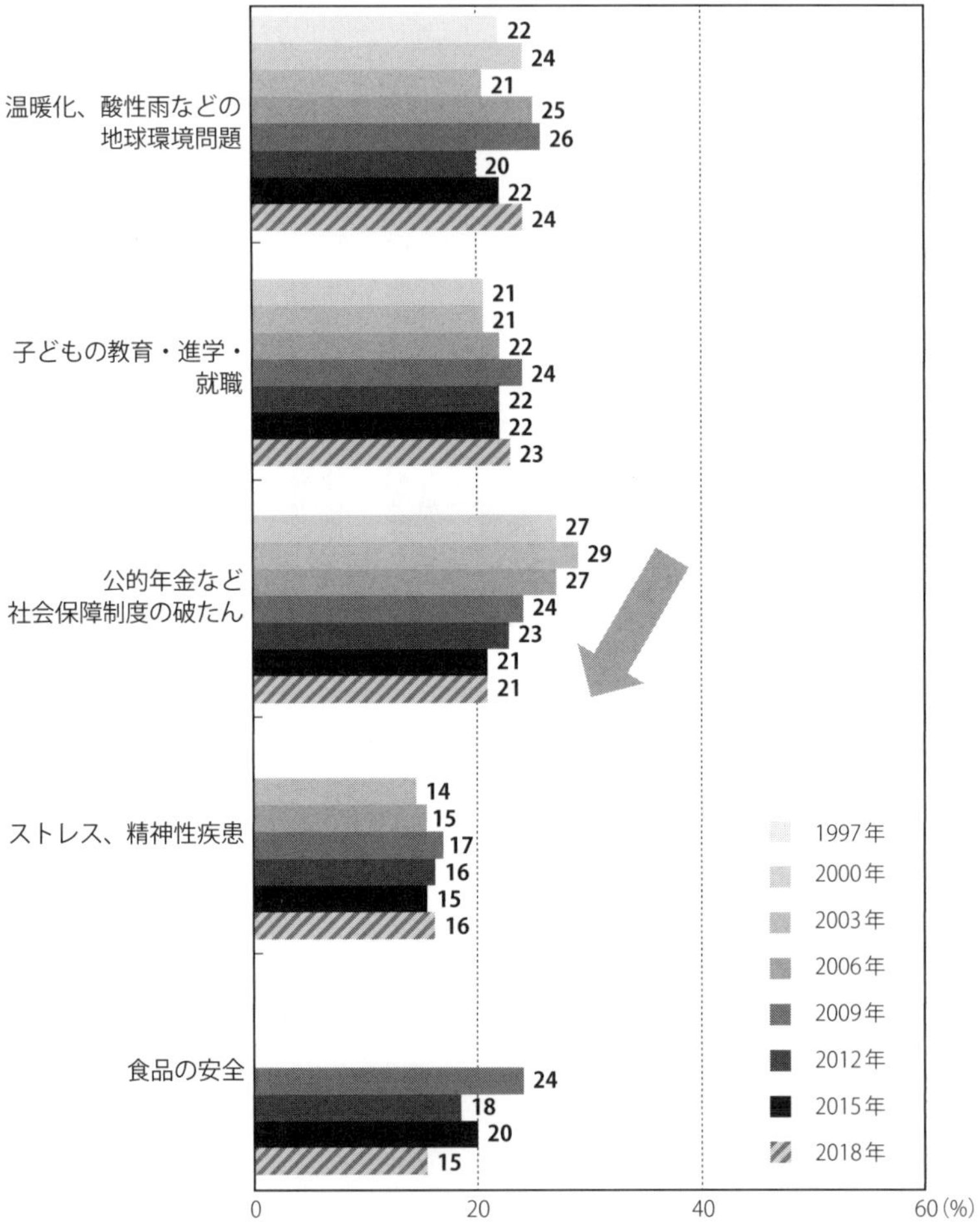
温暖化、酸性雨などの
地球環境問題
22
24
21
25
26
20
22
24
子どもの教育・進学・
就職
21
21
22
24
22
22
23
公的年金など
社会保障制度の破たん
27
29
27
24
23
21
21
ストレス、精神性疾患
14
15
17
16
15
16
食品の安全
24
18
20
15
1997年
2000年
2003年
2006年
2009年
2012年
2015年
2018年
0
20
40
60(%)

図表1-4-6 「直面している不安や悩み」の推移（複数回答：2018年調査の上位10項目）

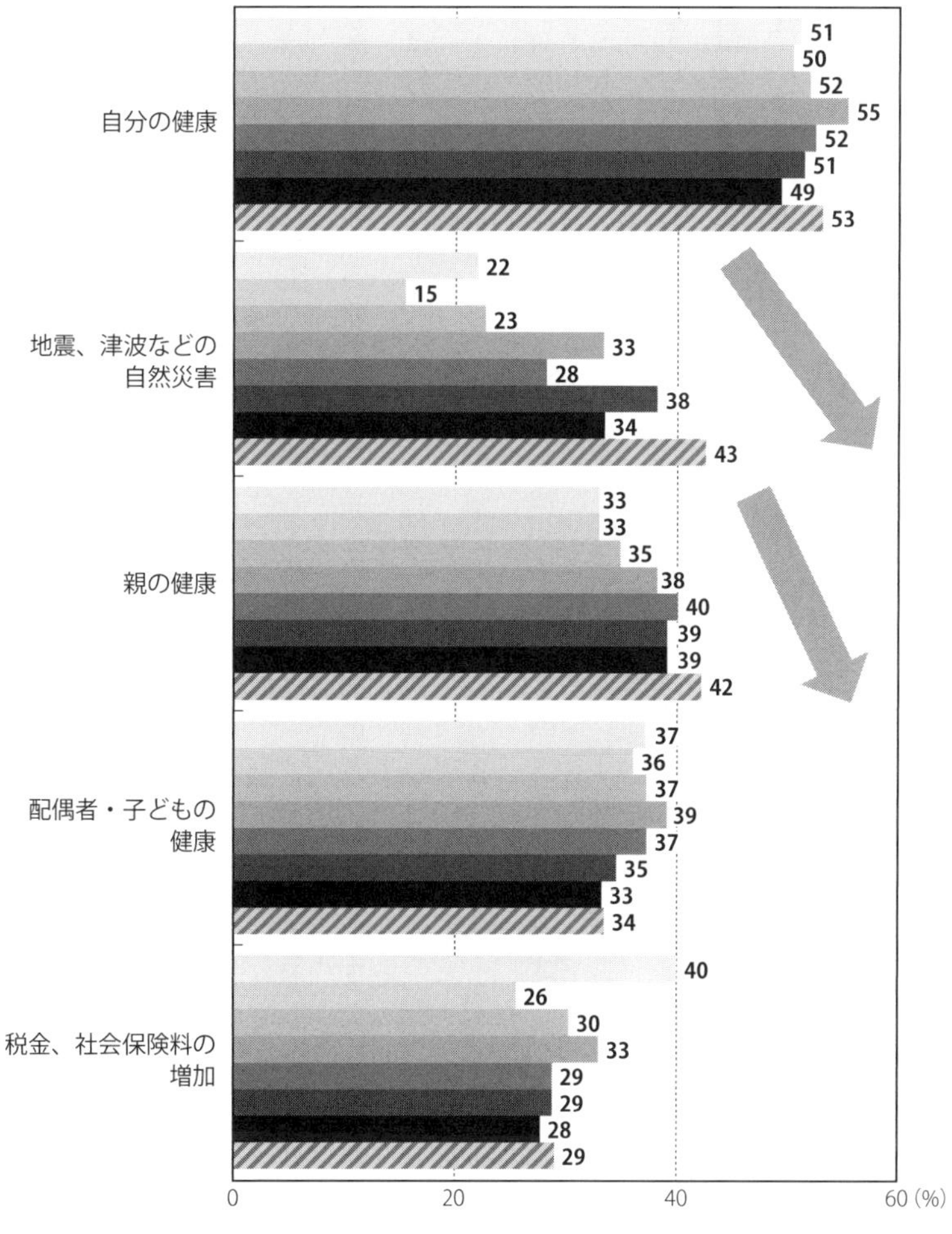

出所：NRI「生活者1万人アンケート調査」（1997年、2000年、2003年、2006年、2009年、2012年、2015年、2018年）

面している不安や悩みについて尋ねた「生活不安」の項目のうち、2018年調査の上位項目における時系列推移を示している。「生活者1万人アンケート調査」の聴取時期は毎回7～8月であるが、2018年夏、各地で土砂災害などの被害が相次いだ。結果として「地震、津波などの自然災害」に対する不安が、東日本大震災後の2012年をさらに上回って高くなっている。

また、2018年調査までほぼ一貫して上昇しているのが「親の健康」である。背景としては日本人全体が高齢化し、健康リスクを抱える人が増えてきていることもあるが、もう1点指摘したいのは、子ども世代の兄弟姉妹の数・未婚率・非正規雇用率が高まっていることである。兄弟姉妹や配偶者がいない場合、親が健康でなくなれば、看病・介護は分かち合う相手なしに子がひとりで背負うことになる。また、子の雇用形態が非正規雇用である場合、介護休暇や休職手当などの福利厚生も充実していない場合が多い。となると、親の健康が失われるイコール、子の就業継続のリスクになるのだ。

2018年6月に、NHK「クローズアップ現代+」で「ミッシング・ワーカー」が取り上げられた。ミッシング・ワーカーとは労働経済学上の概念で、直訳すれば「失われた労働者」となる。親の介護や自身の健康上の理由などから離職し、その後も働くことができないため、求職活動をしていない＝失業者としてカウントされないにもかかわらず、職に就いていない人たちのことであり、現在100万人を超えると推計されている。

「親の健康」に対する不安の高まりには、非正規雇用の増加とそれに伴う未婚者の増加（不安定な雇用状況のために世帯形成できないという背景から高い相関がある）という社会問題の存在がうかがえる。

なお、「公的年金など社会保障制度の破たん」への不安が2000年をピークに下がり続けていることについてよく質問をいただくが、我々分析担当者は「不安慣れ」を回答としてあげている。公的年金は「もらえないもの」、先行き社会保障制度は「破たんするもの」として漠然とした不安を持つ人は多いが、それが近々に差し迫った不安として感じられない、または感じたくないという意識が、この項目の減少には見られると我々は考えている。

コラム

現代日本人の日本観は「治安良く、食事がおいしく、清潔な素晴らしい国だが、将来の見通しは明るくない」

2020年は東京オリンピック・パラリンピックの開催年であり、海外からの訪日外国人旅行者も増えることが予想される。日本人にとってはグローバルに日本という国をアピールする機会が増える年になるので、「日本という国や日本人を誇りに思う」価値観の源泉について、もう少し見てみよう。

図表1-4-7はNRI「生活者年末ネット調査」(2016年)において、日本という国や国民についての考え方を、より細かな項目別に尋ねた結果のグラフである。最も「そう思う」「ど

図表1-4-7　日本という国や国民についての考え方

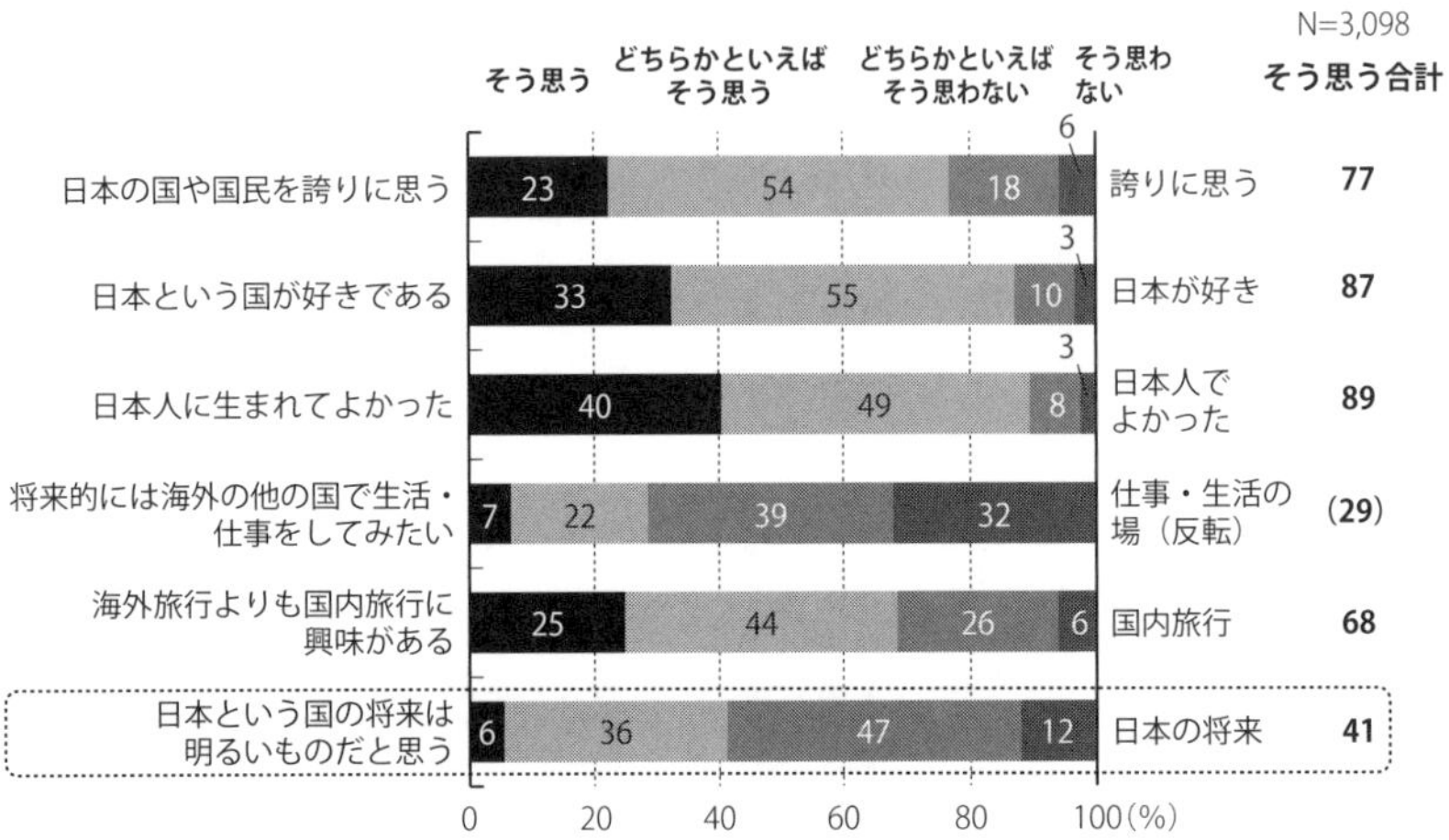

出所：NRI「生活者年末ネット調査」（2016年）

ちらかといえばそう思う」の合計が高かったのは「日本人に生まれてよかった」という項目で、「そう思う」計は89%、実に9割の日本人がそう考えているということがわかる。

次いで、「日本という国が好きである」が87%、「日本の国や国民を誇りに思う」が77%となっており、日本を誇りに思い、日本人が好き、日本人に生まれてよかった、と考える人が大変多いことがうかがえる。また、「海外旅行よりも国内旅行に興味がある」についても68%と7割近くが「そう思う」と回答しており、旅行先としても優先的に日本を選びたいとする人が多い。反転項目である「将来的には海外の他の国で生活・仕事をしてみたい」については29%が「そう思う」計と回答しているが、これは裏を返せば7割以上の人が、生活・仕事の場としても日本に留

図表1-4-8　日本の「ポジティブイメージ」と「ネガティブイメージ」（それぞれ複数回答）

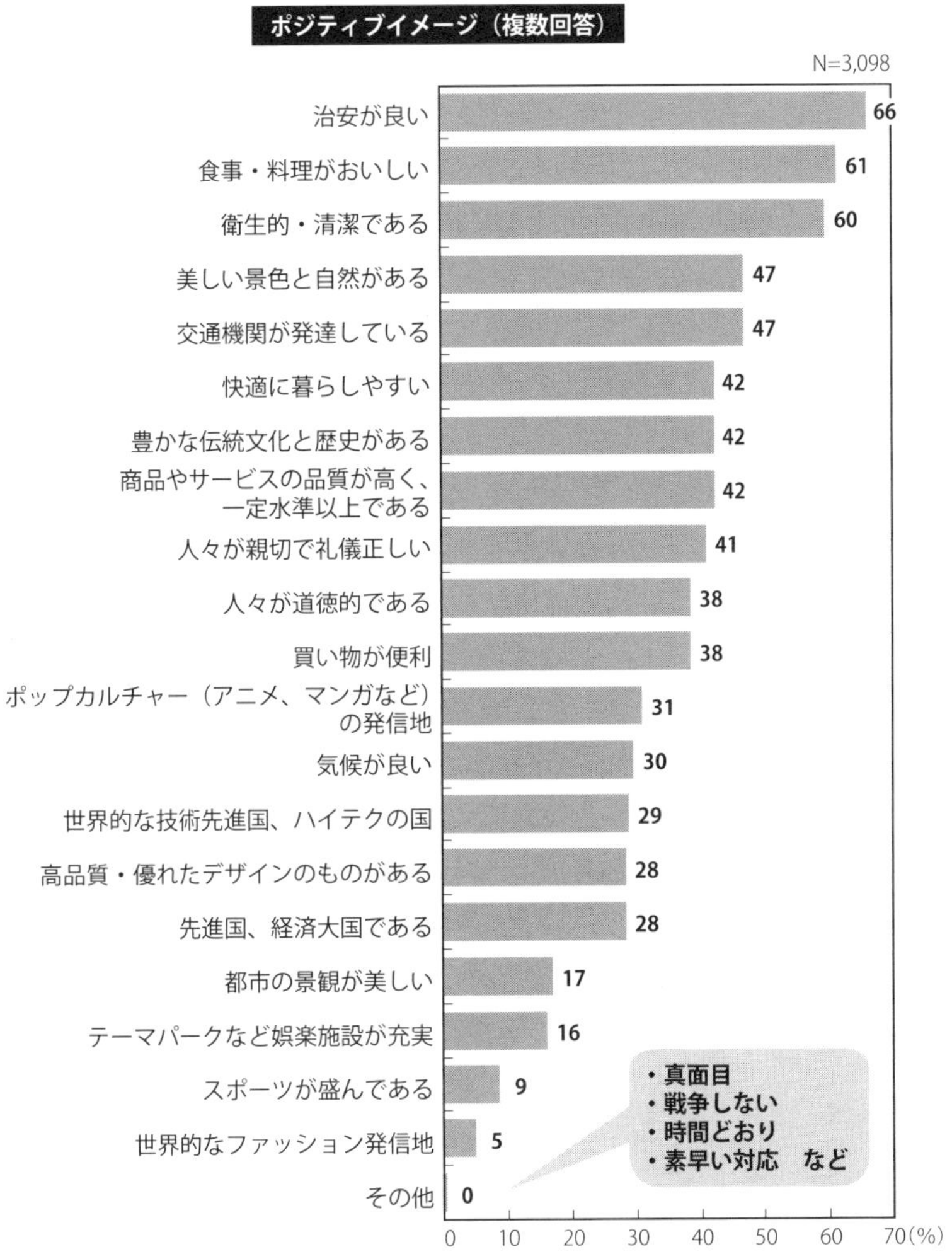

出所：NRI「生活者年末ネット調査」（2016年）

図表1-4-8　続き

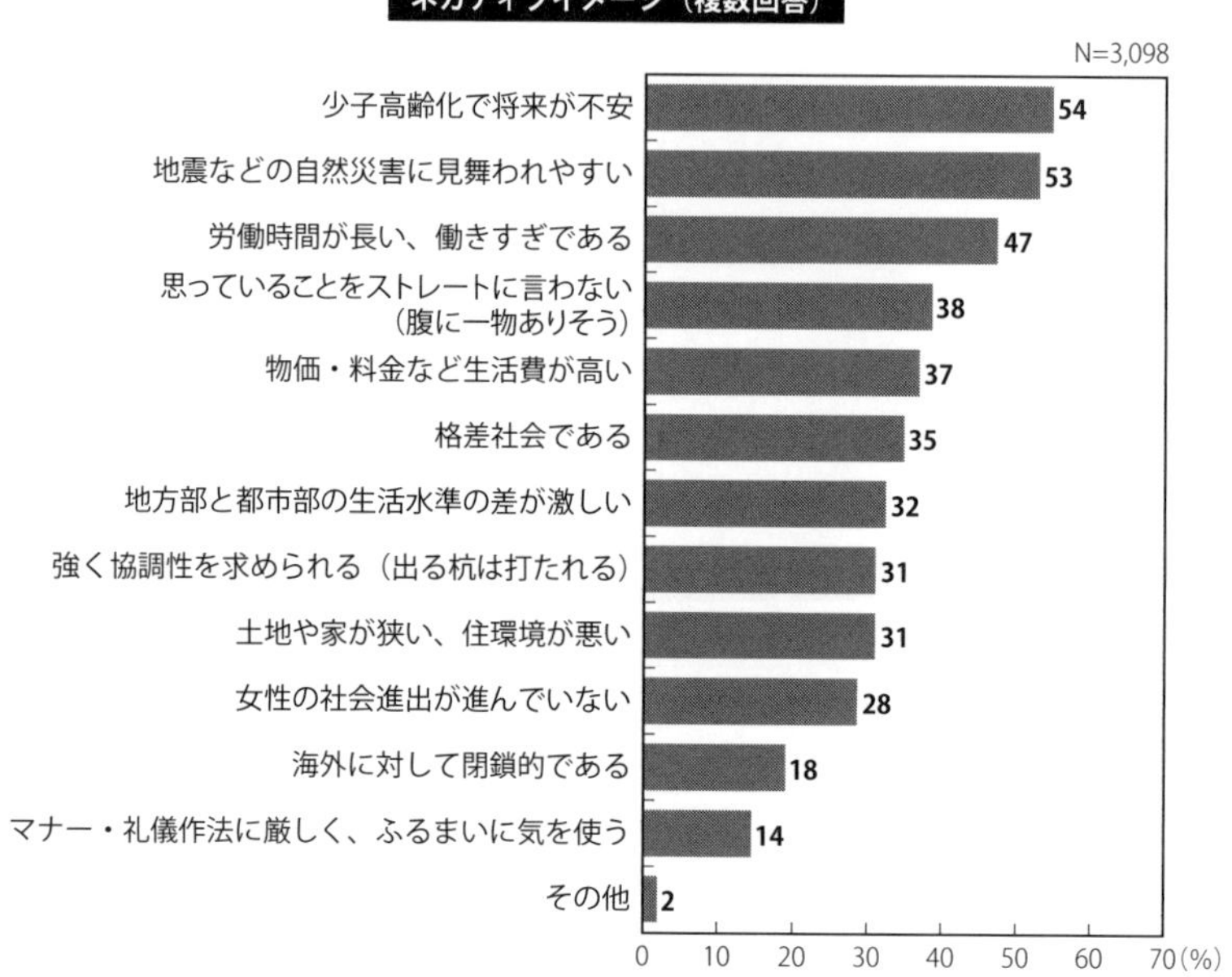

まりたいと考えていることになる。

まさに約7割以上、大多数の日本人が、日本を愛し、旅行先、あるいは生活・仕事の場として日本を選んでいきたいと考えていることになるが、その一方で「日本という国の将来は明るいものだと思う」という項目については、唯一「そう思う」計が41％と半数に達していない。

次に、日本のポジティブイメージとネガティブイメージについて、それぞれ複数回答で尋ねてみたところ（図表1-4-8）、ポジティブイメージとしては、「治安が良い」（66％）、「食事・料理がおいしい」（61％）、「衛生的・清潔である」（60％）がトップ3となった。一方、ネガティブイメージについては、「少子高齢化で将来が不安」（54％）、「地震などの自然災害に見舞われやすい」（53％）、「労働時間が長い、働きすぎである」（47％）が上位3つとなっている。現代日本人の日本観は、一言でいえば「治安良く、食事がおいしく、衛生的・清潔な素晴らしい国だが、少子高齢化が進む将来の見通しは明るくない」ということになるだろう。

先ほどの「直面している不安や悩み」の時系列推移から見て、2018年直近に向けて「地震などの自然災害に見舞われやすい」についてはますます不安が高まっていると考えられる。一方、「労働時間が長い、働きすぎである」については、政府の打ち出した働き方改革が現代日本の消費者に高く評価されている土壌がここにあったことがうかがえる。「KAROSHI（過労死）」という不名誉な英単語が英語の辞書に登録されてはや数年となるが、働き方改革についての意識浸透、施策推進が今後も進み、一刻も早くこのような言葉が日本の労働環境から消えてなくなることが望まれる。

第2章

日本人の価値観変化と世代別の消費意識

世代別分析の意義

生活者を層別に分析する際の軸に注目してみたとき、日本は地域、人種、言語、宗教、収入などによる差が他国と比較して小さいということが一般的に言われている。それ故に、日本では生活者を分析するにあたり、年齢による差に注目した分析が用いられることが多い。

中でも、人口が特に多い層である団塊世代（一般的には1947〜49年生まれとされる）、団塊ジュニア世代（同様に1971〜74年生まれを指す）などの「世代」に注目した分析がよくなされてきた。従来の日本は比較的、格差が小さい社会であったために、戦後の何度かにわたる景気の変動やさまざまな技術革新をいつ、どのような時期に体験してきたかが、生活者の価値観、消費意識や新商品・サービスの受容性に影響していると考えられてきた。

また「世代別の分析」を時系列データに基づき進めることにより、価値観や消費意識がどう変わってきたのかがわかり、それに基づいて今後その世代の変わる部分と変わらない部分が何かについての示唆を得ることができる。さらに、異なる世代が同年齢時期にどのように考えて行動したかをデータにより比較することで、加齢による影響を考慮した形での分析が可能となる（「同年齢時期による比較分析」、図表2-0-1）。

以上のような問題意識に基づき、本書では1997年から2018年まで、3年に1回、実施され

図表2-0-1　NRI「生活者1万人アンケート調査」の結果を用いた世代別分析のフレーム

世代名	本書の定義（年齢は2018年現在）	NRI生活者1万人アンケート調査の実施年							
		1997年	2000年	2003年	2006年	2009年	2012年	2015年	2018年
団塊世代	1946～1950年生まれ（68～72歳）	47～51歳	50～54歳	53～57歳	56～60歳	59～63歳	62～66歳	65～69歳	68～72歳
ポスト団塊世代	1951～1959年生まれ（59～67歳）				47～55歳				
バブル世代	1960～1970年生まれ（48～58歳）	27～37歳							48～58歳
団塊ジュニア世代	1971～1975年生まれ（43～47歳）		25～29歳						
ポスト団塊ジュニア世代	1976～1982年生まれ（36～42歳）				24～30歳				
さとり世代	1983～1994年生まれ（24～35歳）								24～35歳
デジタルネイティブ世代	1995～2003年生まれ（15～23歳）								15～23歳

世代別の時系列分析

同年齢時期の比較分析

出所：NRI作成

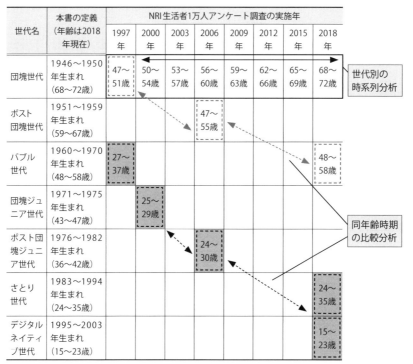

てきたＮＲＩ「生活者１万人アンケート調査」の約20年間におよぶデータを世代別に分析することで、改めて日本人の価値観、世代別の消費意識の特徴を明らかにする。

本書では価値観の違いから世代を再定義

世代は、生まれ育った時代背景やその人たちの価値観、行動特性からさまざまな呼ばれ方がされている。「団塊世代」「しらけ世代」「新人類世代」「バブル世代」「氷河期世代」「団塊ジュニア世代」「ロスジェネ世代」「ゆとり世代」「さとり世代」……と、いろいろな世代名称がある。しかし、例えば「団塊世代」については厚生労働省の白書において１９４７〜１９４９年生まれと記されているものの、一般的にはそれぞれの世代に厳密な定義が定まっているわけではない。

そこで本書では、これまで世代論を扱ってきた文献や、時代背景、技術革新の動向などを確認しつつ、ＮＲＩ「生活者１万人アンケート調査」で取得している生活価値観・消費価値観の分析内容から、世代区分の定義を行った。特に、生活価値観・消費価値観の分析においては、15歳〜79歳までの１万人の調査サンプルを１歳刻みで集計し、価値観ギャップが発生している年齢を世代間の区切りとしている。この分析方式を、３年ごとの各調査年で実施し、加齢によらない価値観ギャップが存在していることを確認している。したがって、価値観のギャップ分析により世代を定義しているため、一般的にいわれている世代論の定義と若干ずれるところもある。

図表2-0-2　本書における世代の定義と主な特徴

世代名	一般的な定義	本書の定義（年齢は2018年現在）	主な特徴
団塊世代	戦後の1947～1949年の3年間に生まれた第一次ベビーブーム世代	1946～1950年生まれ（68～72歳）	・人口が多く厳しい競争環境下で成長 ・「男は仕事、女は家庭」の性別役割分業意識から夫婦歩み寄りの価値観へ ・流行に敏感 ・人とのつながりを重視 ・情報収集はテレビ、ラジオ、新聞が中心
ポスト団塊世代	団塊世代の後に生まれた世代	1951～1959年生まれ（59～67歳）	・団塊世代の後を追って成長 ・人とのつながりを重視 ・スマホ保有率は6割で団塊世代の3割よりは高いものの、情報収集はテレビが中心
バブル世代	バブル経済期に社会人となった世代で1965～1970年生まれを指すことが多い	1960～1970年生まれ（48～58歳）	・右肩上がりの消費生活を謳歌して成長 ・女性の就業には自由な考え方をもつ ・ブランド志向が強く、他人からどう見られるかを気にする ・最近、百貨店の利用が復活 ・情報収集はテレビとインターネットの両方を活用
団塊ジュニア世代	1971～1974年の第二次ベビーブームに生まれた世代	1971～1975年生まれ（43～47歳）	・人口が多い上に就職氷河期の影響を受けた不運な世代 ・学歴重視で子どもの教育にはお金をかける ・他人より自分を大事にするマイペースな価値観 ・子どものときに誕生したテレビゲーム、マンガ、コンビニとともに育った世代 ・情報収集はインターネットが中心
ポスト団塊ジュニア世代	団塊ジュニア世代の後に生まれた世代	1976～1982年生まれ（36～42歳）	・さらに就職氷河期が続く2000年前後以降に就職した世代 ・自分のライフスタイルへのこだわりが一層、強くなった世代 ・よりデジタル情報志向が強い
さとり世代	バブル経済崩壊後の時期に成長した世代	1983～1994年生まれ（24～35歳）	・失われた20年の中で成長しており、超安定志向で競争よりも協調重視 ・仕事よりもプライベート重視の傾向が強い ・インターネット利用が1日約3時間におよぶ ・消費意識も保守的で失敗したくない傾向が強い
デジタルネイティブ世代	インターネット、スマートフォンが既に身近にあって育った世代	1995～2003年生まれ（15～23歳）	・高校生になる前にスマホが発売されている世代 ・SNSで情報発信する傾向がさらに強い ・つながり重視でインターネットで知り合った友人は2割いる

※本書の定義に従い、以下ではNRI「生活者1万人アンケート調査」のデータを分析している
出所：NRI「生活者1万人アンケート調査」の分析結果をもとに作成

		各調査年における年齢							
世代名称	生まれ年	1997年	2000年	2003年	2006年	2009年	2012年	2015年	2018年
団塊ジュニア世代	1971年	26	29	32	35	38	41	44	47
	1972年	25	28	31	34	37	40	43	46
	1973年	24	27	30	33	36	39	42	45
	1974年	23	26	29	32	35	38	41	44
	1975年	22	25	28	31	34	37	40	43
ポスト団塊ジュニア世代	1976年	21	24	27	30	33	36	39	42
	1977年	20	23	26	29	32	35	38	41
	1978年	19	22	25	28	31	34	37	40
	1979年	18	21	24	27	30	33	36	39
	1980年	17	20	23	26	29	32	35	38
	1981年	16	19	22	25	28	31	34	37
	1982年	15	18	21	24	27	30	33	36
さとり世代	1983年	14	17	20	23	26	29	32	35
	1984年	13	16	19	22	25	28	31	34
	1985年	12	15	18	21	24	27	30	33
	1986年	11	14	17	20	23	26	29	32
	1987年	10	13	16	19	22	25	28	31
	1988年	9	12	15	18	21	24	27	30
	1989年	8	11	14	17	20	23	26	29
	1990年	7	10	13	16	19	22	25	28
	1991年	6	9	12	15	18	21	24	27
	1992年	5	8	11	14	17	20	23	26
	1993年	4	7	10	13	16	19	22	25
	1994年	3	6	9	12	15	18	21	24
デジタルネイティブ世代	1995年	2	5	8	11	14	17	20	23
	1996年	1	4	7	10	13	16	19	22
	1997年	0	3	6	9	12	15	18	21
	1998年		2	5	8	11	14	17	20
	1999年		1	4	7	10	13	16	19
	2000年		0	3	6	9	12	15	18
	2001年			2	5	8	11	14	17
	2002年			1	4	7	10	13	16
	2003年			0	3	6	9	12	15

図表2-0-3　本書における世代定義「世代名称」「生まれ年」「各調査年における年齢」

世代名称	生まれ年	各調査年における年齢							
		1997年	2000年	2003年	2006年	2009年	2012年	2015年	2018年
	1939年	58	61	64	67	70	73	76	79
	1940年	57	60	63	66	69	72	75	78
	1941年	56	59	62	65	68	71	74	77
焼け跡世代	1942年	55	58	61	64	67	70	73	76
	1943年	54	57	60	63	66	69	72	75
	1944年	53	56	59	62	65	68	71	74
	1945年	52	55	58	61	64	67	70	73
	1946年	51	54	57	60	63	66	69	72
	1947年	50	53	56	59	62	65	68	71
団塊世代	1948年	49	52	55	58	61	64	67	70
	1949年	48	51	54	57	60	63	66	69
	1950年	47	50	53	56	59	62	65	68
	1951年	46	49	52	55	58	61	64	67
	1952年	45	48	51	54	57	60	63	66
	1953年	44	47	50	53	56	59	62	65
	1954年	43	46	49	52	55	58	61	64
ポスト団塊世代	1955年	42	45	48	51	54	57	60	63
	1956年	41	44	47	50	53	56	59	62
	1957年	40	43	46	49	52	55	58	61
	1958年	39	42	45	48	51	54	57	60
	1959年	38	41	44	47	50	53	56	59
	1960年	37	40	43	46	49	52	55	58
	1961年	36	39	42	45	48	51	54	57
	1962年	35	38	41	44	47	50	53	56
	1963年	34	37	40	43	46	49	52	55
	1964年	33	36	39	42	45	48	51	54
バブル世代	1965年	32	35	38	41	44	47	50	53
	1966年	31	34	37	40	43	46	49	52
	1967年	30	33	36	39	42	45	48	51
	1968年	29	32	35	38	41	44	47	50
	1969年	28	31	34	37	40	43	46	49
	1970年	27	30	33	36	39	42	45	48

出所：NRI「生活者1万人アンケート調査」（1997年、2000年、2003年、2006年、2009年、2012年、2015年、2018年）

この定義に基づく分析結果の詳細は、次節以降で紹介するが、主な特徴を整理すると図表2－0－2のようになる。なお、NRI「生活者1万人アンケート調査」の価値観分析から定義した「世代名称」「生まれ年」そして「各調査年における年齢」は図表2－0－3に示すとおりである。

世代別の価値観が形成された時代背景

個々人の価値観は、それぞれが育ってきた時代背景や生いたちによって異なる。また、大きな社会変動（戦争や景気変動など）、制度変化や技術革新の動向なども個人の考え方に影響を及ぼすであろう。ここでは人々の価値観に影響があった出来事を考慮して、戦後を次のような時期に区分して、世代別の分析をする際の参考としている。

（1）戦後初期（1945－1954年）
（2）経済成長期（1955－1972年）
（3）安定成長期（1973－1985年）
（4）バブル経済期（1986－1990年）
（5）経済低迷期（1991－1994年）
（6）インターネット普及期（1995－2007年）

（7）スマートフォン普及期（2008年以降）

時代を区分した観点として、大きなウエイトを占めるのが経済成長や景気動向である。戦後の昭和、平成の時代を通じて、日本は戦争を経験していない平和の時代を過ごしているため、大きな社会変動といえば経済の動向となる。1956年度の経済白書に「もはや戦後ではない」と書かれているように、日本は終戦後の処理を終えて1955年以降、高度経済成長の時期を迎えた。1964年の東京オリンピック、1970年の大阪万博などを経験した日本は1973年の石油ショックを契機に安定成長期に移行する。

その後、1985年のプラザ合意を反映した金融緩和政策により、低金利下で株式、土地に資金が集中して日本はバブル経済期を迎える。日経平均株価は1989年末に3万8918円まで上昇するが、その後の金融引き締め策などの影響から1990年に入ると急落し、バブル経済は崩壊を迎える。

それ以降は「失われた20年」とも呼ばれる長期の経済の低迷の時期を日本は迎えることになるが、一方で注目されるのはＩＣＴなどの技術革新の進展である。1995年にはWindows95が発売され本格的なインターネットの普及期に入っており、また2008年には「iPhone 3G」が日本で発売されスマートフォンの導入が始まった。それらのＩＣＴを用いた機器・サービスの普及は人々の行動に大きく影響していると考えられる。

このような観点から区分された戦後の昭和、平成のそれぞれの時期を特に25歳までの青年期までの

図表2-0-4　本書における世代区分と時代背景

生まれた年		育った時代			年齢（歳、2018年）	世代区分						
		5歳〜	15歳〜	〜25歳		団塊世代	ポスト団塊世代	バブル世代	団塊ジュニア世代	ポスト団塊ジュニア世代	さとり世代	デジタルネイティブ世代
1940					78							
1941					77							
1942					76							
1943				経済成長期（1955-72年）	75							
1944		戦後初期（1945-54年）			74							
1945					73							
1946					72							
1947					71							
1948			経済成長期（1955-72年）		70							
1949					69							
1950					68							
1951					67							
1952					66							
1953					65							
1954				安定成長期（1973-85年）	64							
1955	昭和				63							
1956					62							
1957					61							
1958		経済成長期（1955-72年）			60							
1959					59							
1960					58							
1961					57							
1962					56							
1963				バブル経済期（1986-90年）	55							
1964			安定成長期（1973-85年）		54							
1965					53							
1966					52							
1967				経済低迷期（1991-94年）	51							
1968					50							
1969					49							
1970					48							

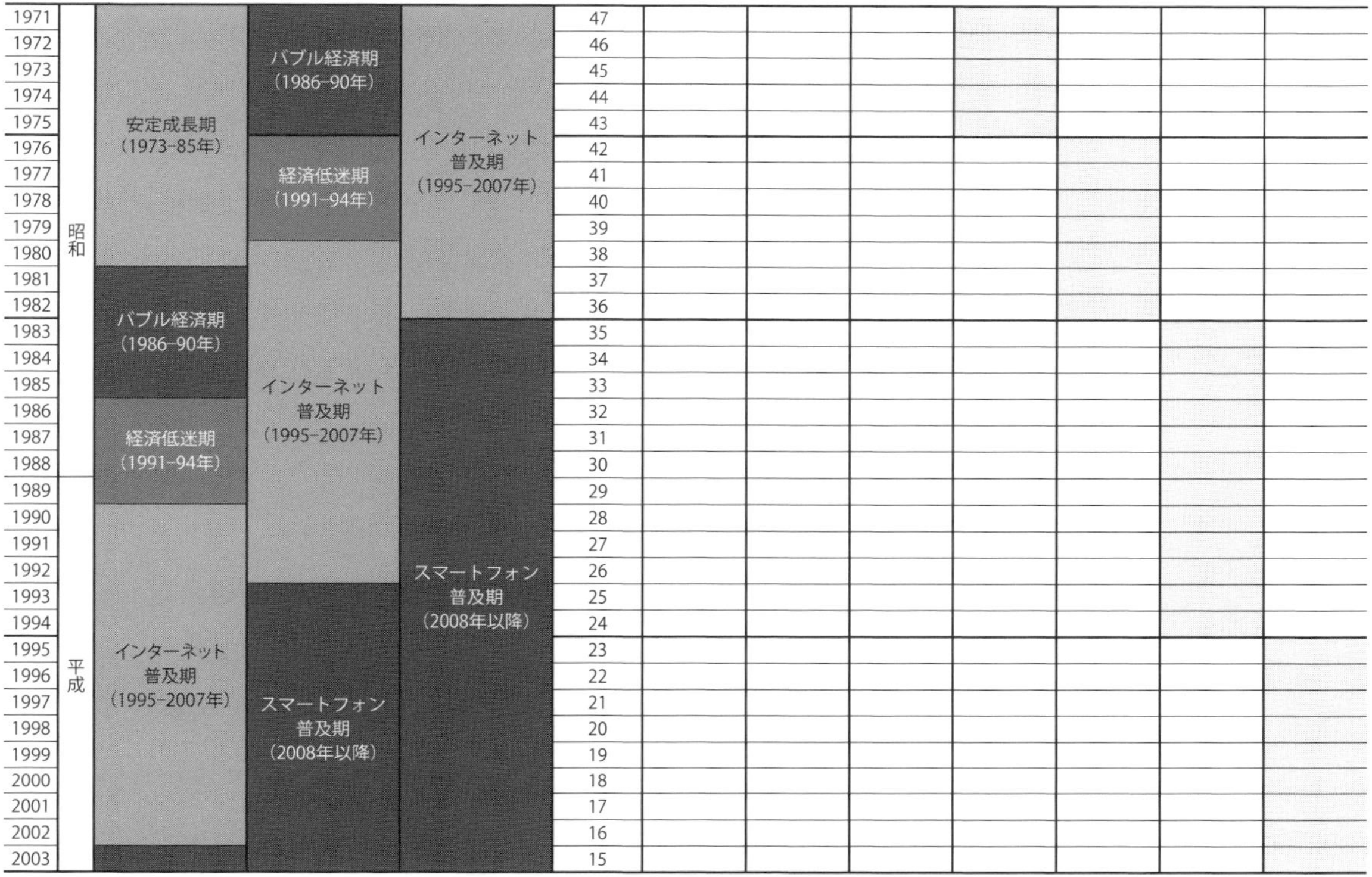

※・世代区分は本書の定義に基づく
・この図表は2018年に56歳だった人は、1962年に生まれたバブル世代に属しており、5歳のときは経済成長期（1955-72年）、15歳のときは安定成長期（1973-85年）で25歳のときはバブル経済期（1986-90年）を過ごしていることを示す

出所：NRI作成

間のいつ過ごしたかを整理したのが図表2−0−4である。例えば、2018年に56歳だった人は、1962年に生まれたバブル世代に属しており、5歳のときは経済成長期（1955−1972年）、15歳のときは安定成長期（1973−1985年）で25歳のときはバブル経済期（1986−1990年）を過ごしていることがわかる。

こうした時代の移り変わりは、それぞれに属する世代の価値観に大きな違いを生んできた。本書では、対象とする世代を「団塊世代」〜「デジタルネイティブ世代」の7区分とする。ただし、NRI「生活者1万人アンケート調査」の調査対象年齢が15歳〜79歳（2009年調査までは15歳〜69歳）であることを受け、「さとり世代」と「デジタルネイティブ世代」では分析できる調査年が限られる。「さとり世代」は2006〜2018年調査、「デジタルネイティブ世代」は2015年調査および2018年調査を分析対象としていることにご留意いただきたい。

なお最近では、米国を中心に2000年代に成人を迎えた世代を「ミレニアル世代」と呼ぶことが多い。一般的にミレニアル世代はかなり広範な年齢層を指すことになるので本書ではその呼称を採用していないが、米国の調査機関ピュー・リサーチ・センターは1981〜1996年生まれをミレニアル世代と定義しており（2019年1月）、それに従うとすると本書の「さとり世代」とほぼ重なっていることになる。

細かい部分では価値観や行動特性が異なるものの、大枠では似た性質を持つ世代区分をまとめ、本章では以下の4節に分けて紹介していく。

①団塊世代・ポスト団塊世代
②バブル世代
③団塊ジュニア世代・ポスト団塊ジュニア世代
④さとり世代・デジタルネイティブ世代

伝統的な価値観が残りつつも、それが変容していく「団塊世代」と、さらに寛容になった「ポスト団塊世代」。右肩上がりの消費を謳歌した「バブル世代」。子ども時代はバブル期の恩恵を受けながらも就職氷河期という受難に見舞われた「団塊ジュニア世代」と、さらに自身のこだわりが強くなった「ポスト団塊ジュニア世代」。そして、他者との競争よりも協調を重視する「さとり世代」と、さらに若いときからスマートフォンを手にした「デジタルネイティブ世代」。これら7つの世代について、NRI「生活者1万人アンケート調査」結果から、「平成」という時代の終わりまでの20年間の価値観・行動変化やその特徴をご覧いただきたい。

1 伝統的な価値観が変容する団塊世代・ポスト団塊世代

春日毅《かすがたけし》さんは現在71歳。人口の最も多い団塊世代に生まれ、多くの学友とともに教育を受け、切磋琢磨してきた。戦後の高度経済成長を支え、日本をここまで成長させたのは自分たちであると自負している。現役時代は土曜日もバリバリ働くモーレツ社員であり、家事・育児はすべて6歳年下の妻に任せっきりであった。

10年前に定年退職してからは、毎日家でテレビを見ながらごろごろする生活を送っていた。次第に、妻と喧嘩が増えるようになり、妻の様子からこのままではいけないと思い始め、最初は違和感を覚えながらも今では皿洗いなどできるところから家事をやるようにしている。

時間だけはあるので、時々行く妻との国内旅行を楽しみにしていたが、妻の方は最近地域のコミュニティセンターで開催されているフラワーアレンジメントと絵画のサークルに積極的に参加していて楽しそうだ。市の広報誌によると、英会話サークルも開催されているようだ。現役時代はしばらく海外駐在していたこともあり、今も毎日ラジオ英会話を聴くことが習慣化しているが、今度サークルの英会話活動に参加してみようか。英会話を上達させて、今度は妻を海外旅行に連れて行ってみようかと考えている――。

照月宏《てるつきひろし》さんは62歳のポスト団塊世代である。同じ会社に勤めていた同い年の妻と結婚し、子どもが巣立った今は、妻と二人暮らしだ。現役時代は家庭を顧みない団塊世代の上司を見ていたが、そんな上司の働き方には疑問を持って働いていた。業務上なかなか早く帰れないことが多かったが、それでも家庭を大事にしようと心掛けてきた。

一昨年、定年退職を迎え、最近は有り余る時間に少し困惑している。自然とテレビを見る時間が増え、家庭内の話題もテレビ番組をめぐることが予想以上に増えている。しかし、日がな一日テレビばかり見ている生活は将来的な健康不安につながる。他の人とも交流をしたいし、何か軽いスポーツができる地域サークルに入ろうかと、妻と話し合っているところだ。良さそうなサークルがないか、下調べをしている。

下調べといえば、最近プライベートの携帯電話をスマートフォンに変えてみた。会社にいたころはスマートフォンが貸与されていたので、プライベートでも使ってみたくなったからである。すぐにインターネットにつながるので、ちょっとしたことを調べるのには便利なのだが、とにかく画面が小さいのが難点だ。じっくり調べるのであれば、どうしてもパソコンの方が使い勝手が良いと思ってしまうが、5歳の孫がスマートフォンで器用に遊んでいる様子を見ていると、時代は変わったな……とつくづく感じるところがある――。

厳しい競争環境の中で生きた団塊世代

団塊世代は日本において、第一次ベビーブームが起きた時期に生まれた世代を指す。厚生労働省の示す定義では、第二次世界大戦直後の１９４７～１９４９年の3年間に生まれた人を指すが、本書ではその前後1年を加え１９４６～１９５０年生まれを団塊世代として定義している。また、その次に続くポスト団塊世代は、バブル世代（１９６０～１９７０年生まれ）が誕生するまでの１９５１～１９５９年生まれとしている。

団塊世代は文字どおり、日本の人口ピラミッドの中でも大きな塊となっており、5年間（１９４６～１９５０年）という短い間に生まれた人たちであるが、２０１５年の国勢調査時点において９７６万人存在する（図表2‐1‐1）。

その突出した人口のため、子ども時代から学校のクラス数は多く、また1クラスの人数も60人前後いたという。文部科学省が毎年実施している学校基本調査の結果によると、現在の日本の小学校にお

図表2-1-1　人口ピラミッド

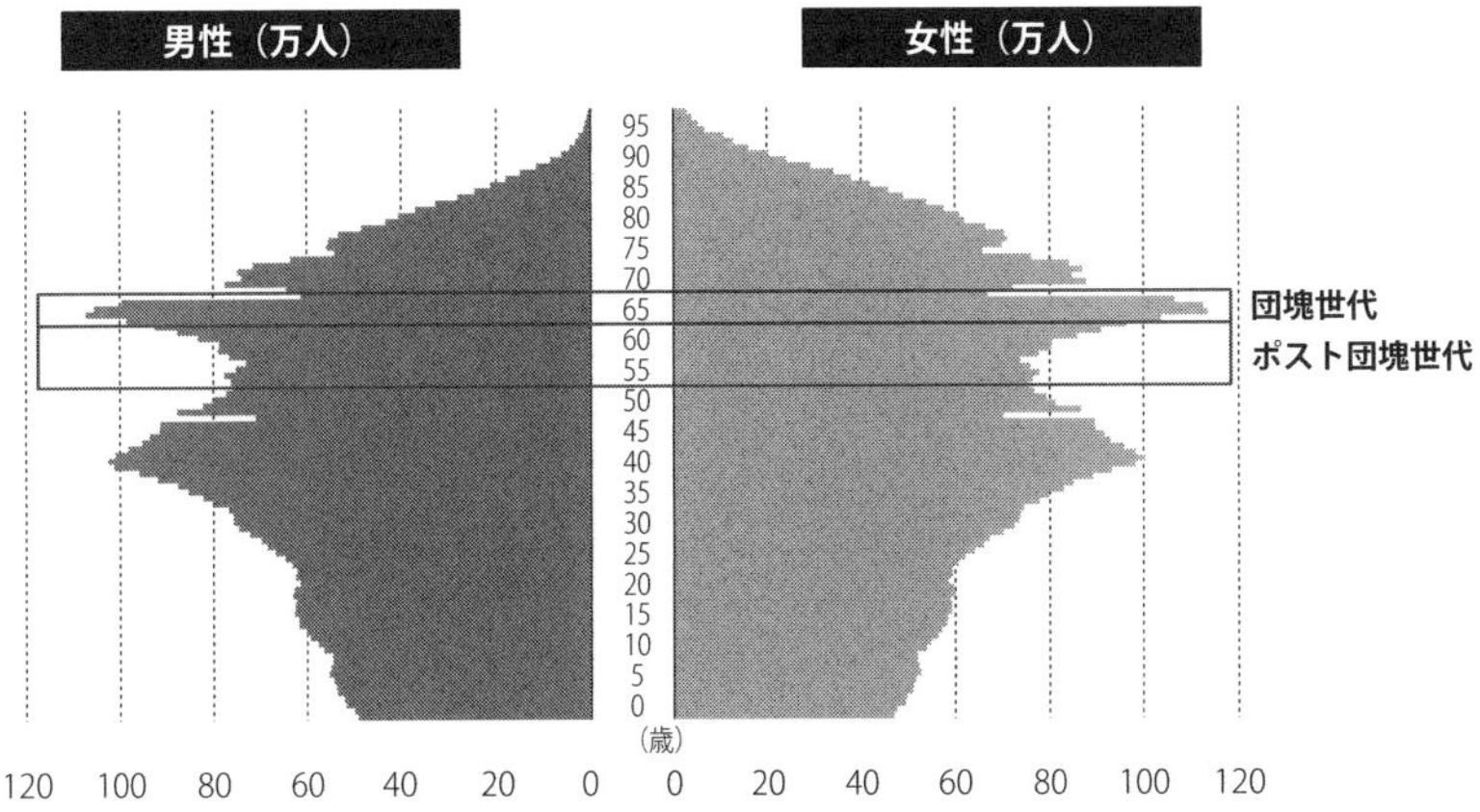

出所：総務省統計局「国勢調査」（2015年）

ける一学級あたりの児童数は23・5人（２０１８年度調査）であるので、団塊世代はその倍以上の人数の子どもたちが教室内でひしめき合っていたことがうかがえる。そのような時代背景から、団塊世代は受験・就職・出世において常に激しい競争環境にあった。

一方で団塊世代は戦後、従来の家制度の意識が薄れる中で、核家族による家庭指向が強く、見合い結婚と恋愛結婚が逆転した世代であるともいわれている（国立社会保障・人口問題研究所「第12回出生動向基本調査夫婦調査の結果概要」）。ただし「男は仕事、女は家庭」といった性別役割分業の傾向も強く、団塊世代の女性は20代半ばまでに結婚して専業主婦として家庭に入り、20代のうちに子どもを2人産むというライフステージを辿った人が多いなど、家族については伝統的な価値観が強かった世代である。

そんな団塊世代も２０１８年調査時点では68歳〜

72歳であり、またそれに続くポスト団塊世代も59歳〜67歳とシニア層の年代となっているが、20年前の調査データが残るＮＲＩ「生活者1万人アンケート調査」の結果から、この20年間の価値観変化・行動変化を見ていきたい。

伝統的な価値観が強い団塊世代は夫婦歩み寄りへ

価値観は加齢により変化していくことを踏まえ、団塊世代・ポスト団塊世代の価値観の特徴を、同年齢時期のバブル世代の価値観との比較で見ていきたい。ＮＲＩ「生活者1万人アンケート調査」の調査年ベースでは、団塊世代は１９９７年調査時点で47歳〜51歳の中年期前半に該当し、これに近い年齢としてポスト団塊世代は２００６年調査（47歳〜55歳）、バブル世代は２０１８年調査（48歳〜58歳）に該当する。団塊世代・ポスト団塊世代・バブル世代の同年代比較として１９９７年調査・２００６年調査・２０１８年調査の3地点で比較する。

男性側の就業意識として「自分の仕事の目的は会社を発展させることである」という意識は厳しい競争環境に置かれていた団塊世代が最も高く、一方「会社や仕事より、自分や家庭のことを優先したい」意識は低い結果となっている（図表2-1-2）。

こうした男性側の就業意識は夫婦間の価値観にも影響する。「家事は夫婦で協力して行うべきである」を支持する割合は団塊世代で最も低く、また「夫婦は自由時間の使い方に干渉すべきではない」

図表2-1-2　同年齢時期※における男性の就業意識・家族観

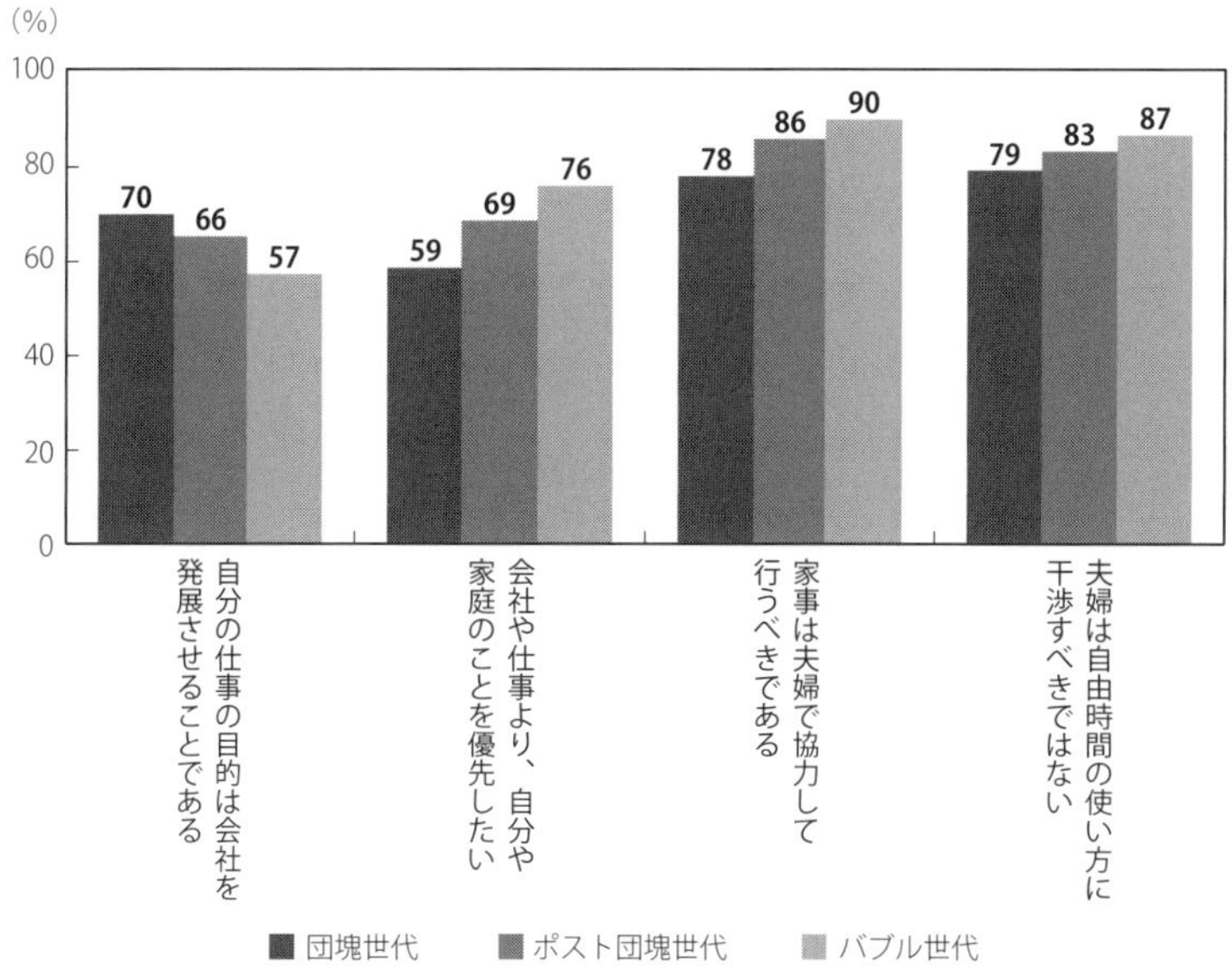

※団塊世代は1997年調査（47歳〜51歳）、ポスト団塊世代は2006年調査（47歳〜55歳）、バブル世代は2018年調査（48歳〜58歳）のデータをそれぞれ使用
出所：NRI「生活者1万人アンケート調査」（1997年、2006年、2018年）

という考えも団塊世代では低くなっており、「男は仕事、女は家庭」「妻は夫に従うもの」という意識が依然として強かった世代であることがわかる。

しかし、そのような伝統的価値観が強い団塊世代も、この20年間で価値観が変化している。社会人現役時代は「男は仕事、女は家庭」「妻は夫に従うもの」でよかったかもしれないが、夫が定年を迎え家に居るようになると、妻は生活に窮屈感を持つ。夫がこれまで家事・育児に関わってこなかっただけに、定年後は家でごろごろしながらも、現役時代と同じように亭主関白のような生活を続けてい

図表2-1-3　男性における生活価値観

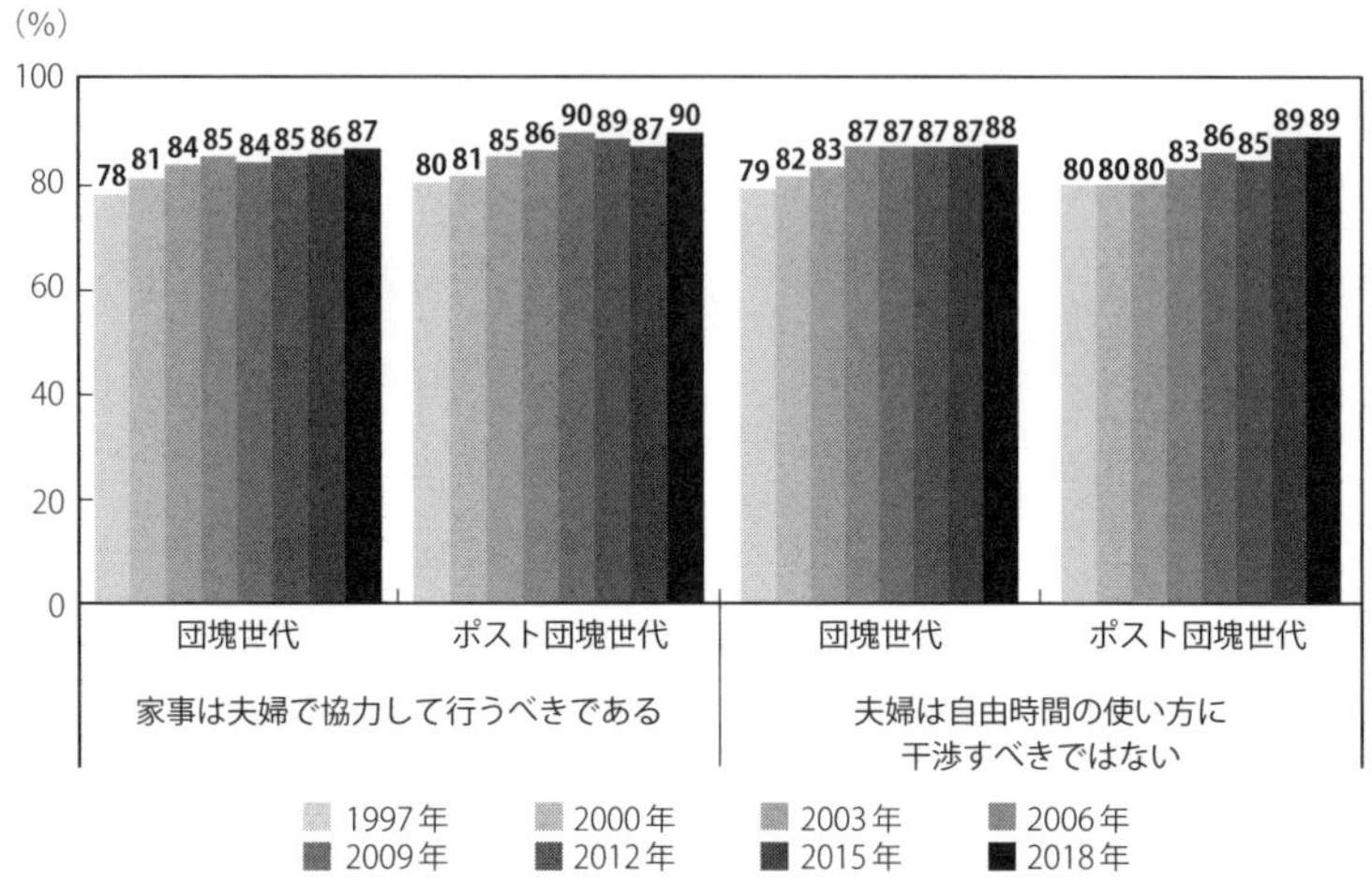

出所：NRI「生活者1万人アンケート調査」（1997年、2000年、2003年、2006年、2009年、2012年、2015年、2018年）

ては、さすがに長年連れ添った夫婦の間にもすれ違いが生じる。２０００年ころから、いわゆる「熟年離婚」が話題になったのも、背景には核家族世帯の団塊世代において定年後、子どもが独立して夫婦２人だけで生活する人が増えたことが影響しているとみられる。

そのような中で「家事は夫婦で協力して行うべきである」「夫婦は自由時間の使い方に干渉すべきではない」と考える人が団塊世代でも増加している（図表２-１-３）。根強く伝統的価値観が残っていた団塊世代が、高齢になるとともに、より夫婦歩み寄りの価値観へと変化している。もともと、戦後、核家族で行動してファミリーレストランやレジャー施設を家族で利用するようになった最初の世代である団塊世代向けには、改めて「夫婦お互いのために」や「夫婦で一緒に」をテーマとした商品・サービスが肝になるであろう。

さらに、ポスト団塊世代を見ると、団塊世代と比較して、伝統的価値観は弱いものになっている。図表2-1-2を見てもわかるとおり、「自分の仕事の目的は会社を発展させることである」という意識を支持する割合は団塊世代よりやや低く、「会社や仕事より、自分や家庭のことを優先したい」意識は団塊世代よりも高い。団塊世代が持つ強い伝統的価値観を見ながら育ったポスト団塊世代は、いわば上の世代（会社でいえば上司にあたる人）に反発する形で、より個人やプライベートを重視する傾向が強かったものと推察される。

団塊世代は新し物好き

団塊世代は高度経済成長期およびバブル期を経験し、退職後は年金支給額も比較的多く恵まれた世代である。流行に敏感で新しいものを積極的に購入する、という点もそうであるが、新しい物好きとして、さらに新品を好む傾向も高い。また、上の世代と同様の伝統的価値観を持ちつつも、1960年代に話題となったビートルズなどの音楽やカジュアルなアメリカンカルチャーの影響を受けており、「流行」には敏感であると一般的にはいわれている。NRI「生活者1万人アンケート調査」の結果で見ても、消費の価値観として「中古品を買うことに抵抗がない」と回答する人は特に団塊世代では少なく、新し物好きの世代であることがうかがえる（図表2-1-4）。

図表2-1-4　中古品を買うことに抵抗がない人の割合

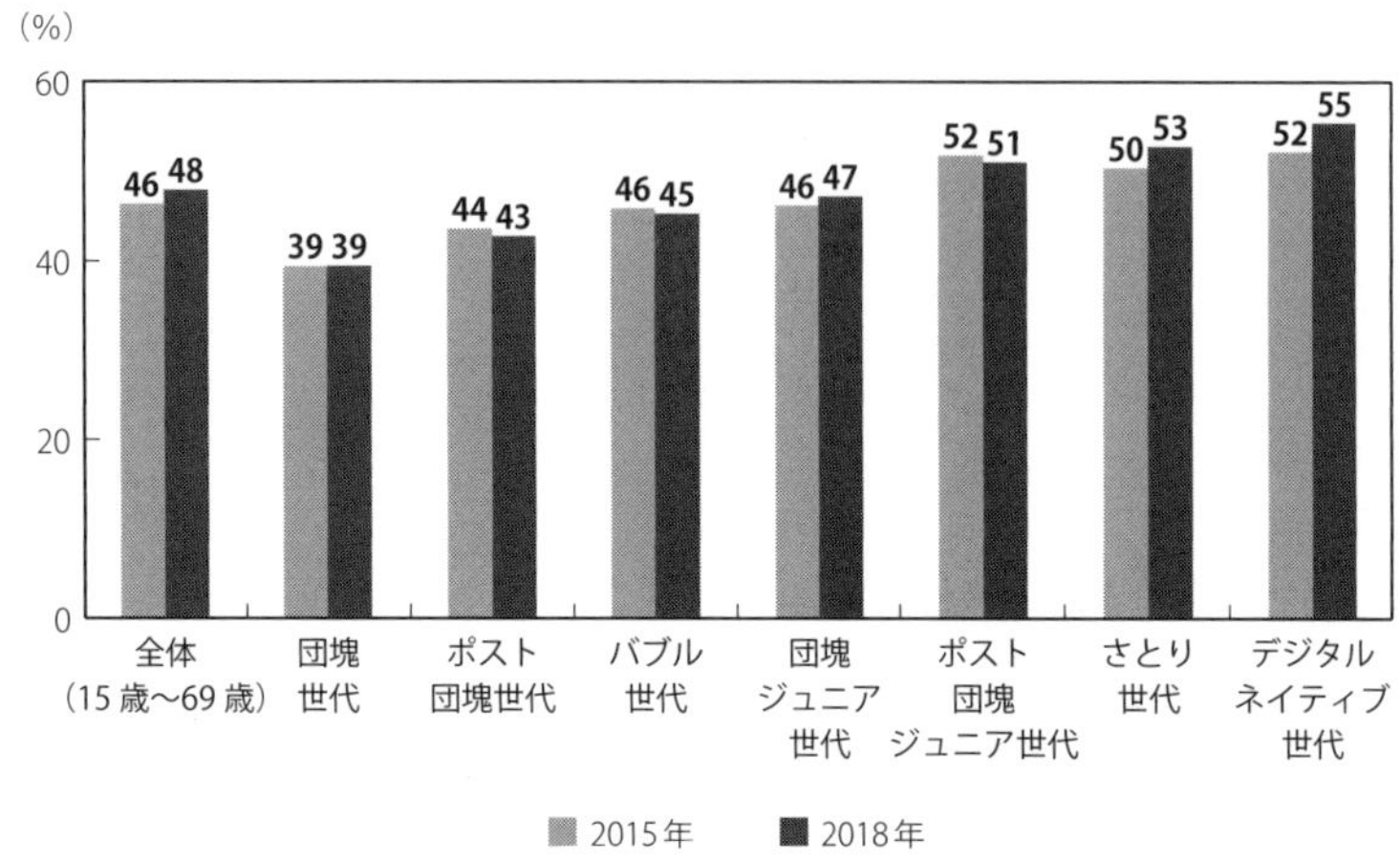

※「A：中古製品やリサイクル品を買うことに抵抗はない」「B：なるべく新品のものを買いたい」について、「Aに近い」「どちらかといえばAに近い」「どちらかといえばBに近い」「Bに近い」の4段階で尋ね、「Aに近い」「どちらかといえばAに近い」を回答した人の割合を示している
出所：NRI「生活者1万人アンケート調査」（2015年、2018年）

ポスト団塊世代については、団塊世代よりも「中古品を買うことに抵抗がない」と回答する人はやや多く、新し物志向としては団塊世代とはギャップが見られる。

アクティブな団塊世代・ポスト団塊世代は人とのつながりを重視する

従来のシニア層のイメージを覆すくらいの行動力を発揮する団塊世代は、定年後の時間とお金のゆとりを得て、趣味などの活動を活発に行っている。定年を迎えるまでは全体として趣味を持つ割合が少ないのだが、定年を迎える前後の歳（団塊世代は２００６年調査、ポスト団塊世代は２０１２年調査に該当）から、例えば「国内旅行」

図表2-1-5　趣味・余暇活動「国内旅行」

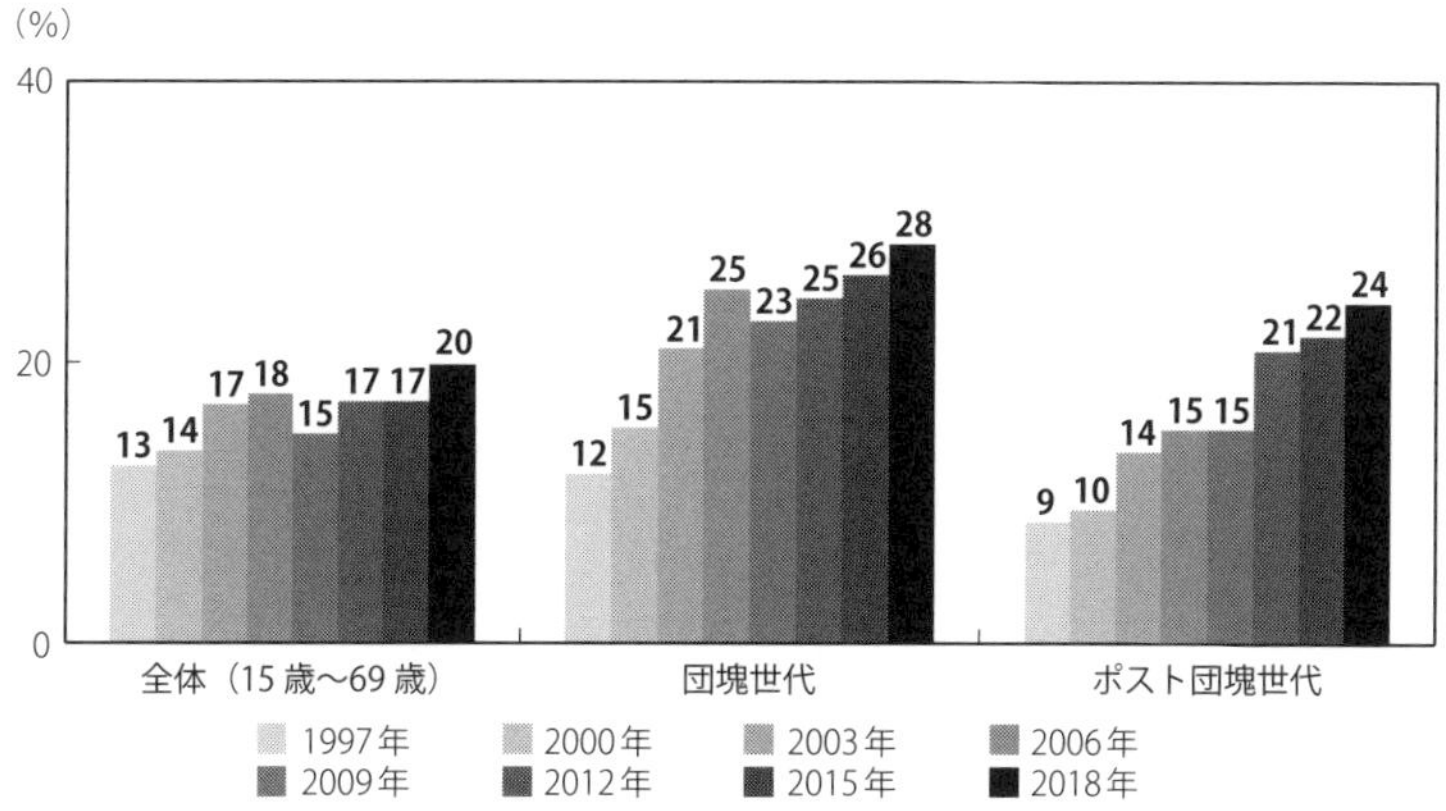

出所：NRI「生活者1万人アンケート調査」（1997年、2000年、2003年、2006年、2009年、2012年、2015年、2018年）

図表2-1-6　週1回以上つきあいのある人「趣味や習い事などを通じて知り合った友人」

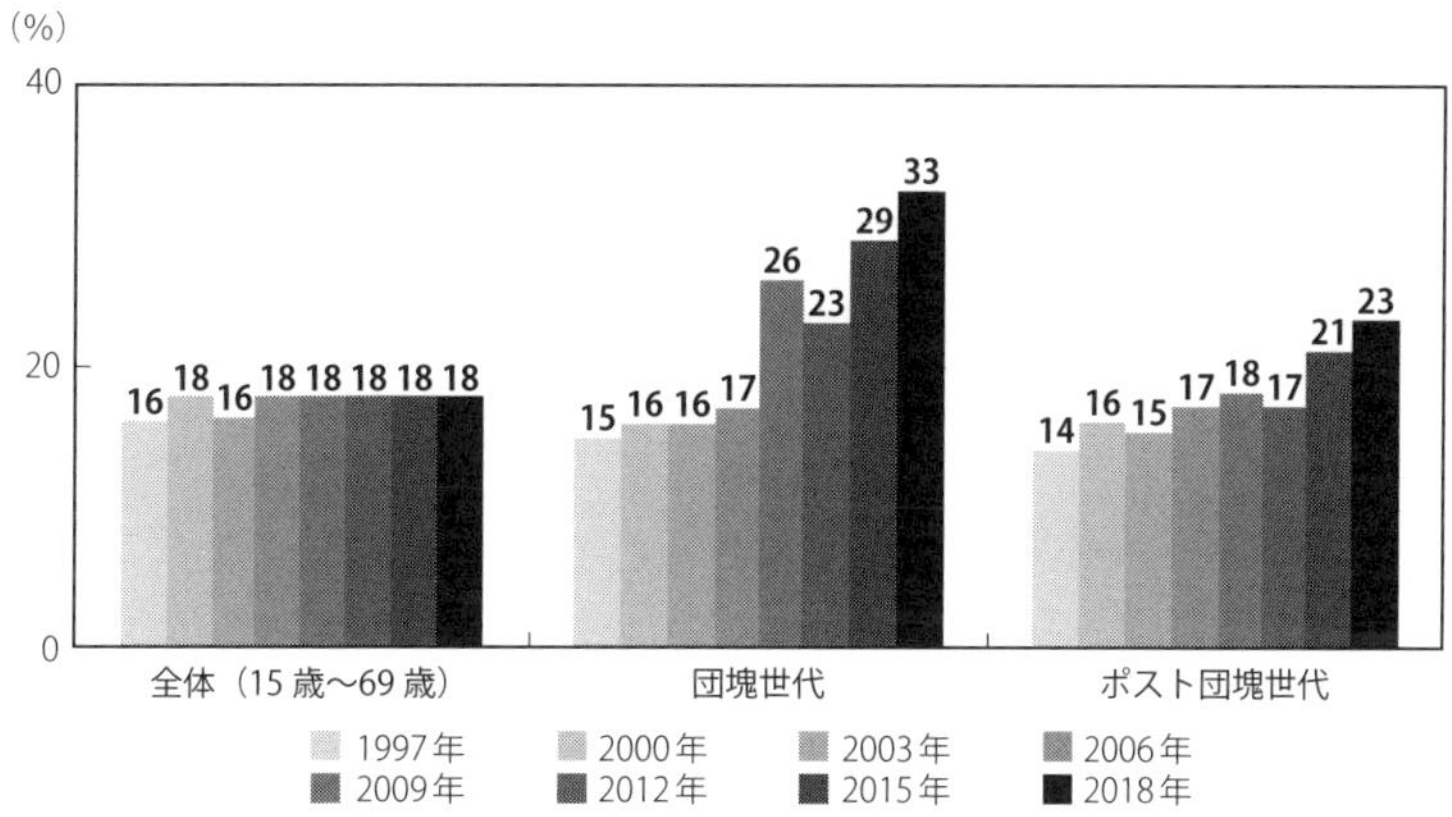

出所：NRI「生活者1万人アンケート調査」（1997年、2000年、2003年、2006年、2009年、2012年、2015年、2018年）

図表2-1-7　積極的にお金をかけたい費目「人とのつきあい・交際費」

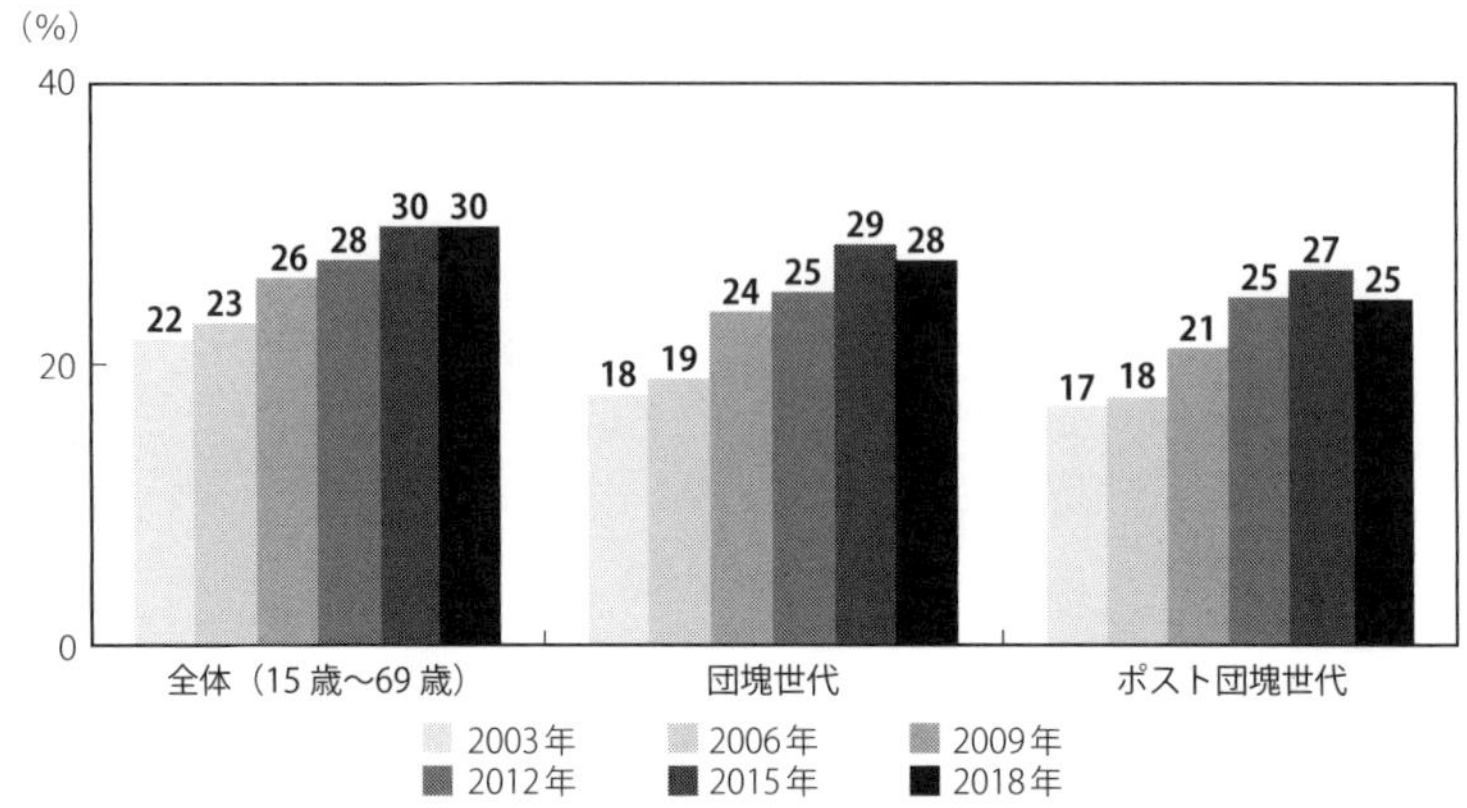

出所：NRI「生活者1万人アンケート調査」（2003年、2006年、2009年、2012年、2015年、2018年）

を趣味とする割合は大きく上昇している（図表2-1-5）。

また定年後、週1回以上つきあいのある人として「趣味や習い事などを通じて知り合った友人」をあげる人の割合は団塊世代・ポスト団塊世代で大きく高まっている（図表2-1-6）。また、積極的にお金をかけたい費目として「人とのつきあい・交際費」をあげる人も上昇傾向にある（図表2-1-7）。

アクティブな価値観を持ち、他人とのつきあいを重視する団塊世代・ポスト団塊世代には、つながりをテーマにした企画の商品・サービス展開が有効とみられる。先ほど紹介した夫婦の歩み寄りへの価値観変化と合わせて、この世代には「つながり志向」がキーワードとなるだろう。

スマートフォンが普及するも、使いこなすレベルには至っていない

第1章において2012年調査から2015年調査にかけてスマートフォンが普及し、さらに2018年調査ではスマートフォンの使われ方はパソコン以上に多岐にわたっていることを紹介した。しかし、新し物好きで人とのつきあいを重視する団塊世代・ポスト団塊世代であるが、SNSなどのサービスを使いこなせるまでには至っていない。

2018年調査では団塊世代のスマートフォン保有率は3割程度、ポスト団塊世代は6割程度まで増加してきたが、スマートフォンで行うアクティビティは「メールの送受信」がメインである。全体(15歳～69歳)ではネットショッピングやネットバンキングなど、従来パソコンで行うようなアクティビティは今やスマートフォンで行うことが多いが、団塊世代・ポスト団塊世代ではパソコンで行う人の方が依然としてやや多い(図表2-1-8)。

団塊世代は現役時代の終盤でようやく会社でパソコンが普及し、使い始めた世代であるが、定年後15年以上経った現在でも、スマートフォンよりパソコンを使う方が手慣れていると見られる。

図表2-1-8　スマホとパソコンで行うアクティビティ

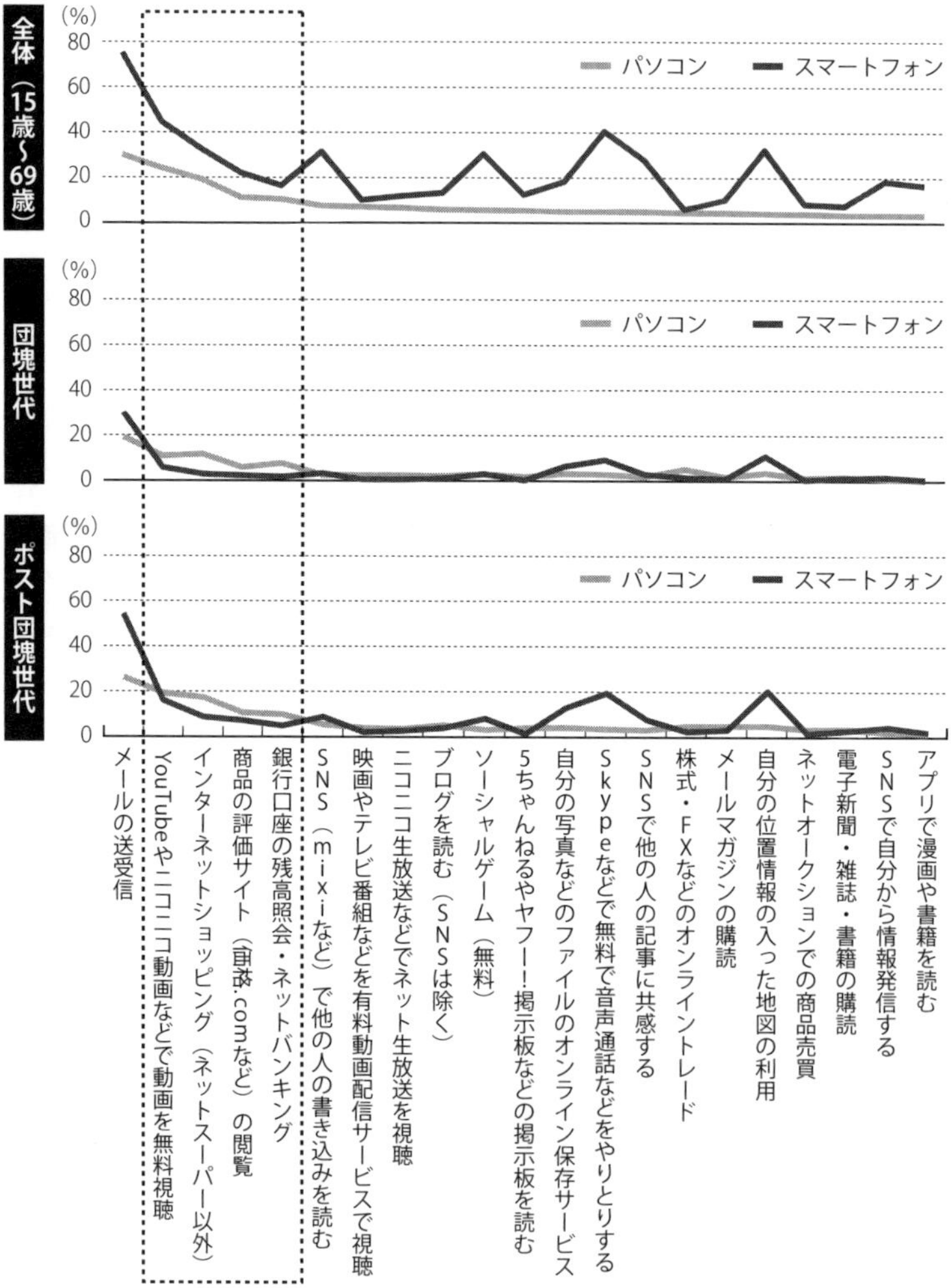

出所：NRI「生活者1万人アンケート調査」（2018年）

図表2-1-9 テレビ視聴時間（平日）

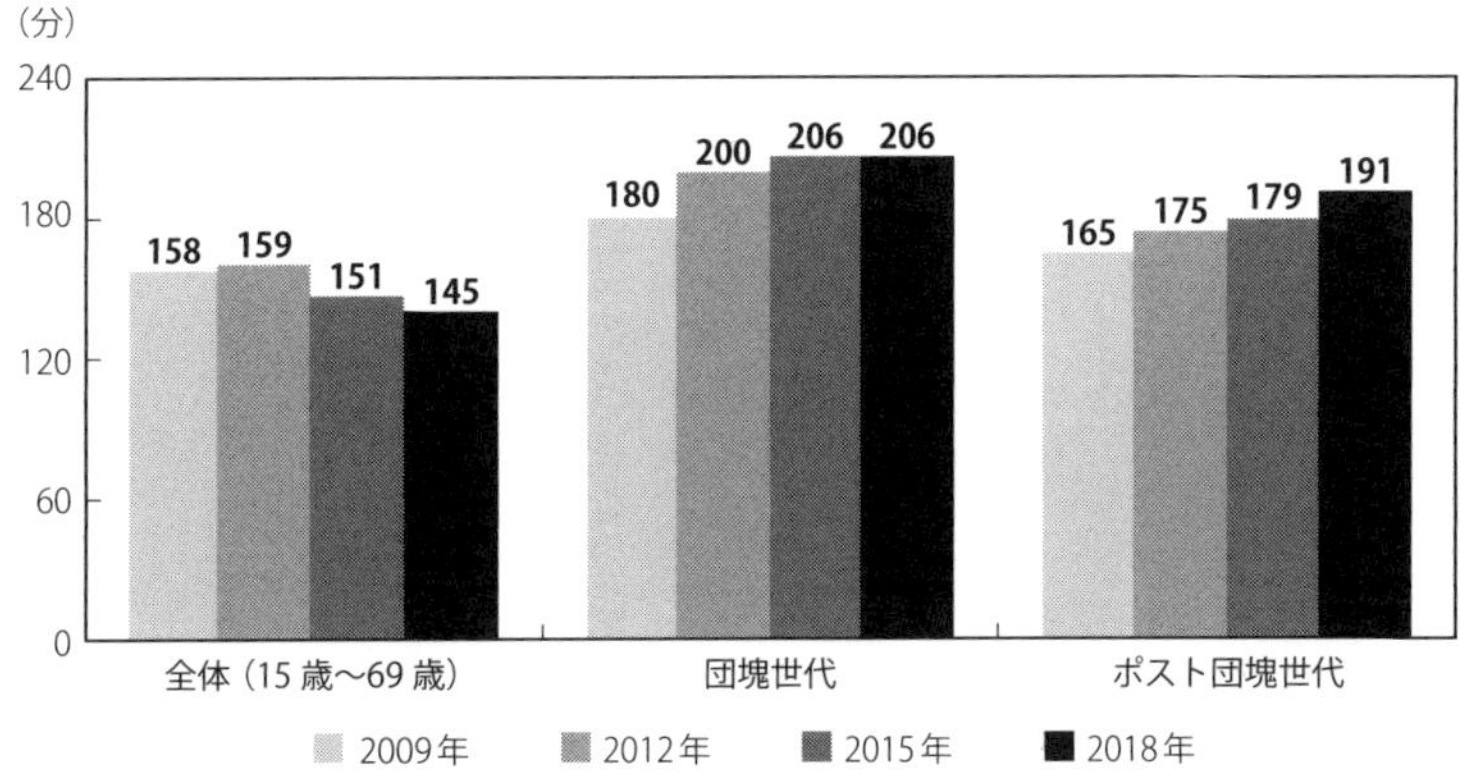

出所：NRI「生活者1万人アンケート調査」（2009年、2012年、2015年、2018年）

情報収集はインターネットよりもテレビ・ラジオ・新聞で

団塊世代・ポスト団塊世代は、情報収集の手段を見るとインターネットよりもテレビ・ラジオ・新聞などのマスメディアの方が親和性は高い。テレビは1950年代後半から普及し始めたが、その時団塊世代は小学校高学年であり、子ども時代にテレビの影響を大きく受けた「第一次テレビっ子世代」ともいわれている。

定年により時間的に余裕ができたこともあり、団塊世代・ポスト団塊世代のテレビの視聴時間は経年で伸びている（図表2-1-9）。テレビを見て育った団塊世代・ポスト団塊世代は、商品を購入する際の情報源としても、「テレビのコマーシャルを参考にする」は相対的に高い（図表2-1-10）。

またラジオや新聞といった昔からある情報媒体との

図表2-1-10　商品を購入する際の情報収集源

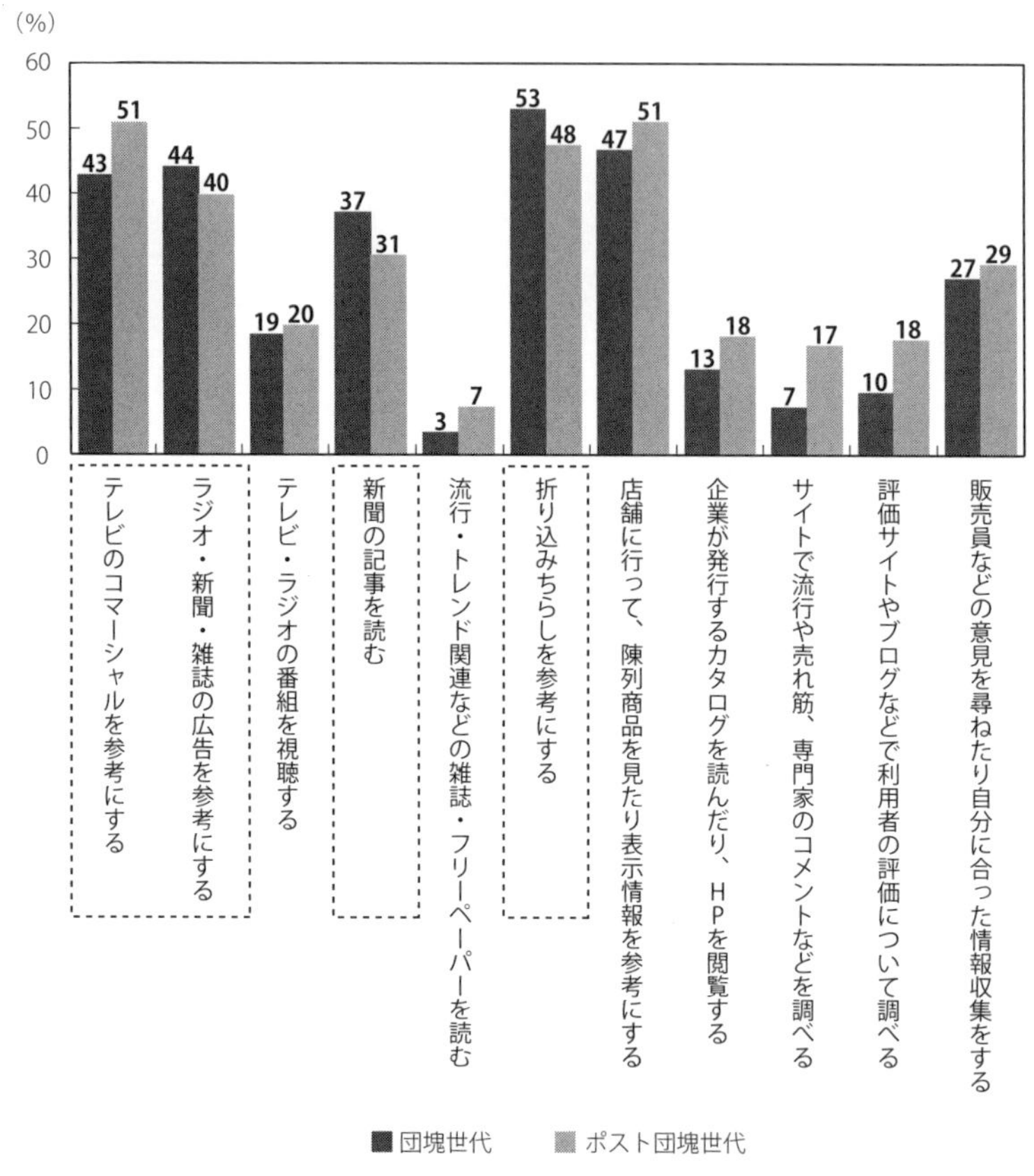

出所：NRI「生活者1万人アンケート調査」（2018年）

親和性も高く、「ラジオ・新聞・雑誌の広告を参考にする」「新聞の記事を読む」、そして新聞とセットで配達されるお馴染みの媒体として「折り込みちらしを参考にする」も相対的に高い項目であるが(図表2‐1‐10)、これらの項目は他の世代と比べても高いことが特徴的である。

団塊世代・ポスト団塊世代に向けたマーケティングは、インターネットよりテレビ・新聞・ラジオなどの従来型マスメディアを活用したアプローチがキーワードとなりそうだ。

健康に不安を感じる世代に向けた「定期購入サービス」にチャンスあり

依然としてスマートフォンなどの情報端末の扱いには不慣れである団塊世代・ポスト団塊世代においては、昨今話題になっているシェアリングサービスやサブスクリプションサービス、ＡＩスピーカーなどの最新テクノロジーを利用したいと思う人はまだ少ない。

一般論としてもよくいわれることであるが、最新テクノロジーやサービスの利用は若年層や都市部に住んでいる人から始まり、徐々に中高年層や地方に住む人に浸透していく傾向がある。例えば、「会員間で特定の自動車を共同使用するカーシェアリングサービス」や「月々に一定の金額を支払うことで好きなだけ利用することができるサービス」(＝サブスクリプションサービス)は若年層ほど利用経験が高い傾向にある(図表2‐1‐11)。

しかし、団塊世代・ポスト団塊世代においては、例えばAmazon定期おトク便サービスに代表される

図表2-1-11　最新テクノロジー・サービスに対する認知している人あたりの利用経験割合

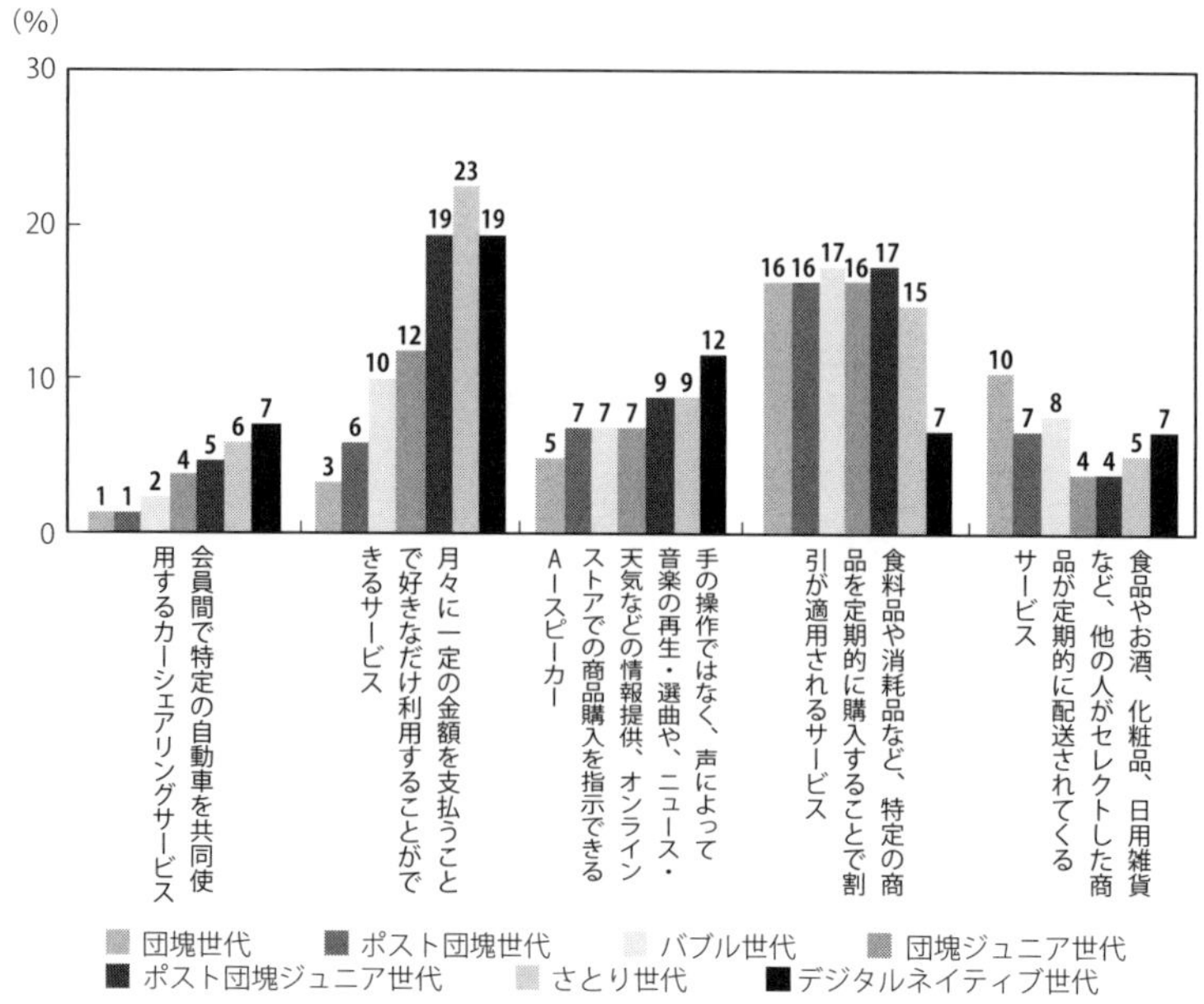

出所：NRI「生活者1万人アンケート調査」（2018年）

ような「食料品や消耗品など、特定の商品を定期的に購入することで割引が適用されるサービス」やSAKELIFE（日本酒定期購入サイト）に代表されるような「食品やお酒、化粧品、日用雑貨など、他の人がセレクトした商品が定期的に配送されてくるサービス」については、サービスの認知率は低いものの、認知している人あたりの利用経験割合はその下の若い世代と同程度であることが明らかになった（図表2－1－11）。

すでにシニア層である団塊世代およびシニア層に差しかかっているポスト団塊世代は、自身が抱える悩みとして「自分の健康」への不安が高まっている。今は健康であるが、今後身体が不自由になり、将来的に自分が買い物難民になってしまう可能性を考えると、食料品などの日用品を定期的に配送してくれるサービスのニーズは団塊世代・ポスト団塊世代には高いといえる。

しかし、現時点ではこのようなサービスの認知率は低い。団塊世代・ポスト団塊世代に対して、サービスの存在をもっと知ってもらうことで、新しいサブスクリプション型のサービスへの需要を掘り起こすことができるとみられる。ただし、団塊世代・ポスト団塊世代はデジタル情報志向より従来型マスメディアへの情報志向が強い。新しいサービスを知ってもらうためには、テレビや新聞、折り込みちらしなどの媒体を活用することで、この世代への認知が浸透し、サービス利用は進むものと思われる。

2

右肩上がりの消費を謳歌したバブル世代

不知火陽子《しらぬいようこ》さんは現在52歳。夫婦共働きで、夫とともに大手化粧品会社で働いている。大学を卒業して就職した1989年ころは世間がバブル景気に沸いた時期と重なっており、そのような時代に20代前半を過ごしたバブル世代である。

就職活動時期から会社の羽振りはよく、内定が決まったときにはまだ会社にも入っていないのに、研修会と称して国内のリゾート地に遊びに行かせてもらったこともある。働き始めてからも景気はよく、なぜか男の人からご飯を奢られたり、自慢の車で送り迎えをしてもらったこともよくあった。

自分より上の世代の同性の先輩たちは、皆、いわゆる「寿退社」が当たり前だった。しかし、1986年に施行された男女雇用機会均等法以降に入社している自分の同期や下の世代の子たちは結婚後も仕事を続ける人が多くなり、総合職として採用された自分としてもどこまで会社や社会に貢献できるか、という気持ちを持って仕事に励んできた。今では女性の管理職も珍しくはなくなってきたが、自分も一つの課を任されるまでになった。

自分たち夫婦は共働きであるから、なおさら家事・育児は夫婦で協力し合う意識は高い方かなと思う。だけど、自分の時間の使い方については、夫から口出しされたくない。正直、夫婦が一緒の財布だとか、お小遣い制だとか、ありえないと感じてしまう。夫婦である前に、一人の人間なのだから、精神的にも経済的にも自立していたい。自分の子どもにも、きちんと自立した考えができる子になってもらいたいと、そのように教育しているつもりだ。

アベノミクスの景気拡大のおかげもあり、会社の賞与も上がった。今年は久しぶりに高校時代の友人と女子会をやるのだが、自分が幹事だ。みんなと相談しないといけないが、たまには銀座のフレンチレストランで少しリッチな女子会にしようかな——。

右肩上がりの消費生活の中で成長したバブル世代

バブル世代は、バブル景気による売り手市場時に社会人となった世代を意味し、大体１９６５～１９７０年生まれを指す場合が多いが、本書ではバブル景気の時期に若手社会人として過ごした人も含めて1960~1970年生まれをバブル世代として定義する。

バブル世代が物心ついたころは、すでに日本は経済成長の中にあり、1980年代は「ジャパン・アズ・ナンバーワン」といわれる安定成長期を迎える中で、生活水準は向上し豊かな活気ある社会を形成した。

バブル世代は、その就職活動時期がバブル経済の時期に重なり、日本の景気は極めてよく、どの企業も事業拡大を図って就職時の人員募集を大幅拡大していた。企業の求職人数は就職希望者を大幅に上回り、厚生労働省が管轄する重要統計指標である有効求人倍率（全国のハローワークで仕事を探す人1人あたり何件の求人があるかを示す比率）は1990年7月で1・46倍にまで上昇していた。有効求人倍率には新規大学卒業者の求人・求職は含まれていないが、ハローワークにおける求人需要が高かった状況から、新卒学生に対しても当時いかに企業が人員を求めていたかがわかるだろう。

内定式の数日前から観光地のホテルを貸し切りにして「研修」の名目で内定した学生を囲い込んだり、入社式をハワイで行ったり、社員旅行は全額会社負担でロサンゼルスへ行ったりと、今では考えられない羽振りのよさであった。

就職活動時・社会人初期にそのような右肩上がりの消費を謳歌したバブル世代は、その後「失われた20年」を過ごしてきた。そして2018年調査時は、これから現役時代最後の10年を過ごそうとする40代後半から定年間近の50代後半に来ている。1997年から開始したNRI「生活者1万人アンケート調査」が保有するデータでは、バブル世代は社会人生活中盤の27歳~37歳（1997年調査時）

から終盤の48歳〜58歳（２０１８年調査時）までとなる。この20年間におけるバブル世代が持つ価値観・行動の特色および変化を追っていきたい。

団塊世代が持つ伝統的な価値観からは解放

バブル世代は若いときから企業などで活躍し、消費生活を謳歌してきた人が多く、組織より個を重視する価値観を持つといわれる。ＮＲＩ「生活者１万人アンケート調査」の調査結果を比較してみても、「目上の人の言うことには、原則として従うべき」「親は精神的に頼りになる存在である」などの上下関係を律する価値観は団塊世代・ポスト団塊世代よりもやや弱くなっている（図表２−２−１）。

さらには「親が離婚するのは親の自由である」を支持する傾向はバブル世代が強くなっており、親は親で自由にしてもらえればいいし、反対に自分たちは自分たちで好きにやるという従来の規範に対する自由な考え方がうかがえる。

また、「家事は夫婦で協力して行うべきである」「夫婦は自由時間の使い方に干渉すべきではない」「夫婦はお互い経済的に自立した方が望ましい」「夫婦の間で秘密をもってもかまわない」などの夫婦・男女のあり方についても、団塊世代・ポスト団塊世代が持っていた伝統的価値観から脱却している（図表２−２−２）。

むしろ、バブル期において「アッシー君（女性を自動車で送迎させられる男性のこと）」「メッシー

図表2-2-1　同年齢時期※における生活価値観・家族観

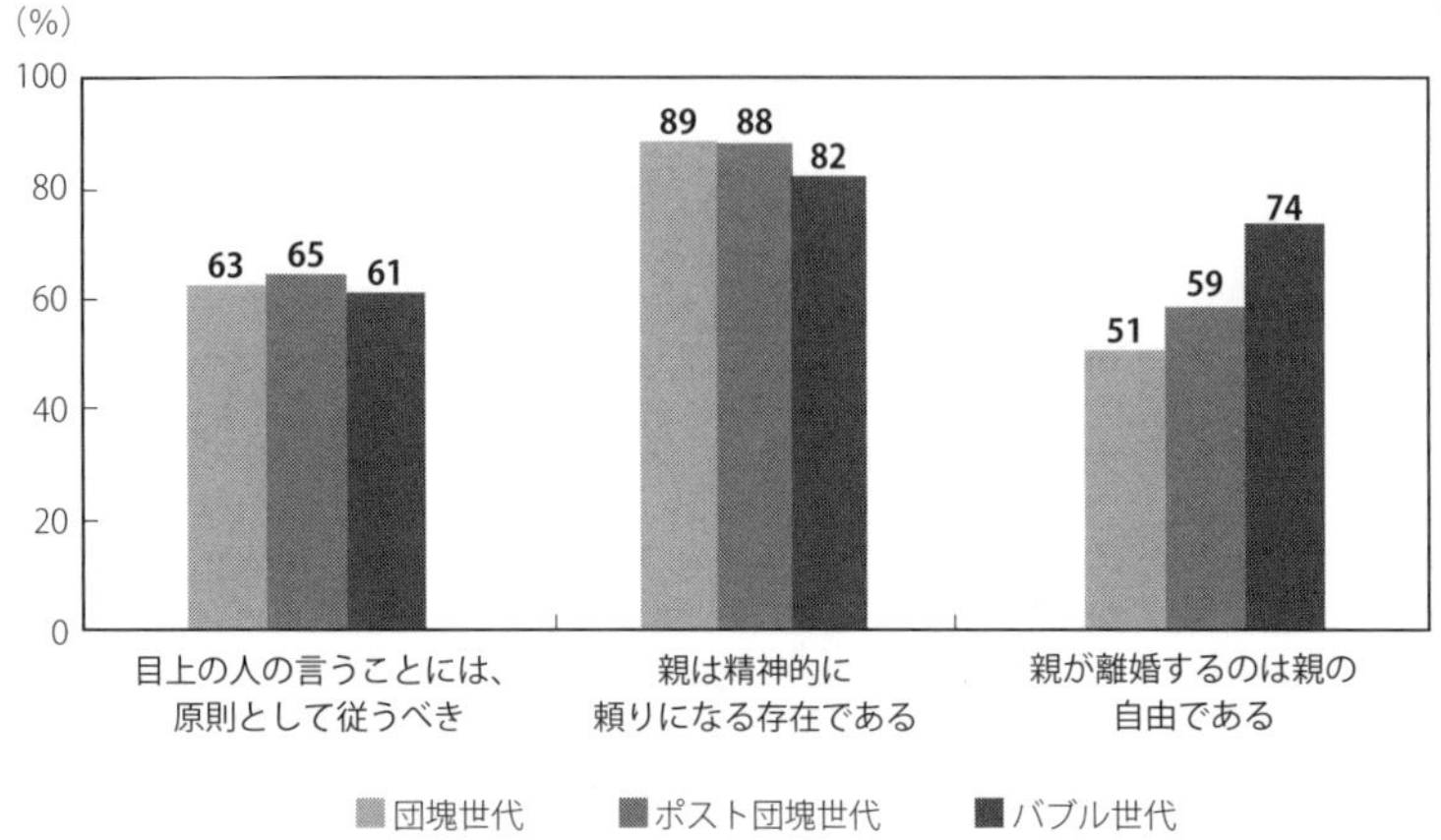

※団塊世代は1997年調査（47歳～51歳）、ポスト団塊世代は2006年調査（47歳～55歳）、バブル世代は2018年調査（48歳～58歳）のデータをそれぞれ使用
出所：NRI「生活者1万人アンケート調査」（1997年、2006年、2018年）

図表2-2-2　同年齢時期※における家族観

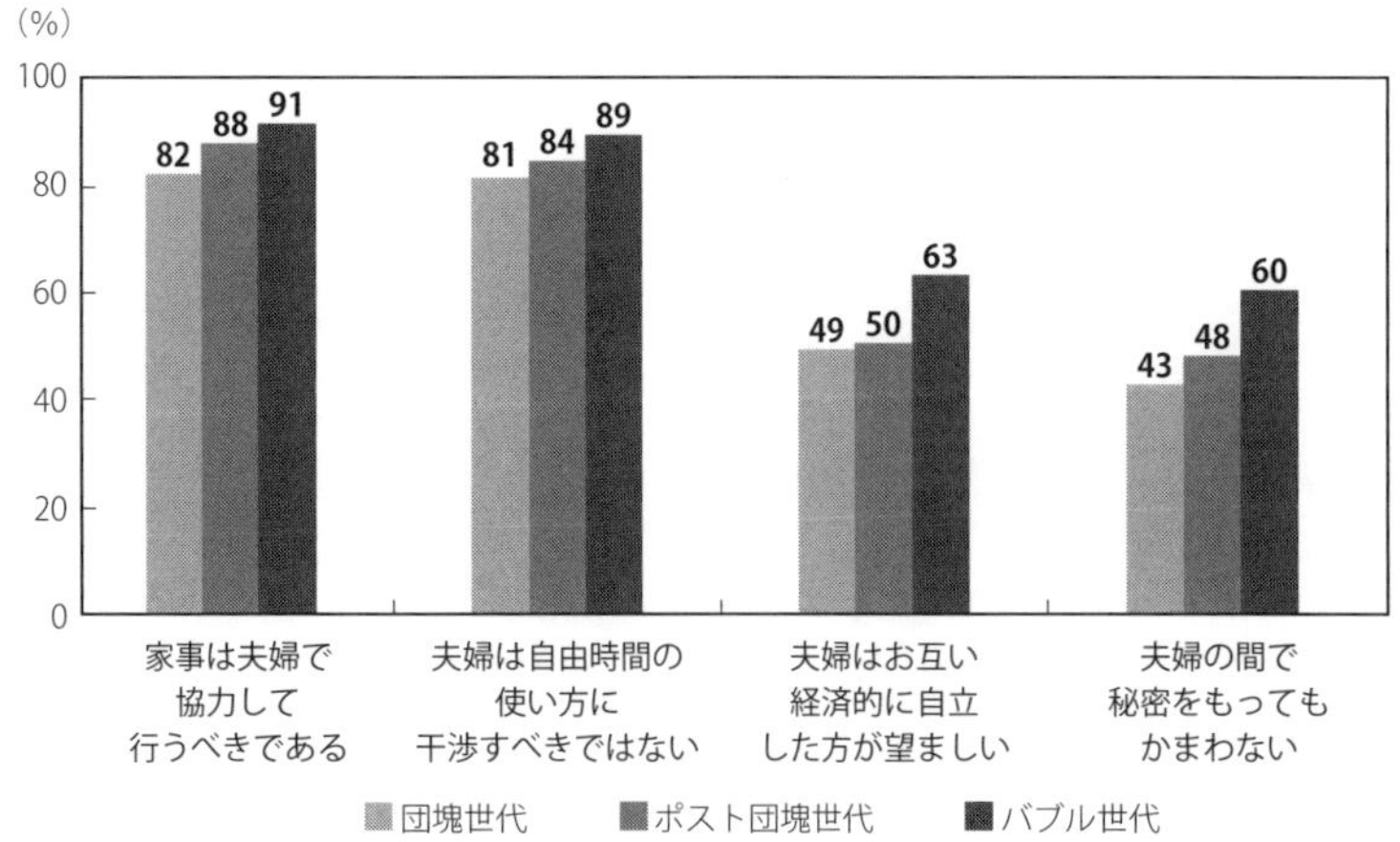

※団塊世代は1997年調査（47歳～51歳）、ポスト団塊世代は2006年調査（47歳～55歳）、バブル世代は2018年調査（48歳～58歳）のデータをそれぞれ使用
出所：NRI「生活者1万人アンケート調査」（1997年、2006年、2018年）

君（女性に食事を奢らされる男性のこと）」と呼ばれる男性が出現したように、恋愛・結婚における力関係が女性の方が強かった時代であるともいえる。それを踏まえると、「妻は夫に従うもの」と考えられていた団塊世代とはまったく異なる価値観を持っていることがわかる。

男女雇用機会均等法が女性の社会進出を後押しし、伝統的価値観からの脱却へ

バブル世代の価値観に大きな影響を与えたこととして、１９８６年に施行された男女雇用機会均等法がある。大学・大学院卒業のバブル世代は男女雇用機会均等法の施行後に就職した最初の世代であり、バブル景気による雇用拡大もあって、女性の社会進出を大きく後押しした。

ＮＲＩ「生活者1万人アンケート調査」で尋ねている就業意識で見ても、バブル世代と団塊世代とではギャップが見られる。「自分の能力や専門性を高め、社会的に認められたい」意識は、40代後半～50代の同年齢時期における団塊世代・ポスト団塊世代・バブル世代を比較すると、バブル世代の男性の意識はやや低い一方で、バブル世代の女性は団塊世代より10ポイント以上高くなっていることがわかる（図表2-2-3）。

他方で、前節の図表2-1-2「同年齢時期※における男性の就業意識・家族観」で示したようにバブル世代の男性は「会社や仕事より、自分や家庭のことを優先したい」意識が高くなっているように、団塊世代が持っていた「男は仕事、女は家庭」という考えから、仕事一辺倒ではない方向に変化して

図表2-2-3　同年齢時期※における就業意識

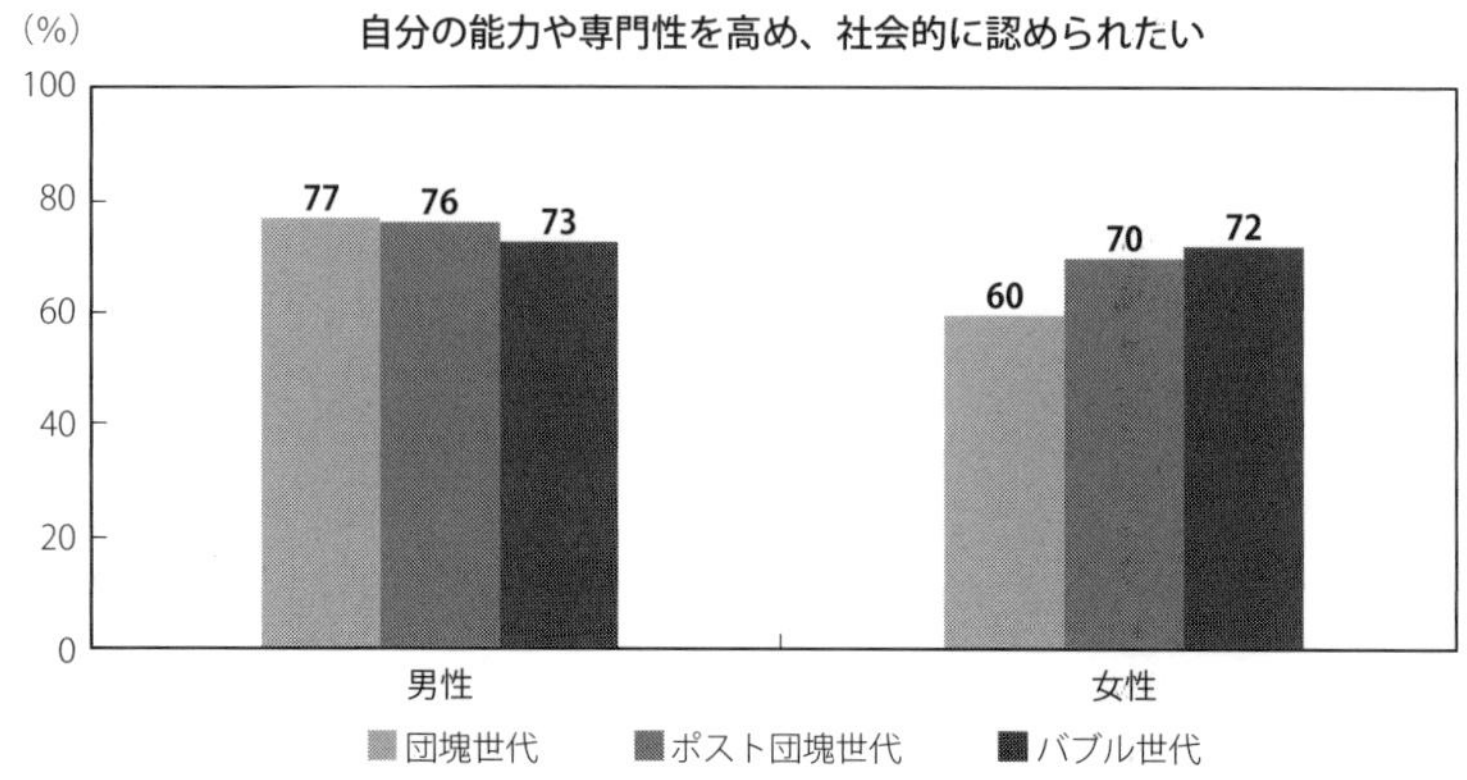

※団塊世代は1997年調査（47歳〜51歳）、ポスト団塊世代は2006年調査（47歳〜55歳）、バブル世代は2018年調査（48歳〜58歳）のデータをそれぞれ使用
出所：NRI「生活者1万人アンケート調査」（1997年、2006年、2018年）

いることがうかがえる。

ブランド志向、高くてもよい……その根底には「他人からどう見られるか？」

バブル世代といえば、消費において積極的でパワフルであるといわれる。お金を持っていることがステータスであり、身につける服や車、海外旅行ではどこに行ったかなどを含めて、他人から見てわかりやすい形で自分自身を主張する風潮があったとみられる。

例えば、車でいえば「シーマ現象」が象徴的だろう。１９８８年にデビューした日産自動車「シーマ」は３ナンバーで３リッターＶ６エンジンを搭載し、最上級グレードでは５００万円を超える高級車であったが、当時は富裕層だけでなく20代・30代の若年層までが購入するヒット商品となった。当時は自

図表2-2-4　同年齢時期※における消費価値観

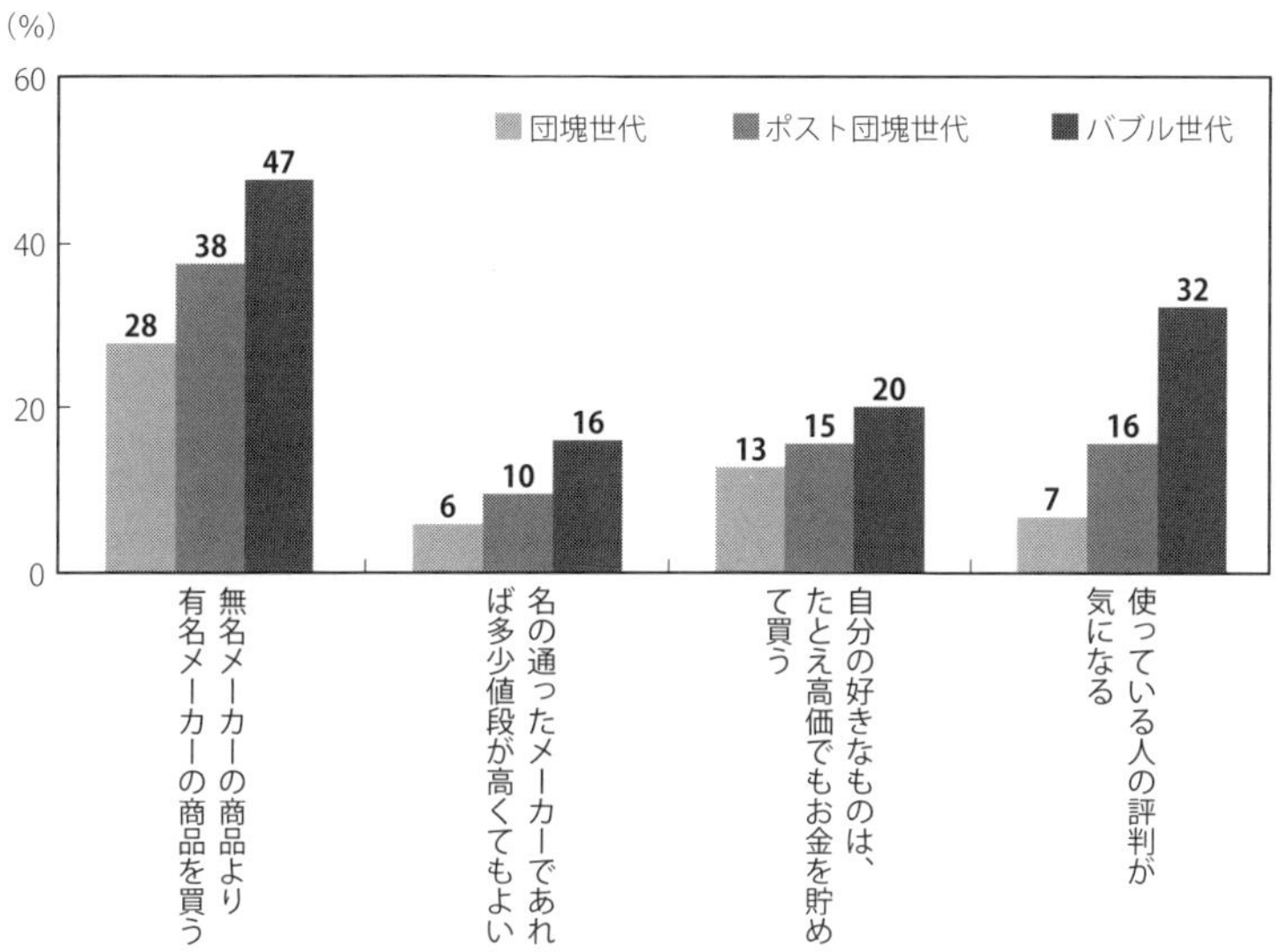

※・団塊世代は2000年調査（50歳～54歳）、ポスト団塊世代は2006年調査（47歳～55歳）、バブル世代は2018年調査（48歳～58歳）のデータをそれぞれ使用
・図表2-2-1～図表2-2-3では、団塊世代は1997年調査で比較していたが、当該調査項目は2000年より聴取開始したため、本図表では2000年データを用いている
出所：NRI「生活者1万人アンケート調査」（2000年、2006年、2018年）

動車を持つことよりは、「シーマ」を持つことがバブル世代のステータスであったのである。

バブルが崩壊し、20年以上経ったが、バブル世代のこの価値観は今もなお残っている。「無名メーカーの商品より有名メーカーの商品を買う」意識は現在でも団塊世代・ポスト団塊世代より高い（図表2-2-4）。また、水準は下がるが「名の通ったメーカーであれば多少値段が高くてもよい」という意識もバブル世代が高い。基本的には若者に多く見られる価値観である「自分の好きなものは、たとえ高価でもお金を貯めて買う」は、バブル世代においては40代後半を過ぎても高く、今なおバブル世代のブランド志向の強さがうかがえる。

一方で、「使っている人の評判が気になる」も、団塊世代・ポスト団塊世代より大きい。ブランド志向が高いといわれるバブル世代であるが、ただ単に高くてもよいというわけではなく、自分が使う商品が他人から見て評判の良いものでなければならないと気にする側面も特徴的である。

今でいえば、若いうちから身分不相応と思える高価なブランド品を持っている人も多く、ブランド品は良いものである・安心である、という価値観をバブル世代は確立していた。バブル世代は見栄っ張りともいわれるが、その根底には他人から評価されたい欲求があると見られる。バブル世代に対しては、単にブランドで訴求したり、高級品で訴求したりするのではなく、「他人からどう見られるか?」を意識したマーケティングが重要である。

また、バブル世代は「レンタル・リースに抵抗感がない」人が多い。新し物好きの団塊世代と比べて、何でも自分でモノを持たなければならないという意識は薄く、時にはレンタル・リースでもよいという合理性も持ち合わせている。一見してレンタルだとわからない形であれば、他人からよく見られ、他人が評価する商品・サービスの提供はバブル世代のニーズを満たすものになるだろう。

百貨店回帰するバブル世代

バブル世代の消費力の強さは、業績が低迷している百貨店にはプラスに働くかもしれない。百貨店

図表２-２-５　「百貨店・デパート」の利用割合

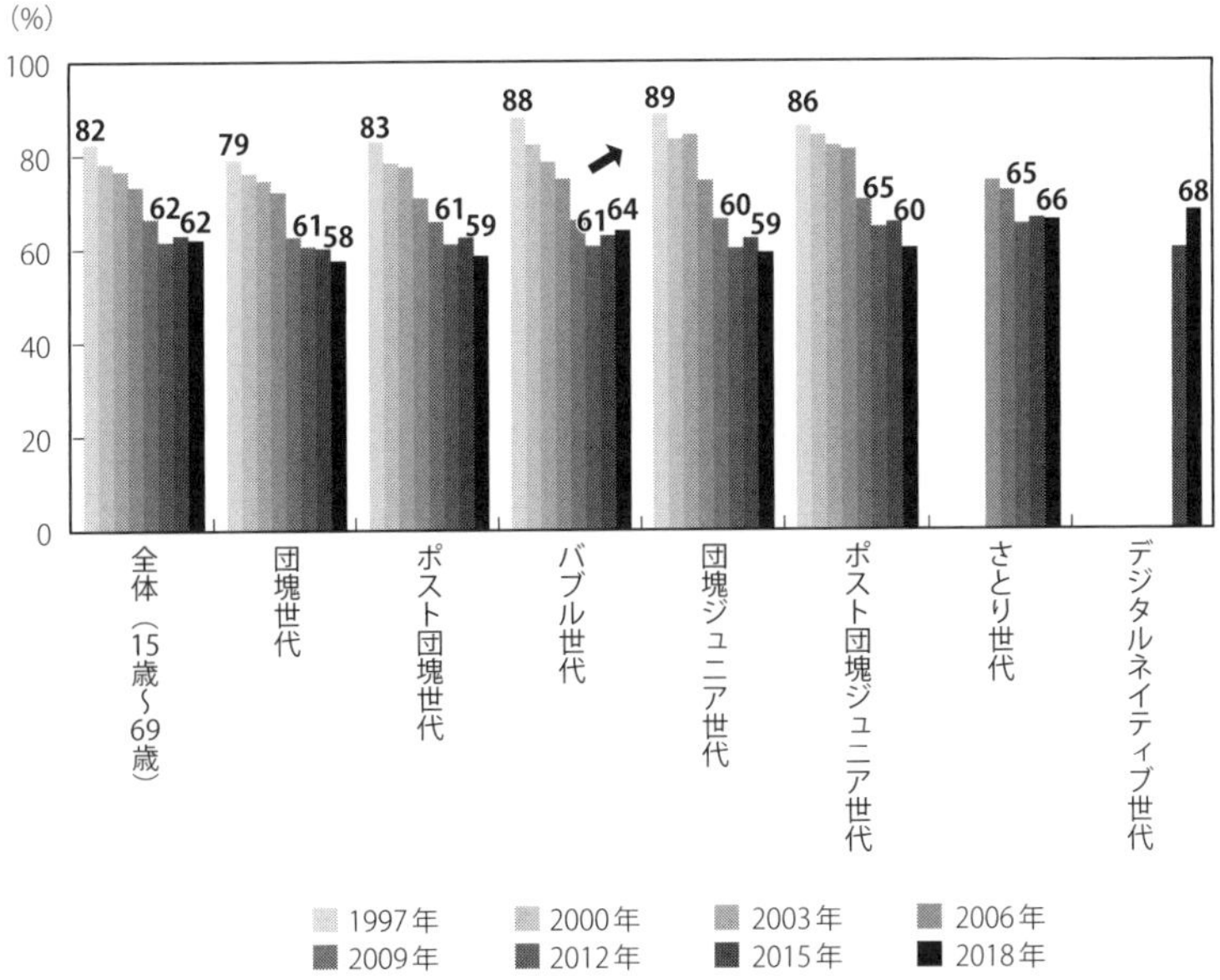

出所：NRI「生活者1万人アンケート調査」（1997年、2000年、2003年、2006年、2009年、2012年、2015年、2018年）

の売り上げはバブル崩壊後、右肩下がりで減少し、２００３年にそごうと西武百貨店が統合したのを皮切りに、２００７年には大丸と松坂屋が、２００８年には三越と伊勢丹がそれぞれ統合するなどの業界再編成が進んでいった。また、採算の取れない地方店舗の閉鎖やターゲット顧客の見直し、商品カテゴリーの構成見直し、インバウンド対応など、百貨店各社においてさまざまな経営改善を進めている状況である。

ＮＲＩ「生活者１万人アンケート調査」においても、消費者の利用チャネルとして「百貨店・デパート」の利用割合は１９９７年以降減少が続いていた。しかし、２０１２

年を底に全体では横ばいとなっており、世代別に分解すると唯一バブル世代が２０１５年・２０１８年ともに利用割合が少し伸びていることがわかった（図表2-2-5）。２０１３年以降のアベノミクスの経済効果により景気が回復した影響もあると考えられるが、もともとブランド志向が高く、百貨店をよく利用していたバブル世代が、景気回復とともに再び百貨店へ回帰する現象が見られる。

情報収集はインターネットもテレビも両方参考にする

大半が50代になっているバブル世代であるが、新しいテクノロジーへの興味・関心も高く、多くの人がスマートフォンを使っている。スマートフォン保有率は２０１８年時点で８割まで進んでおり、平日のインターネット利用時間は１日あたり１００分程度まで伸びている（図表2-2-6）。その結果として、商品を購入する際に「サイトで流行や売れ筋、専門家のコメントなどを調べる」「評価サイトやブログなどで利用者の評価について調べる」も伸び続け、バブル世代の前後の世代と比較すると、一つ下の団塊ジュニア世代の水準に追いつこうとしていることがわかる（図表2-2-7）。

一方、テレビの視聴時間は全体では減少している中で、バブル世代は一定であり（図表2-2-6）、情報収集として「テレビコマーシャルを参考にする」という人は、他の世代と比較して高水準を保っている（図表2-2-8）。若年層ではインターネットによる情報収集が進む一方でテレビ離れが進んでいるが、バブル世代については「情報収集はインターネットも、テレビも」といったところが特徴的

図表2-2-6　インターネット利用時間・テレビ視聴時間（平日）

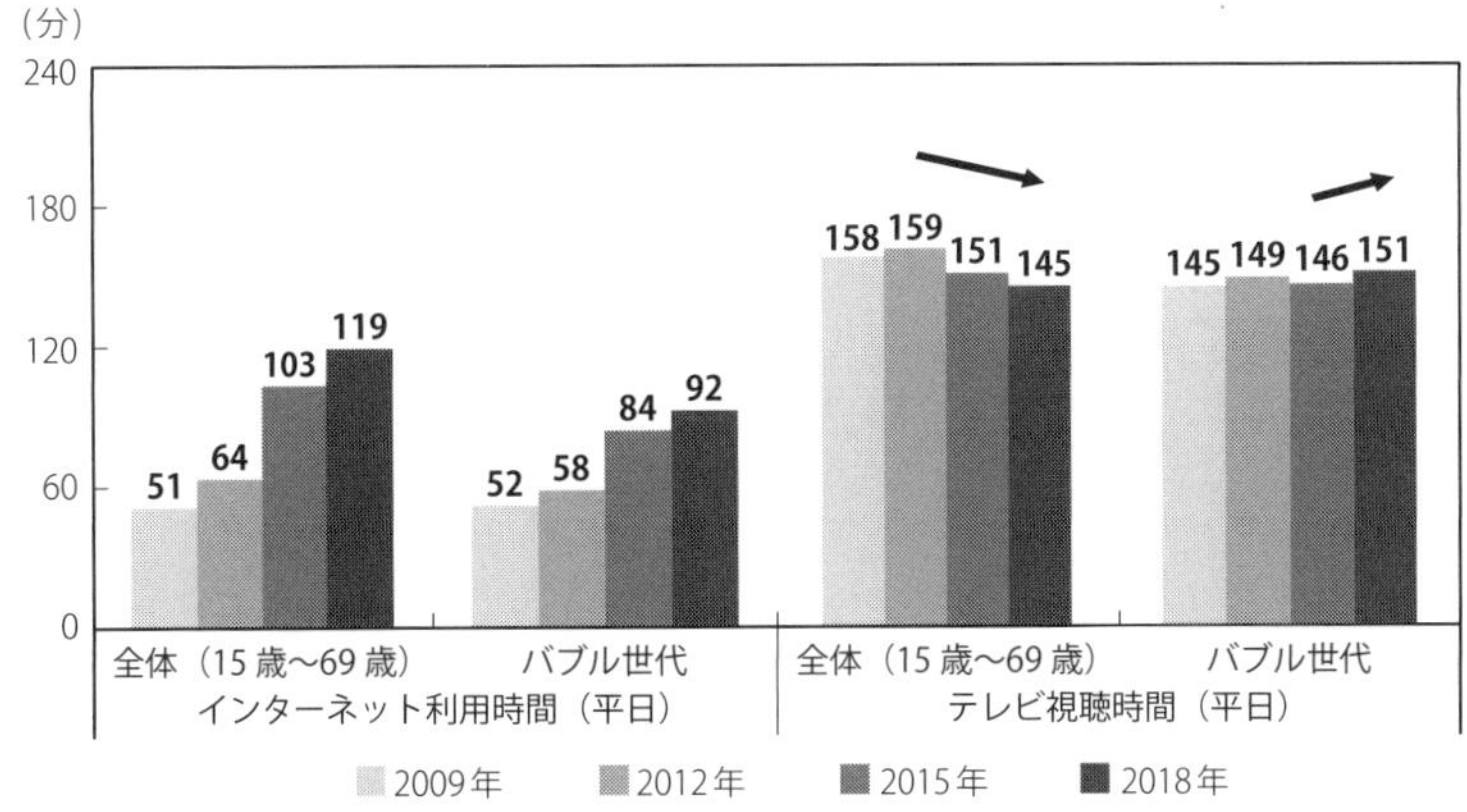

出所：NRI「生活者1万人アンケート調査」（2009年、2012年、2015年、2018年）

図表2-2-7　商品を購入する際の情報収集源（インターネット関連）

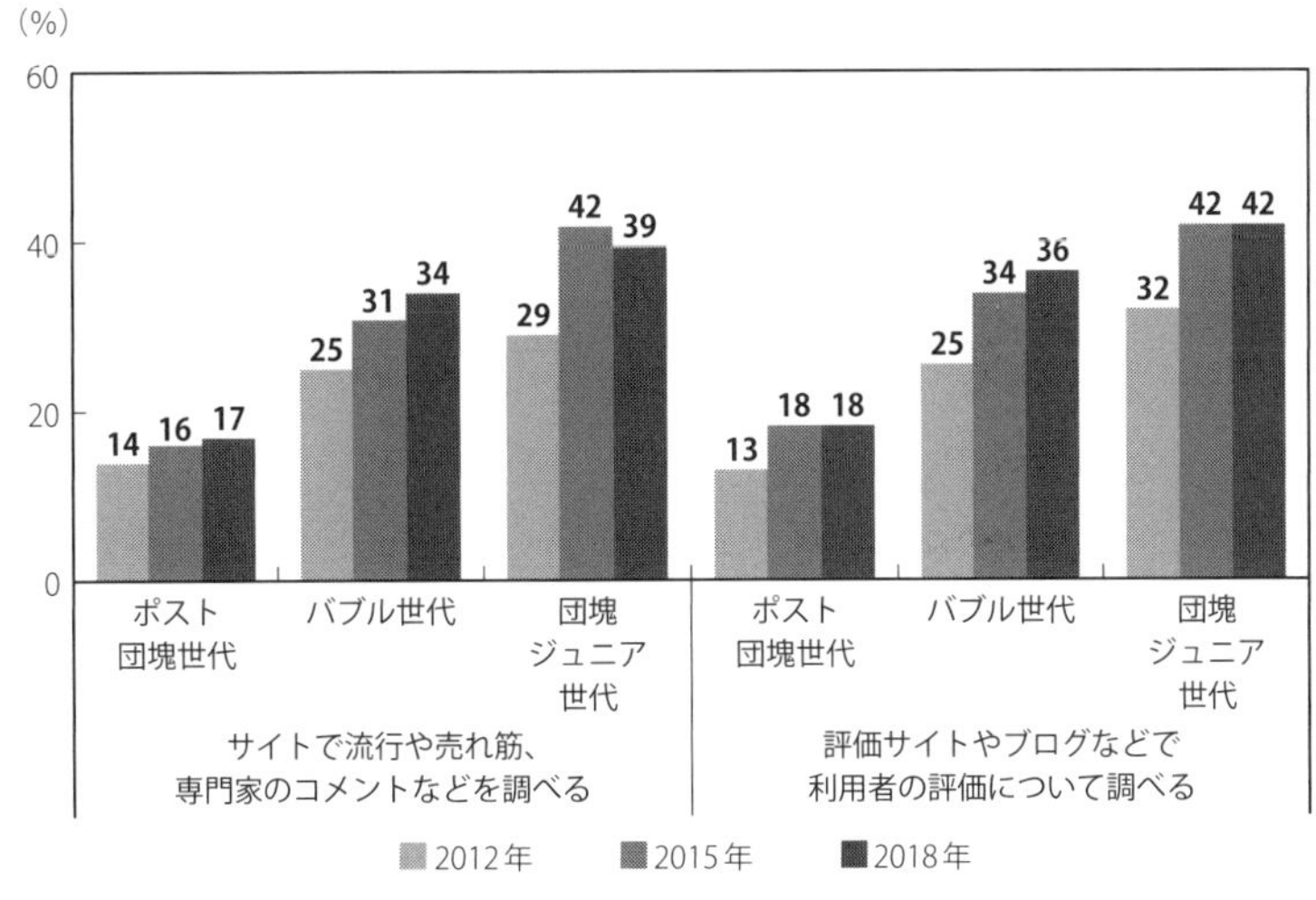

出所：NRI「生活者1万人アンケート調査」（2012年、2015年、2018年）

図表2-2-8　商品を購入する際の情報収集源（テレビ）

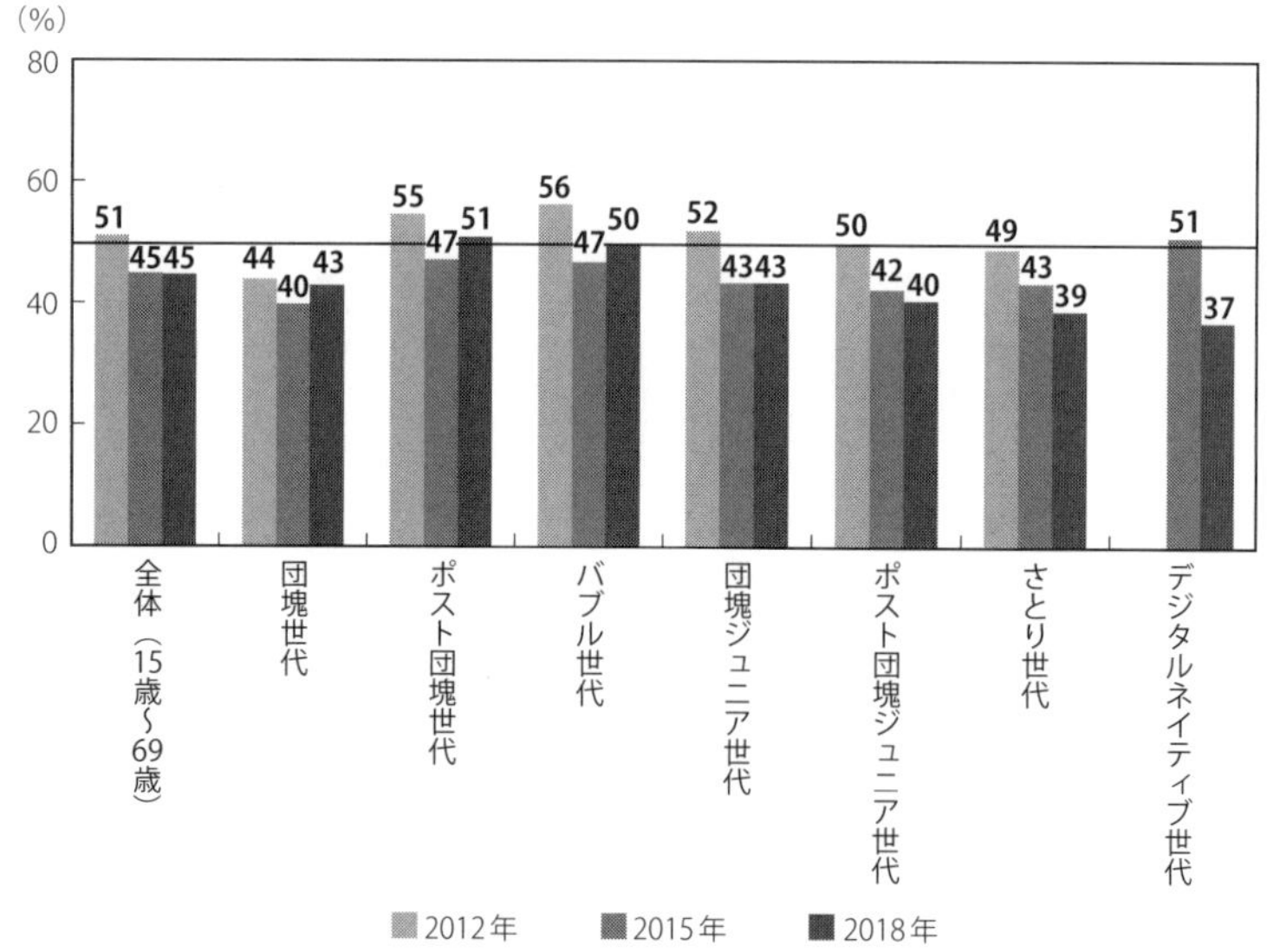

出所：NRI「生活者1万人アンケート調査」(2012年、2015年、2018年)

である。

つながり志向は「会社関係」から「趣味・習い事」へ変容

人からどう見られるかを意識するだけあって、他の人とのつきあいを大事にするのもバブル世代の特徴である。現在50代で現役時代の後半の時期を送るバブル世代は、「会社・仕事を通じて知り合った人」とプライベートでも週1回以上つきあう割合が高くなっている。

一方で、そろそろ定年を控えた年齢でもあり、役職定年などにより生活に時間的な余裕も生まれ始めてきたのか、2018年調査では「趣味や習い事などを通じて知り合った友人」とのつきあい

図表2-2-9　週1回以上つきあいのある人
「会社・仕事を通じて知り合った人」「趣味や習い事などを通じて知り合った友人」

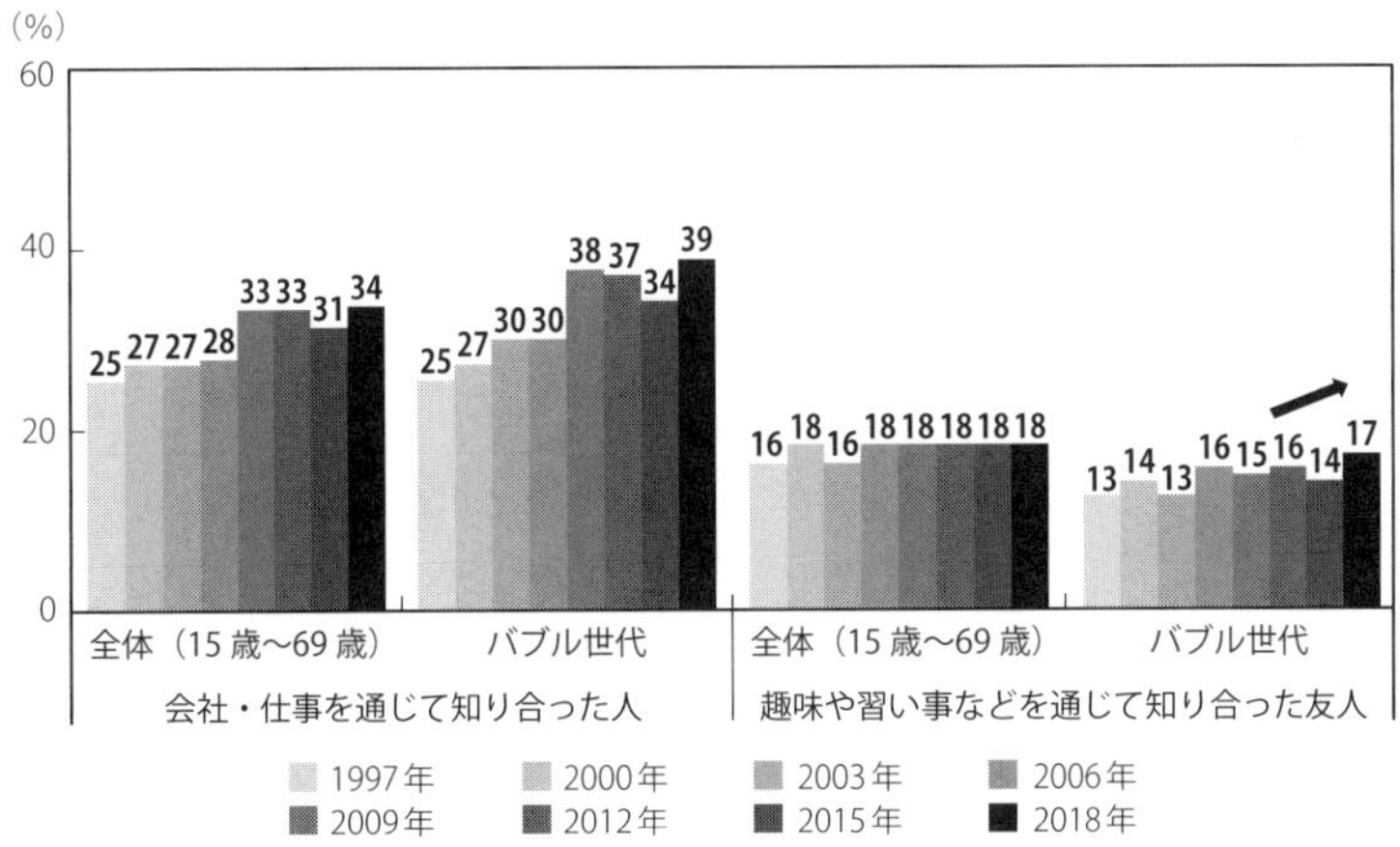

出所：NRI「生活者1万人アンケート調査」（1997年、2000年、2003年、2006年、2009年、2012年、2015年、2018年）

図表2-2-10　積極的にお金をかけたい費目「人とのつきあい・交際費」

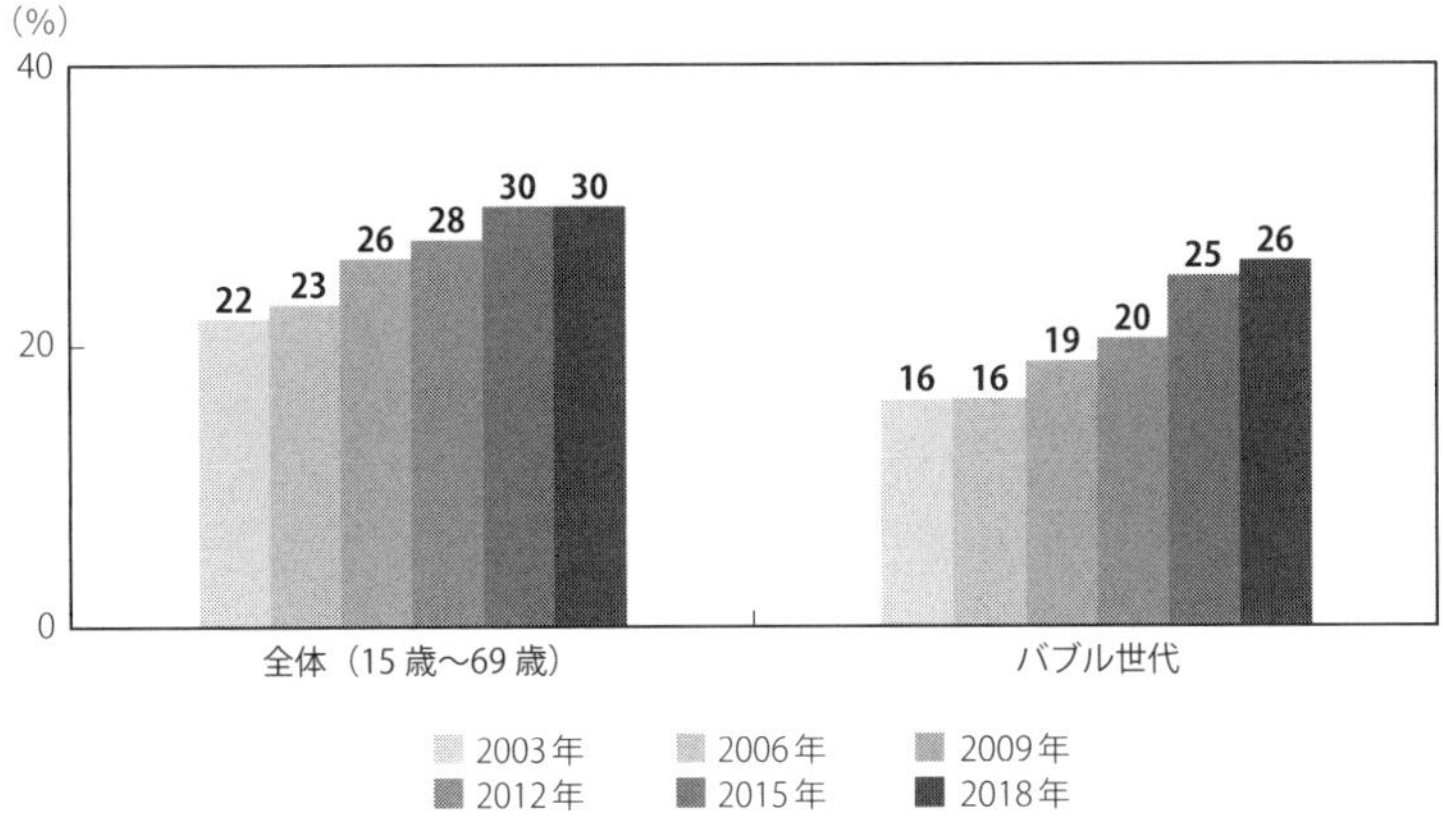

出所：NRI「生活者1万人アンケート調査」（2003年、2006年、2009年、2012年、2015年、2018年）

をする人の割合が上昇の兆しを見せている（図表2‐2‐9）。団塊世代・ポスト団塊世代において、定年後に「趣味や習い事などを通じて知り合った友人」とのつきあいが格段に伸びていたデータ（図表2‐1‐6）から見ても、バブル世代において今後会社や仕事以外の人間関係が広がることが推察される。

また、団塊世代・ポスト団塊世代と同様に、バブル世代においても積極的にお金をかけたい費目として「人とのつきあい・交際費」は２０１５年に大きく伸び、２０１８年も続伸している（図表2‐2‐10）。現時点では、会社関係の仲間、今後は趣味・習い事を通じた仲間との「つながり志向」がバブル世代における消費のキーワードとなるだろう。

3

バブル期と就職氷河期を経験した団塊ジュニア世代・ポスト団塊ジュニア世代

水無恵美子《みずなしえみこ》さんは45歳、第二次ベビーブームの時代に生まれた団塊ジュニア世代である。地方出身であったが、父親の転勤により神奈川県へ引っ越してきた。都市部は人が多いから受験倍率もすごいと聞かされていたが、受験競争は熾烈だった。

自分もどうにか偏差値の高い私立大学に進め、大学時代前半は学生生活を謳歌していたのだが、途中からバブル経済が崩壊したとニュースで聞いた。最初はよくわからなかったが、バブル崩壊が自分の就職活動にここまで影響するとは思わなかった。つくづく上の世代が羨ましいと思ってしまう。

メディア関係の職業を希望していたのだが、就職活動で20連敗し、内定先は最終的にサービス業の正社員かテレビ番組制作の契約社員しか残らなかった。結局、自分がやりたいことを貫きたいと思い、番組制作の契約社員の道を選んだ。契約社員を続けて、最終的に正社員へ登用された自分はまだ恵まれている。大学時代の友人は、まだ非正規雇用の人も多いからだ。

正直、就職後はお金がなかっただけに、お金のかからない趣味を楽しんでいる。小学校高学年のころに発売されたファミコンで遊んでいたので、ゲームに関してはお手の物だ。最近は、スマートフォンでさまざまなゲームが無料で遊べる。仕事は忙しいが、すきま時間は一人でスマートフォンに興じることで、適度な息抜きを楽しんでいる――。

桜《さくら》木《ぎ》和也《かずや》さんは39歳、団塊ジュニア世代より厳しい超就職氷河期の時代に就職活動をしたポスト団塊ジュニア世代である。

幸い自分は希望どおりの会社に就職できたが、今後も不安定な時代が続くことにリスクを感じた。早く社会に通用する肩書きと経験が欲しいと考え、仕事の傍ら夜間や土日に大学院へ通い、ＭＢＡを取得した。仕事での経験だけでなく、ＭＢＡもあることから、その後の転職活動でキャリアアップに成功している。やはり、不安定な時代を生きるには教育は大事だ。自分の子どもは小学生だが、そろそろ中学受験を考えるころ。後悔しないためにも、教育にはきちんとお金をかけたいと思う。

仕事や教育に対する考え方は、自分たちの世代はバブル期以前の上の世代とは違うと感じることが多いが、ファッションなどでも自分のこだわりを大事にしていきたいと考えている。もうすぐ40歳ではあるが、下の世代から中年男性とは見られたくない。なので、情報収集はテレビや折り込みちらしなどの画一的な情報ではなく、デジタルを活用して自分から情報を取りに行く姿勢が大事だ。

しかし、一方で何でもかんでも流行を追い続けるのは疲れる。こだわるところには労力をかけるが、場合によっては専門家からのおすすめサービスを受けるのも悪くないと感じている——。

就職氷河期の影響を受けた不運な世代

一般的には1971〜1974年の第二次ベビーブームに生まれた世代を団塊ジュニア世代、それ以降をポスト団塊ジュニア世代と呼ぶことが多いが、本書では価値観ギャップの大きい年齢区分が世代の隔たりであると解釈し、1971〜1975年生まれを団塊ジュニア世代、1976〜1982年生まれをポスト団塊ジュニア世代と定義している。

団塊ジュニア世代は第二次ベビーブームには毎年200万人以上生まれた世代であり、それに続くポスト団塊ジュニア世代も人口の塊として大きく、団塊世代と同様に厳しい競争環境の中で育った世代である（図表2-3-1）。それどころか、団塊世代の育った時代と比べ、大学進学率の向上や都市部への人口集中が進んでいたことを加味すると、団塊世代よりも受験競争はより激しかったものと思

図表2-3-1　人口ピラミッド

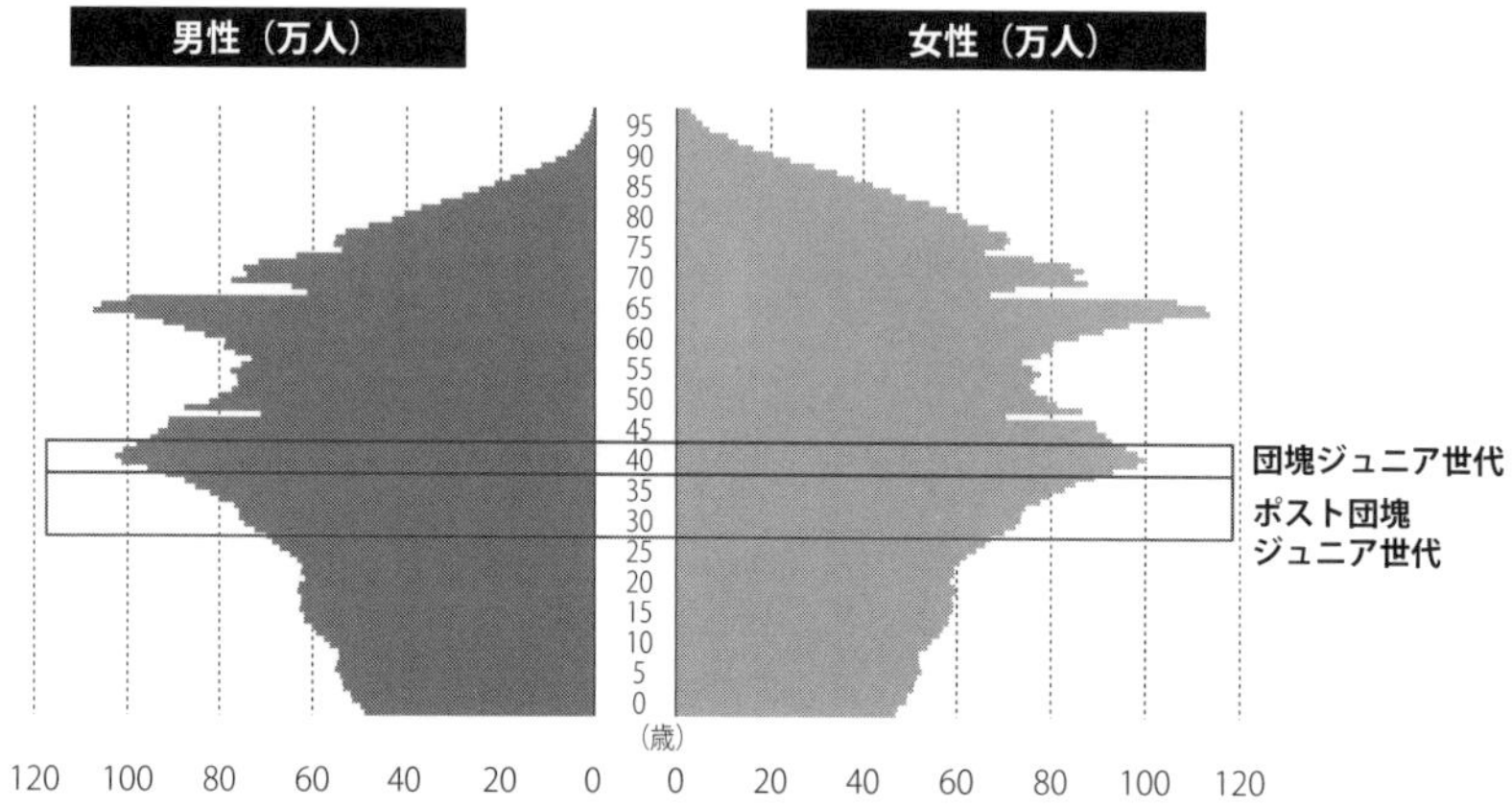

出所：総務省統計局「国勢調査」（2015年）

われる。

団塊ジュニア世代は厳しい受験を乗り越えたにもかかわらず、就職時期と重なる1991年からバブル崩壊が起こり、その後就職氷河期が到来した「不運の世代」とも呼ばれている。またポスト団塊ジュニア世代は、団塊ジュニア世代よりは人口が少なく受験競争は緩和されていたが、就職については有効求人倍率が最も低い1999年前後の超就職氷河期を過ごしている。

バブル期の恩恵とバブル崩壊の受難を受けた時期や同世代人口の規模感が異なる団塊ジュニア世代とポスト団塊ジュニア世代は、価値観が似ている部分と異なる部分があることが、明らかになっている。2018年調査時点では団塊ジュニア世代は43歳〜47歳、ポスト団塊ジュニア世代は36歳〜42歳である。NRI「生活者1万人アンケート調査」を開始した1997年当時、団塊ジュニア世代は20代・ポスト

図表2-3-2　就業意識「たとえ収入が少なくなっても、やりたい仕事をしたい」

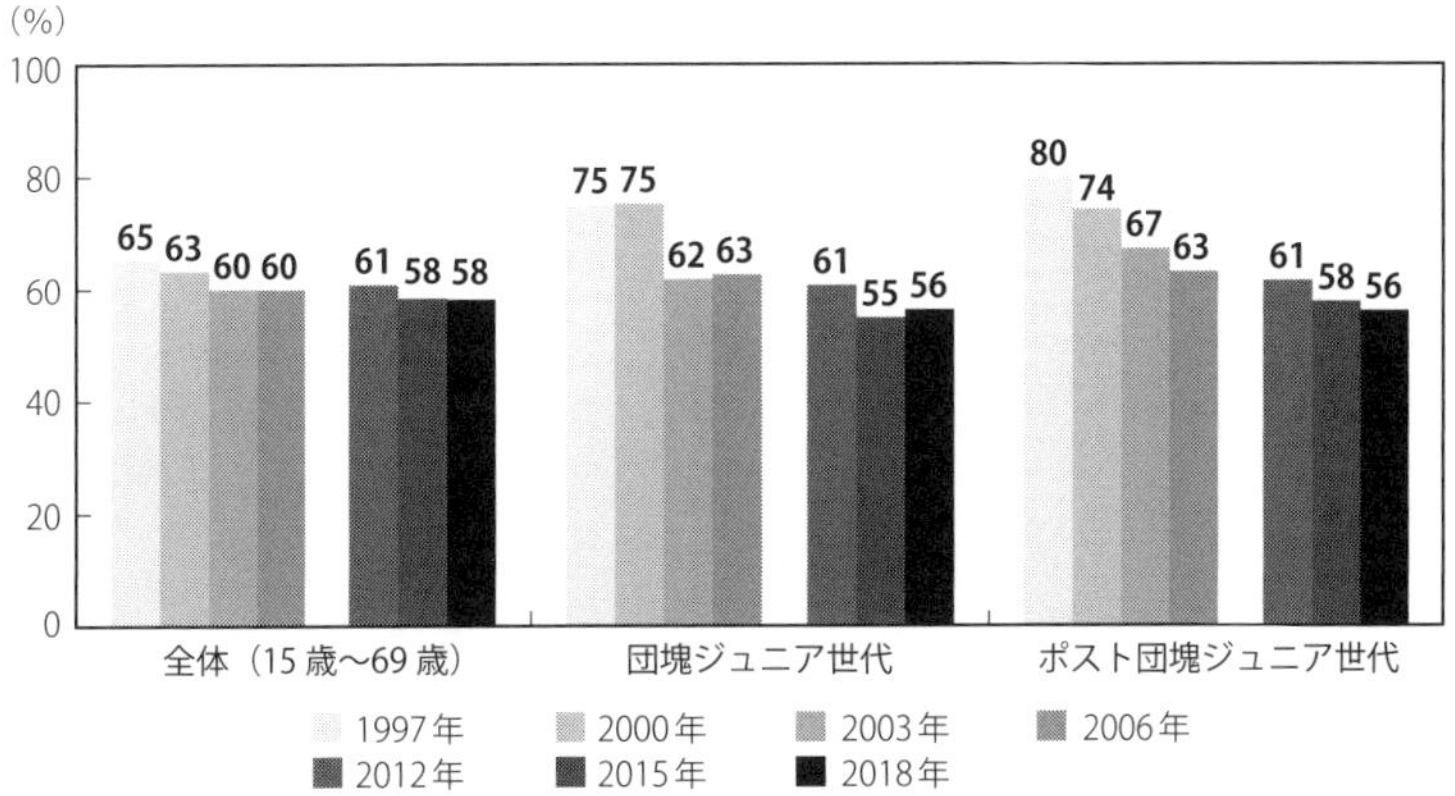

※就業意識は2009年調査では調査対象外としていたため、データが存在しない
出所：NRI「生活者1万人アンケート調査」（1997年、2000年、2003年、2006年、2012年、2015年、2018年）

団塊ジュニア世代の大半は10代であった。この世代の若かりし時代からの価値観・行動変化を見ていきたい。

就職氷河期の受難を乗り越えようとする団塊ジュニア世代・ポスト団塊ジュニア世代

厳しい就職氷河期のために、旧帝国大学系の国立大学や難関私立大学の卒業者にさえ就職活動の結果が不本意であった人も多くいた。フリーターや派遣労働者といった非正規雇用の道を選ばざるを得なかった人もおり、就職できても自分のやりたいことが実現できた人は限定的であったと思われる。

そのような背景から、就業意識において「たとえ収入が少なくなっても、やりたい仕事をしたい」という意識は団塊ジュニア世代・ポスト団塊ジュニア

図表2-3-3　生活価値観

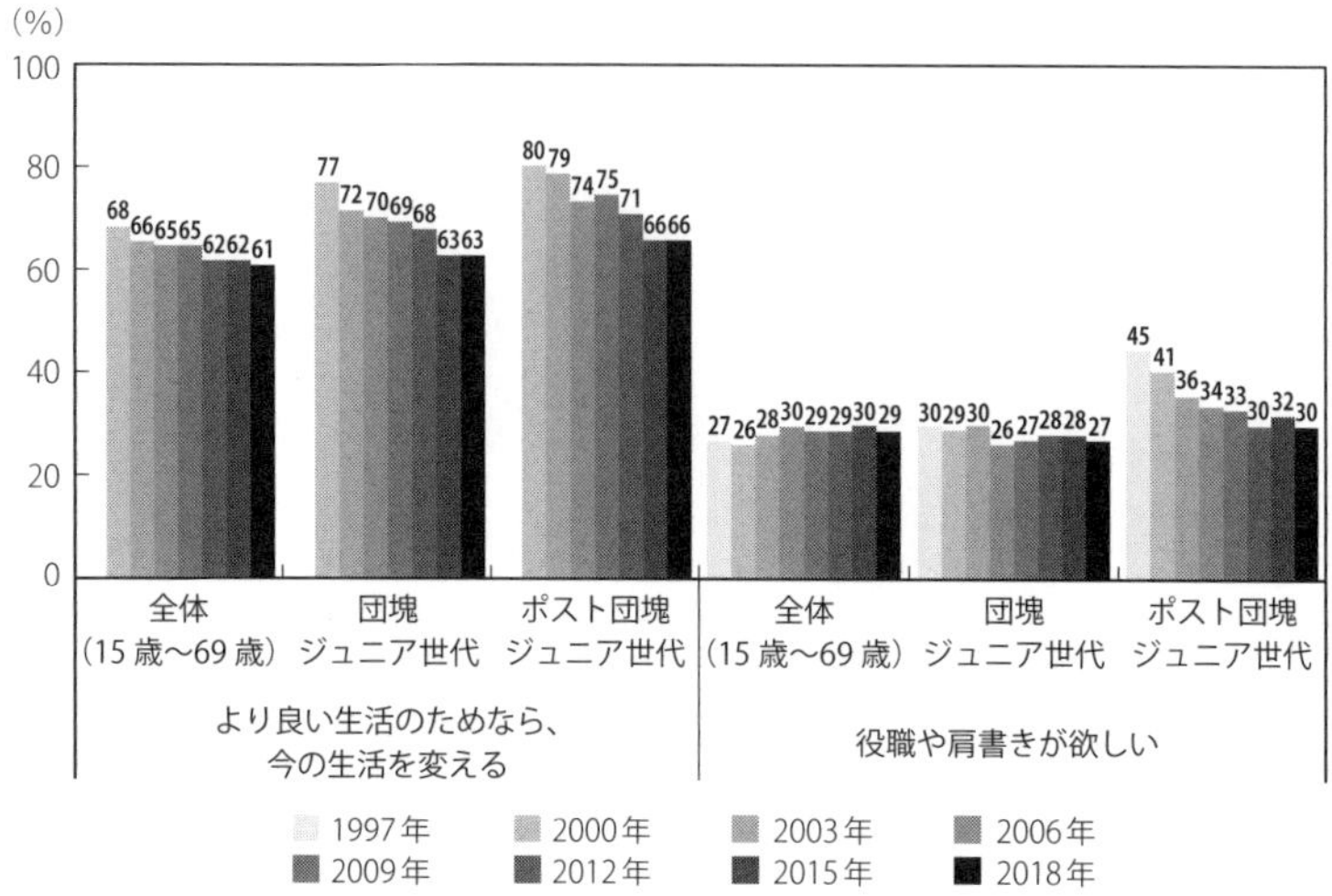

※「より良い生活のためなら、今の生活を変える」は2000年より聴取した項目
出所：NRI「生活者1万人アンケート調査」（1997年、2000年、2003年、2006年、2009年、2012年、2015年、2018年）

世代では特に高く（図表2-3-2）、そして「より良い生活のためなら、今の生活を変える」意識は高かった（図表2-3-3）。

また、ポスト団塊ジュニア世代では、超就職氷河期を経験したためか、自身の安定を早く求めて、20代前半まで（1997年調査および2000年調査）は「役職や肩書きが欲しい」という傾向が特に強かった点も特徴的である（図表2-3-3）。しかし、企業の倒産やリストラを目の当たりにし、肩書きだけでは自分の身は守れないことを自覚したためか、肩書き志向はその後、減少している。

図表2-3-4　生活価値観

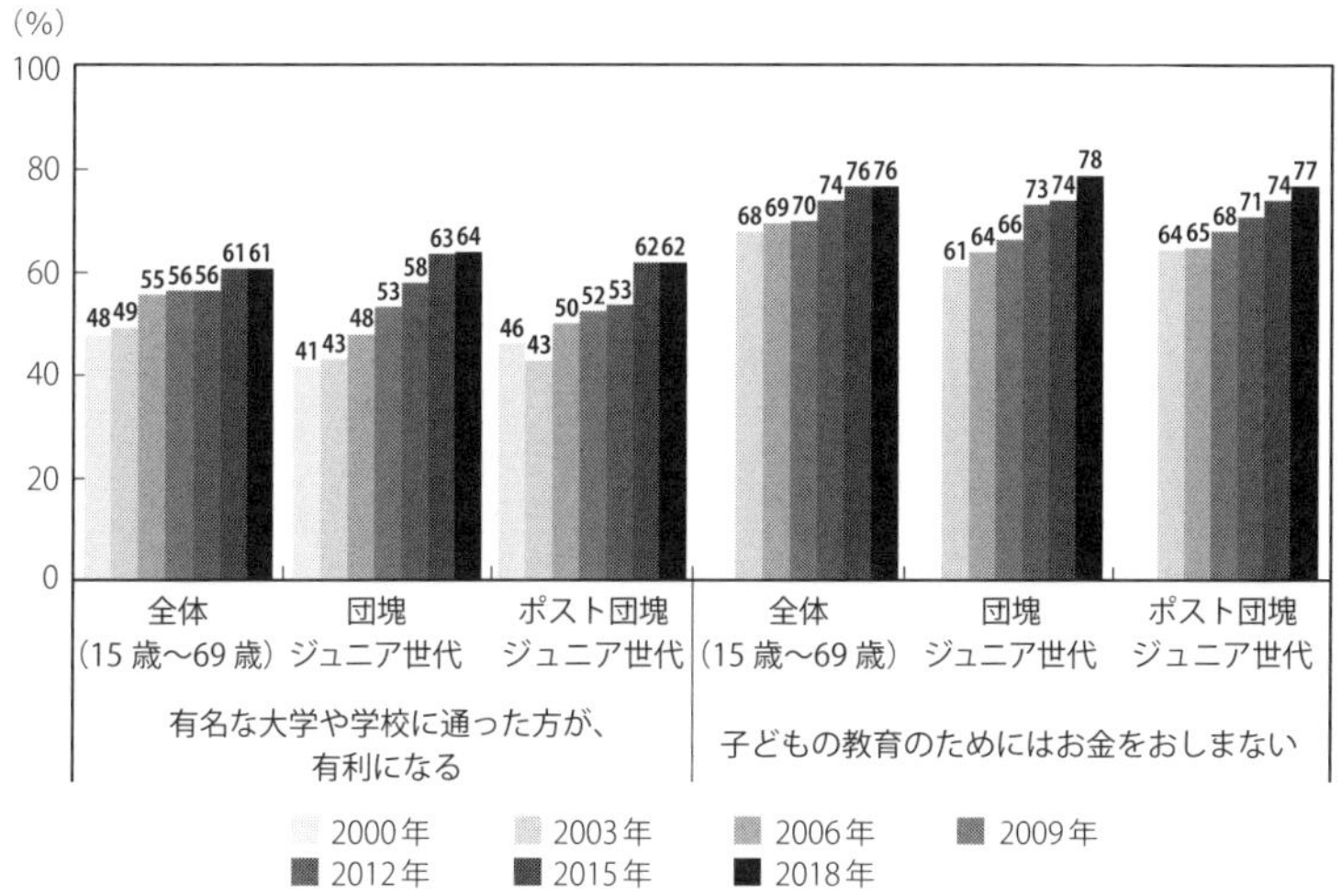

※「子どもの教育のためにはお金をおしまない」は2003年より聴取した項目
出所：NRI「生活者1万人アンケート調査」（2000年、2003年、2006年、2009年、2012年、2015年、2018年）

学歴志向への回帰、自分の子どもへの教育にはお金をかける

就職活動が厳しかった団塊ジュニア世代・ポスト団塊ジュニア世代は、「有名な大学や学校に通った方が、有利になる」という学歴志向を支持する割合は20代のころは低い傾向にあった（図表2-3-4）。しかし、長く続く不況の中で、一つでもチャンスを勝ち取るためには学歴も重要な要素であると認識され、学歴志向は強まっている。

30代を過ぎて自分が親になると、「子どもの教育のためにはお金をおしまない」意識が高まっており（図表2-3-4）、積極的にお金をかけたい費目においても「（子

図表2-3-5　積極的にお金をかけたい費目「（子どもの）教育・学習関連」

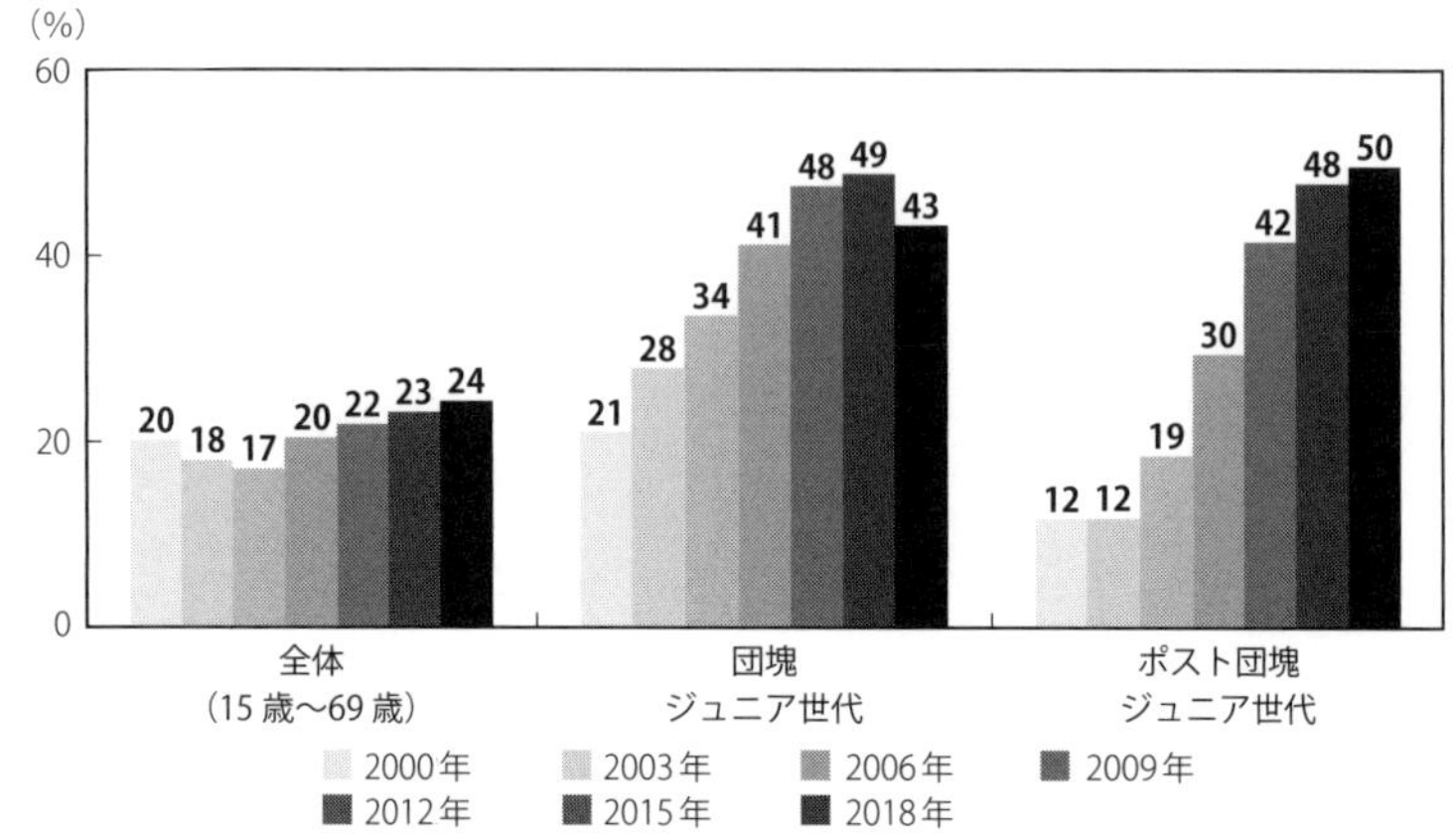

出所：NRI「生活者1万人アンケート調査」（2000年、2003年、2006年、2009年、2012年、2015年、2018年）

どもの）教育・学習関連」はこの世代で大きく伸びている（図表2-3-5）。出生数が減り、一人っ子の家庭が増えたことも、一人の子どもにお金をかける意識につながっているものと見られる。

他人より、自分を大事にしてきた団塊ジュニア世代・ポスト団塊ジュニア世代

団塊ジュニア世代・ポスト団塊ジュニア世代は、個人主義・マイペース主義ともいわれる。それは競争環境での疲弊により他人と競うことや関わることを避ける気持ちであったり、就職氷河期によって自分のやりたいことをできなかった反動から自分らしく生きることを重視する気持ちの表れであると考えられる。また、子どものころから自分だけの部屋を与えられて一人で過ごす時間が長かったことも、個人主義・マイペース主義につながっていると見られ

図表2-3-6　生活価値観

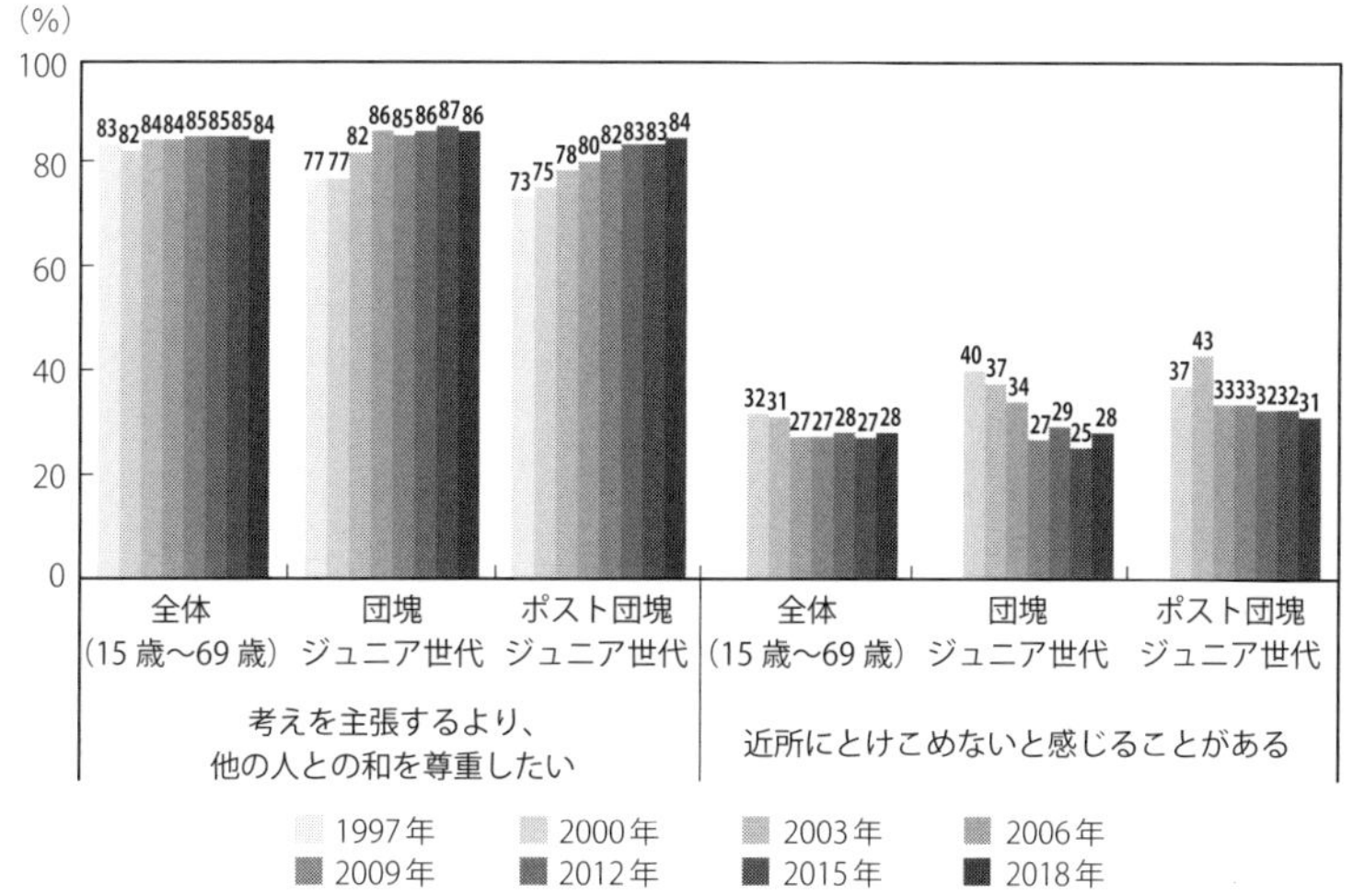

出所：NRI「生活者1万人アンケート調査」（1997年、2000年、2003年、2006年、2009年、2012年、2015年、2018年）

る。

生活価値観として「自分の考えを主張するより、他の人との和を尊重したい」意識は、団塊ジュニア世代・ポスト団塊ジュニア世代ともに20代（1997～2003年調査）のころは低かった（図表2-3-6）。また、そのような意識のためか、「近所にとけこめないと感じることがある」は20代のころには高い。それが年齢の上昇とともに、このような他人と距離を置こうとする価値観は緩和されている。もともとは個人主義・マイペース主義といわれてきたことから、他人とは緩やかな「つながり」を求めつつも、根底には「ひとり」で過ごす気持ちが強いと推察される。

この世代には「ひとり志向」が消費のキーワードとなるだろう。

ライフスタイルへのこだわりが一層強まったポスト団塊ジュニア世代

本書の世代分析では、消費価値観や生活価値観などの特徴が世代によって異なるという仮説の下で、消費価値観や生活価値観を1歳刻みで分析し、どこに価値観ギャップがあるかを判別し、世代を定義している。

団塊ジュニア世代とポスト団塊ジュニア世代を区分することにした価値観として、例えば「自分のライフスタイルにこだわって商品を選ぶ」がある。1歳刻みであるので、1歳ごとのサンプルが少なく、統計誤差もある程度含まれているためにばらつきはあるが、それでも全体平均を基準に取ると、42歳以下と43歳以上で価値観にギャップが見られることがわかるだろう（図表2-3-7）。

２０１８年調査時点で36歳～42歳に該当するポスト団塊ジュニア世代は、個人主義・マイペース主義に加え、こだわり主義も持ち合わせている。

こだわり主義の価値観に関連すると見られるのが、安室奈美恵や浜崎あゆみなどの当時の若者のカリスマであった歌手や芸能人の存在であろう。安室奈美恵は２０１８年調査時点で41歳であり、ポスト団塊ジュニア世代の中でも年上の先輩に位置する。

ポスト団塊ジュニアの女性には、茶髪のロングヘアー・細眉・厚底ブーツといった安室奈美恵の独特なファッションスタイルに憧れ、真似する人たちが多く発生し、「アムラー」と呼ばれる一種の社会

図表2-3-7　消費価値観「自分のライフスタイルにこだわって商品を選ぶ」1歳刻み分析

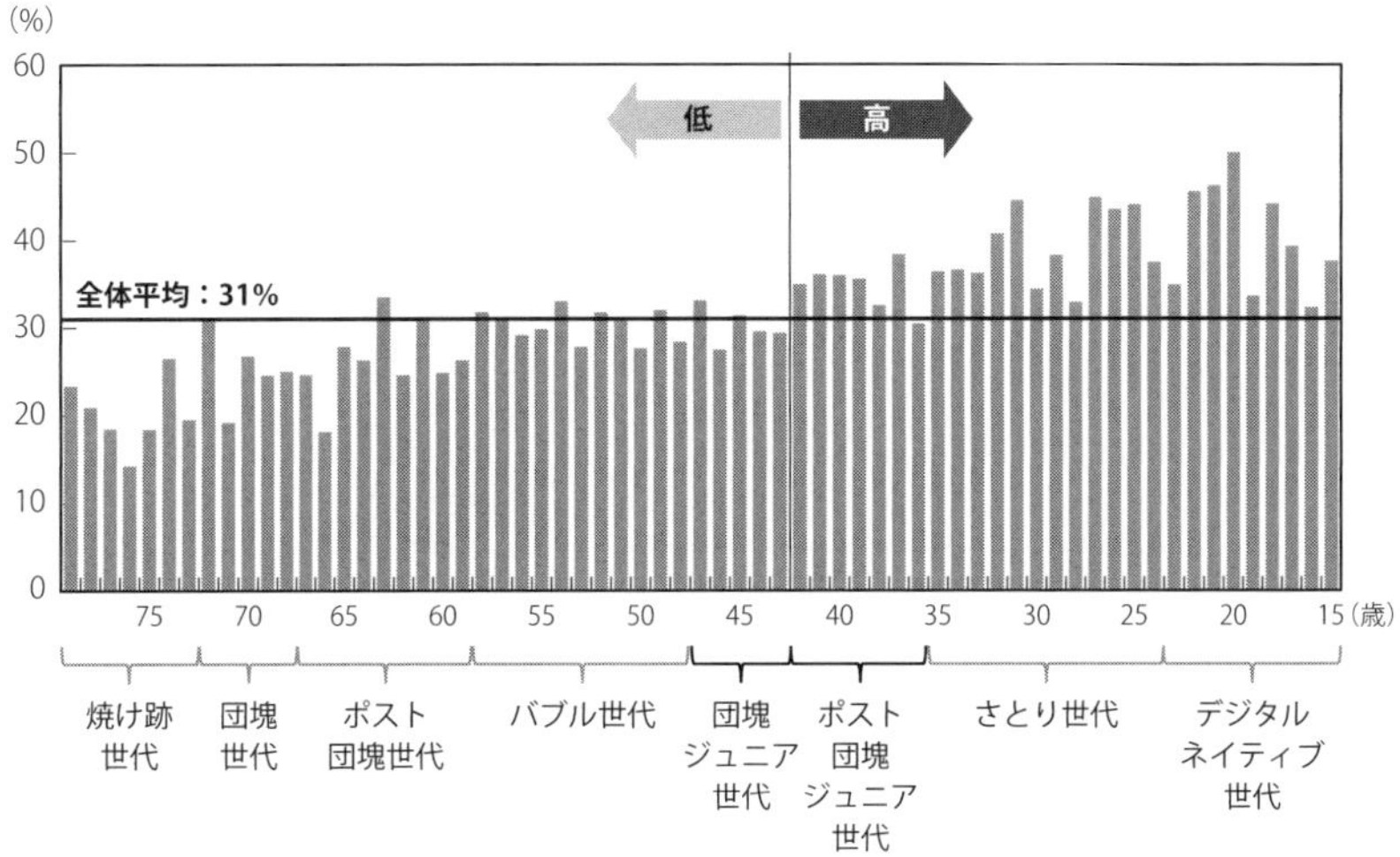

出所：NRI「生活者1万人アンケート調査」（2018年）

現象にまでなった。それ以前の歌手にはない、彼女自身のライフスタイルを貫く姿勢は、当時の若者にとって新鮮であり、画一的ではなく「こだわり」を持つことに価値を見出すことにつながっている。

ポスト団塊ジュニア世代には、このような自分らしさやこだわりにつながる「プレミアム消費」がマーケティングのキーワードになるだろう。

伝統的価値観に違和感を持ち、親の離婚は仕方がないと考える

団塊ジュニア世代と聞くと、団塊世代の子どもに相当すると考える人も多いが、実はそうでもない。団塊ジュニア世代と団塊世代は歳が25歳前後離れているが、厚生労働省の人

図表２-３-８　同年齢時期※における家族観「親が離婚するのは親の自由である」

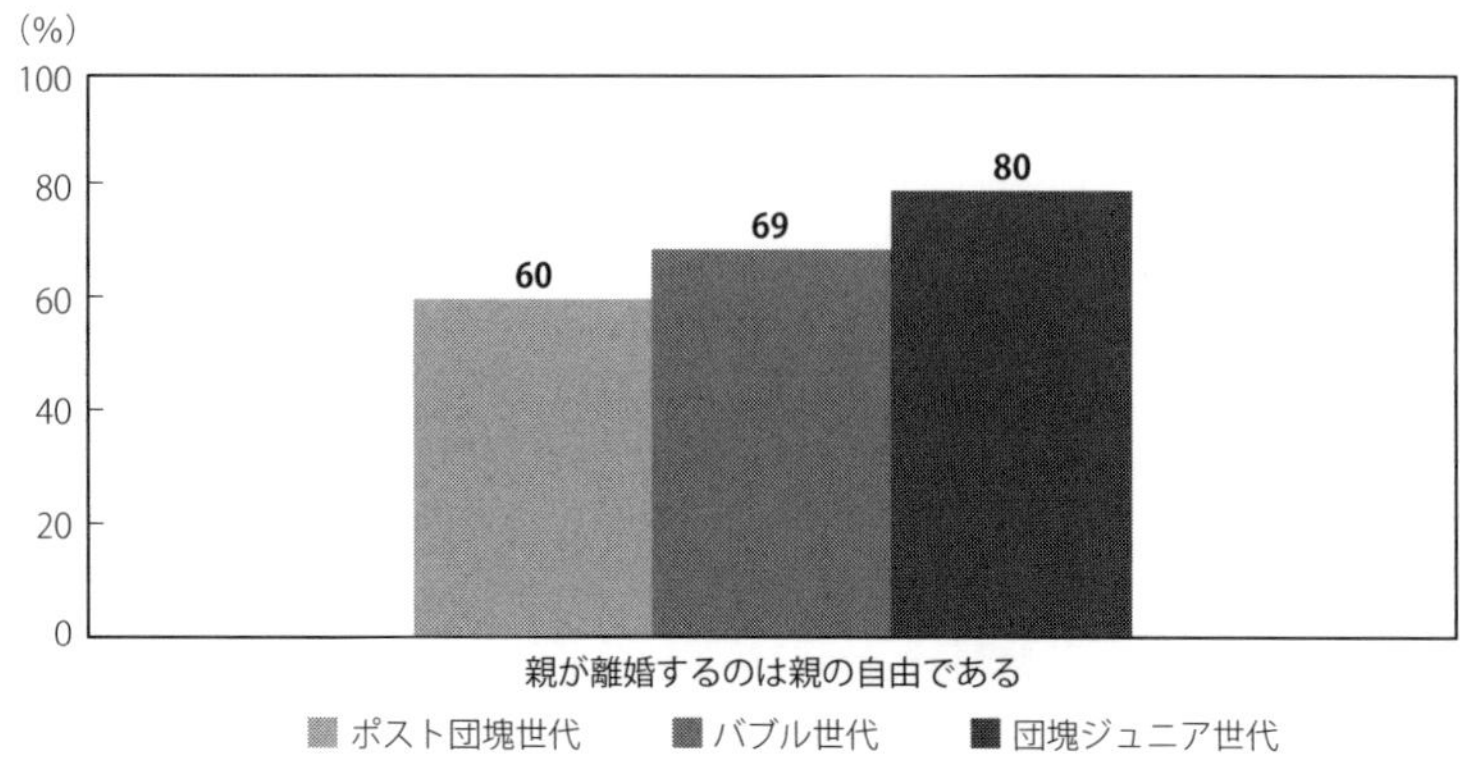

※ポスト団塊世代は2000年調査（41歳〜49歳）、バブル世代は2012年調査（42歳〜52歳）、団塊ジュニア世代は2018年調査（43歳〜47歳）のデータをそれぞれ使用
出所：NRI「生活者１万人アンケート調査」（2000年、2012年、2018年）

口動態統計によると、団塊ジュニア世代を産んだ母親の年齢の７割は25歳以上であり、団塊ジュニア世代は団塊世代より上の世代（「焼け跡世代」や「キネマ世代（映画を意味するCinema）」と呼ばれる）を親に持つ人も多い。

団塊世代も伝統的価値観は強かったが、それより上の世代だとなお強い伝統的価値観を持つ親を見て育ったことだろう。「男は仕事、女は家庭」「妻は夫に従うもの」「子は親に従うべし」、そのような親の価値観に違和感を持って育った人も多いのではないか。実は「親が離婚するのは親の自由である」と考える団塊ジュニア世代は多い（図表２-３-８）。団塊世代やそれより上の世代である親夫婦の生活を見てきて、もし長年の夫婦生活に不満を持ち続けていた女性がいるとすれば、熟年離婚も仕方がないと考えるような自由な家族観を持っているものと見られる。

子ども時代に誕生したさまざまな娯楽・流行を楽しんだ器用な世代

団塊ジュニア世代・ポスト団塊ジュニア世代が育った文化について触れておきたい。就職氷河期によって社会人生活は受難に見舞われることになったが、10代までの子ども時代は安定成長期であり、娯楽に関するさまざまなサービスが誕生し、それらを楽しむことで団塊ジュニア世代・ポスト団塊ジュニア世代のライフスタイルが形成された面がある。

例えば1983年に任天堂より「ファミコン」が発売されたころは、団塊ジュニア世代は小学校の中高学年に相当し、その後、テレビゲームにはまった人も多い。趣味として「テレビ・パソコン・携帯などのゲーム」と回答する団塊ジュニア世代・ポスト団塊ジュニア世代は多い。社会人になってからは一度減少したものの、2006年ころからはガラケーでの携帯ゲーム、2012年ころからはスマホゲームの普及拡大に伴い、団塊ジュニア世代・ポスト団塊ジュニア世代のゲームを趣味とする割合は伸長している（図表2-3-9）。

例えば、電車の中ではLINE株式会社が提供している「LINE：ディズニー ツムツム」に興じる中年サラリーマンが多い。子ども時代にファミコンに慣れ親しんだこの世代には、ルールがシンプルですきま時間に手軽に遊べるゲームがヒットしているのだ。

また、子ども時代の娯楽はゲームだけではない。漫画では「少年ジャンプ」の売り上げが格段に伸

図表2-3-9　趣味・余暇活動「テレビ・パソコン・携帯などのゲーム」

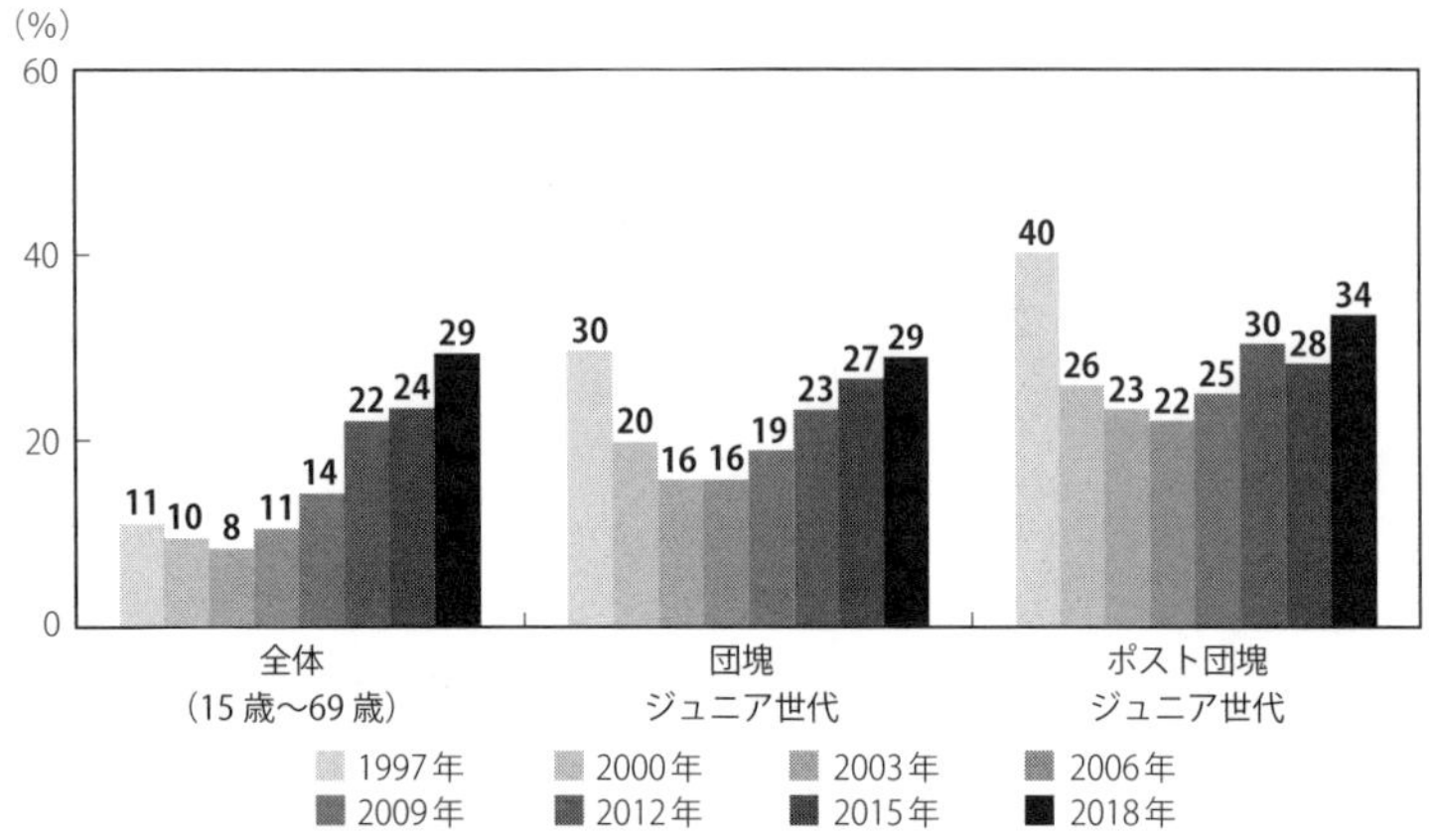

出所：NRI「生活者1万人アンケート調査」(1997年、2000年、2003年、2006年、2009年、2012年、2015年、2018年)

び、「キャプテン翼」「北斗の拳」「ドラゴンボール」「SLAM DUNK」などの漫画が大流行した。当時は、これらの漫画がアニメとしてゴールデンタイムに放映されており、多くの子どもが、その時々のアニメの影響を受けた。

学校においても「北斗の拳」や「ドラゴンボール」の真似ごとをする男の子は多く、「SLAM DUNK」が流行ったころはバスケ熱も非常に高かった。さらには、1993年にサッカーのJリーグが発足すると、たちまちサッカー熱に切り替わるなど、移り変わる流行に左右されつつも、その時々の流行を楽しむ器用さを持ち合わせている世代である。

団塊ジュニア世代といえば、「コンビニ」

「セブン-イレブン」の第1号店は1974年に

図表2-3-10　コンビニエンスストア利用頻度（回／月、利用者あたり）

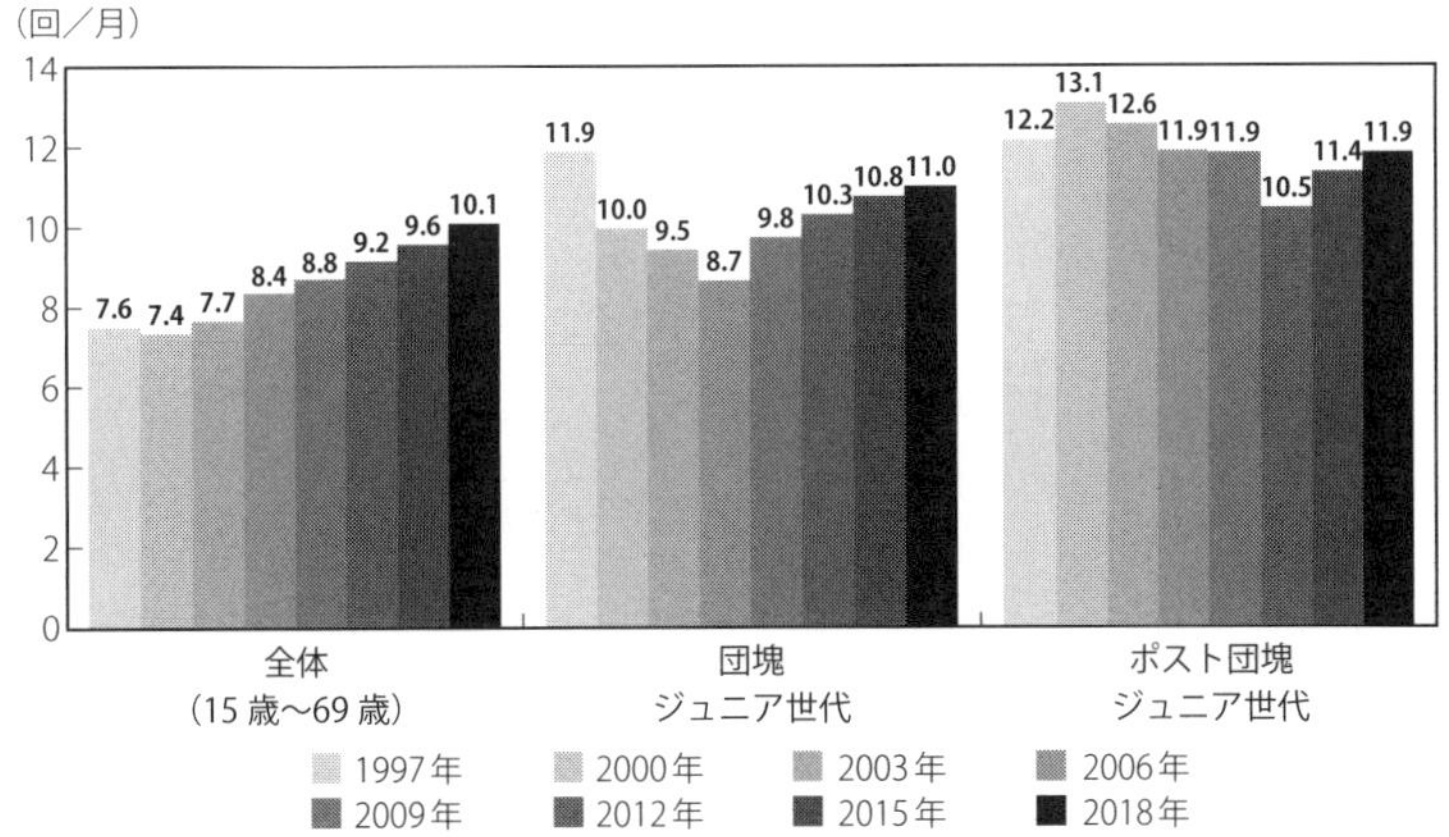

出所：NRI「生活者1万人アンケート調査」（1997年、2000年、2003年、2006年、2009年、2012年、2015年、2018年）

開業し、団塊ジュニア世代の誕生とほぼ同時期である。その後、コンビニの拡大とともに、団塊ジュニア世代も成長し、中高生になるころにはコンビニは身近な存在であった。若者がコンビニの前でたむろする姿も当時よく見られた光景であり、その若者とは、まさに団塊ジュニア世代・ポスト団塊ジュニア世代の人たちである。

NRI「生活者1万人アンケート調査」のデータでも「コンビニエンスストア」の1カ月あたり利用頻度はこの世代で高く、利用頻度はいったん減少したものの、近年では再び利用が増えている（図表2-3-10）。近年ではコンビニでも夕食のおかずとなるお惣菜の品揃えが充実している。共働き世帯の多い団塊ジュニア世代・ポスト団塊ジュニア世代にとって、夕食準備の時短という「利便性消費」志向にマッチしていることが、コンビニ利用の回復につながっているものと推察される。

図表2–3–11　インターネット利用時間（平日）・テレビ視聴時間（平日）

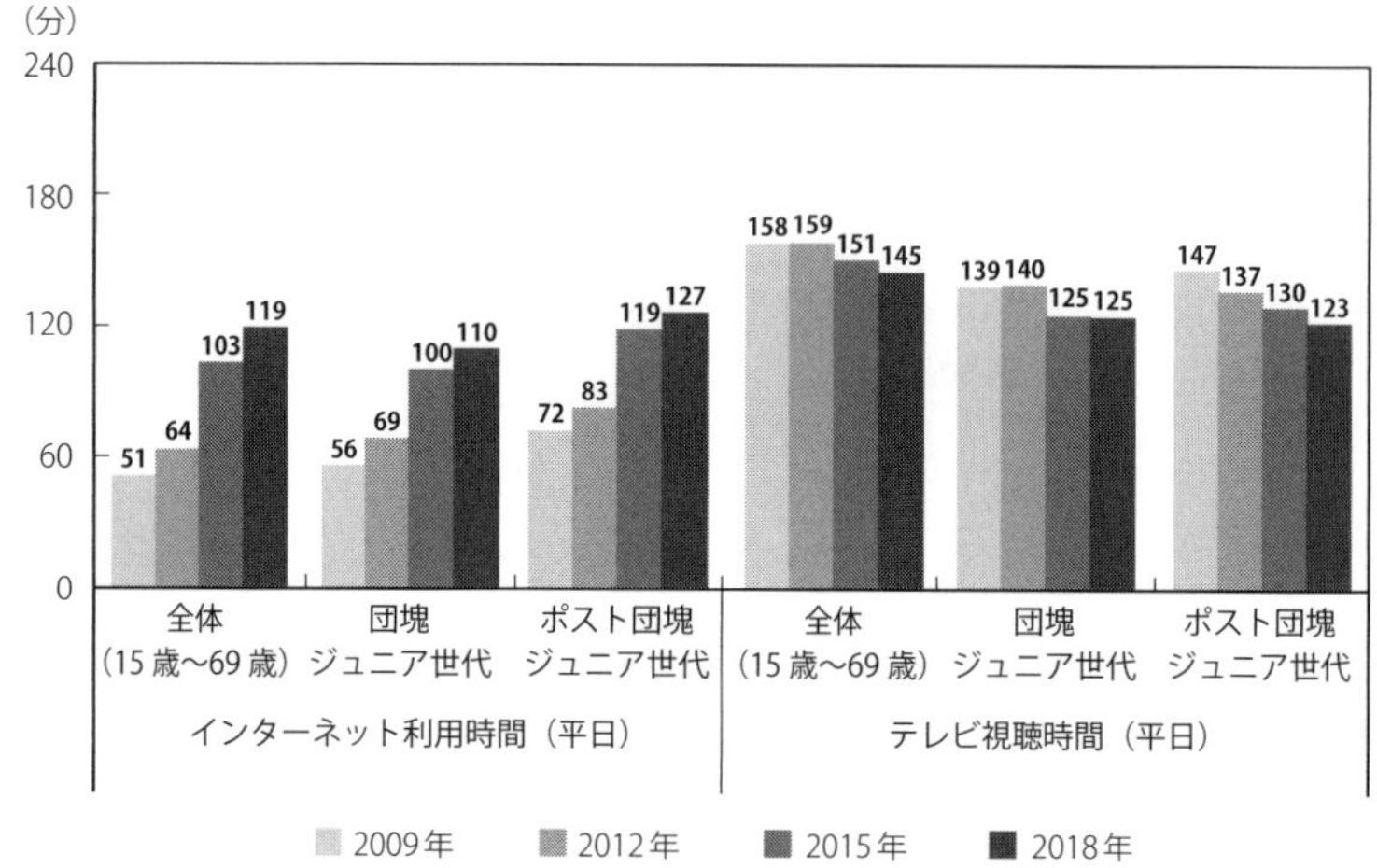

出所：NRI「生活者1万人アンケート調査」（2009年、2012年、2015年、2018年）

情報収集は「デジタル情報志向」へ

団塊ジュニア世代・ポスト団塊ジュニア世代は移り変わる流行をうまく取り入れて楽しんでいたが、情報活用においてもバブル世代以前の人たちよりうまく使いこなしている。スマートフォンの保有率は２０１５年調査時点ですでに８割前後まで達し、２０１８年調査では９割に達している。インターネット利用時間は２０１５年調査で大きく伸び、その反面としてテレビ視聴時間は減少傾向にある（図表２–３–11）。

商品に関する情報収集についても、自然とインターネットへ移行している。「サイトで流行や売れ筋、専門家のコメントなどを調べる」「評価サイトやブログなどで利用者の評価について調べる」は増加しており（図表２–３–12）、「テ

図表2-3-12　商品を購入する際の情報収集源（インターネット関連）

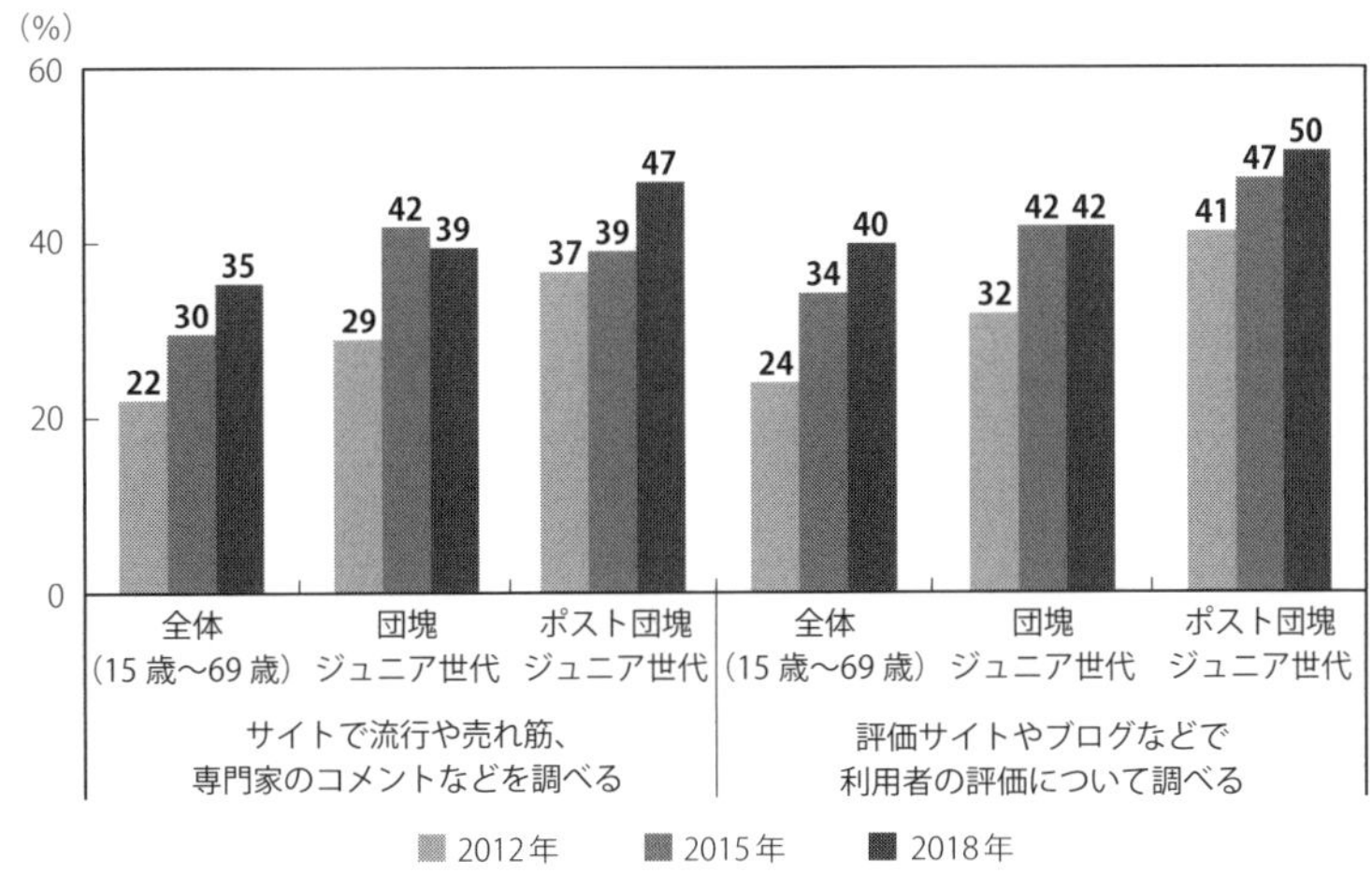

出所：NRI「生活者1万人アンケート調査」（2012年、2015年、2018年）

図表2-3-13　商品を購入する際の情報収集源（テレビ、折り込みちらし）

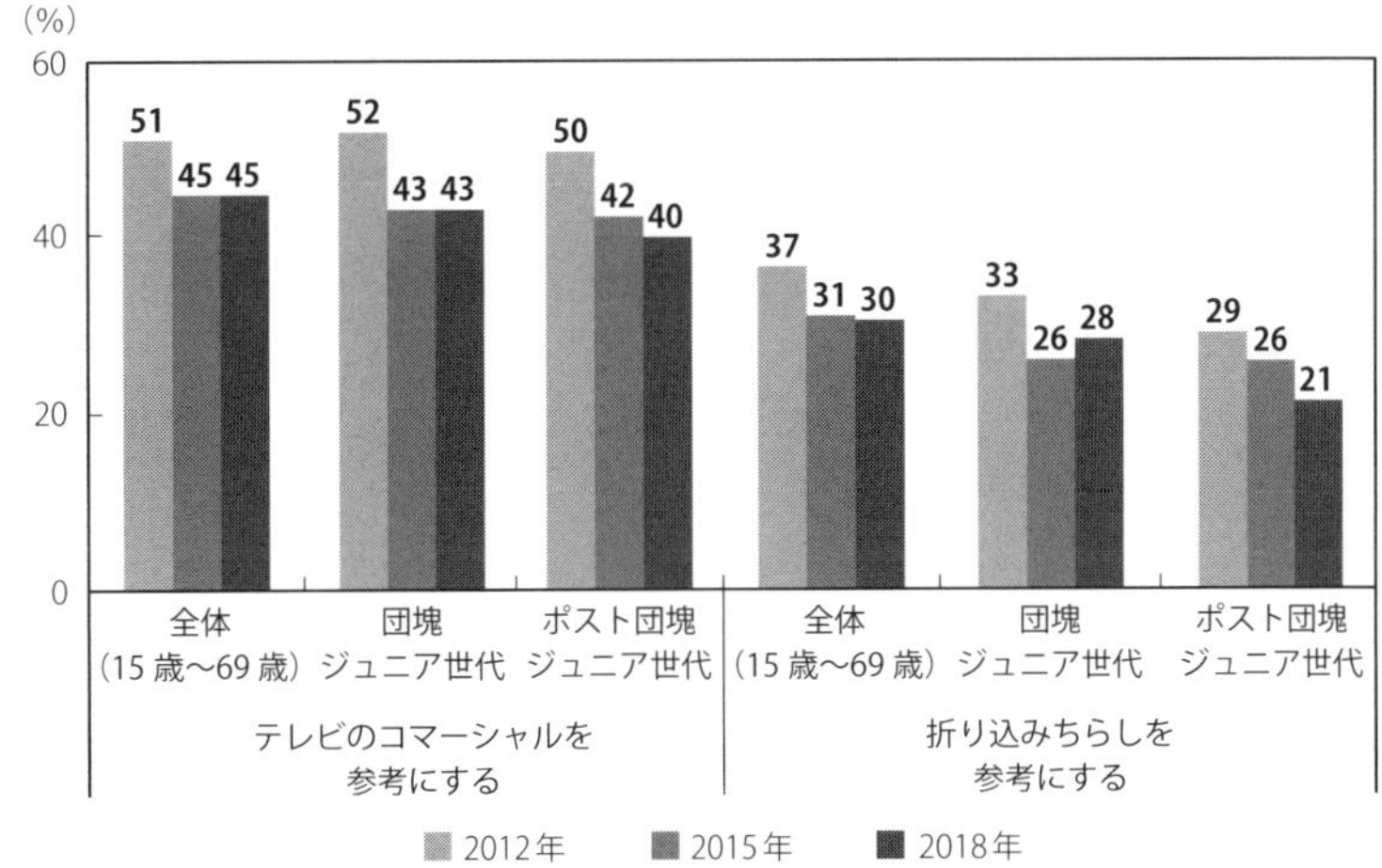

出所：NRI「生活者1万人アンケート調査」（2012年、2015年、2018年）

レビのコマーシャルを参考にする」は減少している（図表2-3-13）。また、特にポスト団塊ジュニア世代では「折り込みちらしを参考にする」も減少が続いており、インターネットでの情報収集が大きく進んでいることがわかる。

この世代に対しては「デジタル情報志向」への訴求がアプローチのキーワードとなるだろう。

4 「競争より協調」を大事にする、さとり世代・デジタルネイティブ世代

金窪翼《かなくぼつばさ》さんは29歳のさとり世代である。会社ではまだまだ下っ端に見られるが、仕事の要領もつかめてきて、仕事も任されるようになってきており、充実した日々を送っている。

親世代に近い上司とは仲が良いが、「俺たちが若いころはなぁ～」とか「バブル時代はすごかったんだぞ～」とか言われてもよくわからないし、今の生活で十分じゃないかと感じてしまう。でも、上司から「最近の若者は～」や「これだからゆとりは～」とは言われたくない。人間関係は当たり障りなくうまくやっていきたいから、上司や先輩からの飲みの誘いにも参加するようにしている。

会社の飲み会のとき、上司から「お前にはハングリー精神はないのか!?」とからかわれたことがあった。その場では愛想笑いをしていたが、自分としても出世意欲などを持っていないことを

改めて認識させられた。一緒に入社した同期のメンバーとはずっと仲が良い。その中で抜きん出るより、ずっと仲良く一緒にやっていけばよいのではないかと思う。

大学生のころに「ＫＹ（空気が読めない）」という言葉が大流行したが、「空気を読む生活」は自分たちにはぴったりだ。まさに周りから変に注目されるより、周りと歩調を合わせつつ、楽しい日々を送ることができれば、それで十分だ――。

加《か》土《ど》井《い》令《れい》和《な》さんは21歳の大学生。中学生のころ、塾に通うのに安全だからとスマートフォンを持たせてもらい、スマートフォンとともに育ったまさにデジタルネイティブ世代である。

中学・高校は主に学校の友達とＬＩＮＥで頻繁にやりとりをしていたが、大学生になって語学クラス・サークル・アルバイト……と一気に交友関係が広がった。現在、就職活動をし始めたのだが、説明会に行くだけで知り合いが増えていく。情報交換といわれると、断る理由もないし、取りあえずつながっていた方がよいのではないかと思うからだ。

友達から「いいね！」をもらうと、やはりうれしいものである。インスタグラムが流行ってからは、「映え」る写真を撮れるように躍起になっているところもある。学園祭、ハロウィン、クリスマスなど、「映え」る写真を撮るために友達と企画を考えるのは楽しい。

でも最近は、自分がＳＮＳに縛られ過ぎているように感じることもある。一人でお気に入りのカフェでのんびりしたら、気が休まったような気がしたからだ。たまにはＳＮＳから離れて、一人の時間を過ごすのも悪くないのかな――。

さとり世代・デジタルネイティブ世代は超安定志向

さとり世代やデジタルネイティブ世代は、物心ついたころにはバブル崩壊後の経済停滞期に育ち、親世代の就業者が倒産やリストラの憂き目に遭うのを目の当たりにしてきたこともあり、将来を楽観視することはできない。そのような時代背景が、さとり世代・デジタルネイティブ世代の超安定志向につながっている。

ここでは、主にさとり世代の価値観の特徴をＮＲＩ「生活者１万人アンケート調査」結果から紹介していく。２０１８年調査時のさとり世代（24歳～35歳）の価値観を、同年齢時期にあたるバブル世代（１９９７年調査時、27歳～37歳）、団塊ジュニア世代（２０００年調査時、25歳～29歳）、ポスト団塊ジュニア世代（２００９年調査時、27歳～33歳）の価値観と比較する。ただし、デジタルネイティブ世代については、２０１８年調査時点で15歳～23歳になるため、他の世代との単純な比較は難しいが、参考として図表に掲載している。

「自分で事業をおこしたい」という起業家志向はさとり世代では当然のように低いが、「より良い生活のためなら、今の生活を変える」という意識も低く、「自分の考えに基づいてものごとを判断した

図表2-4-1　同年齢時期※における生活価値観

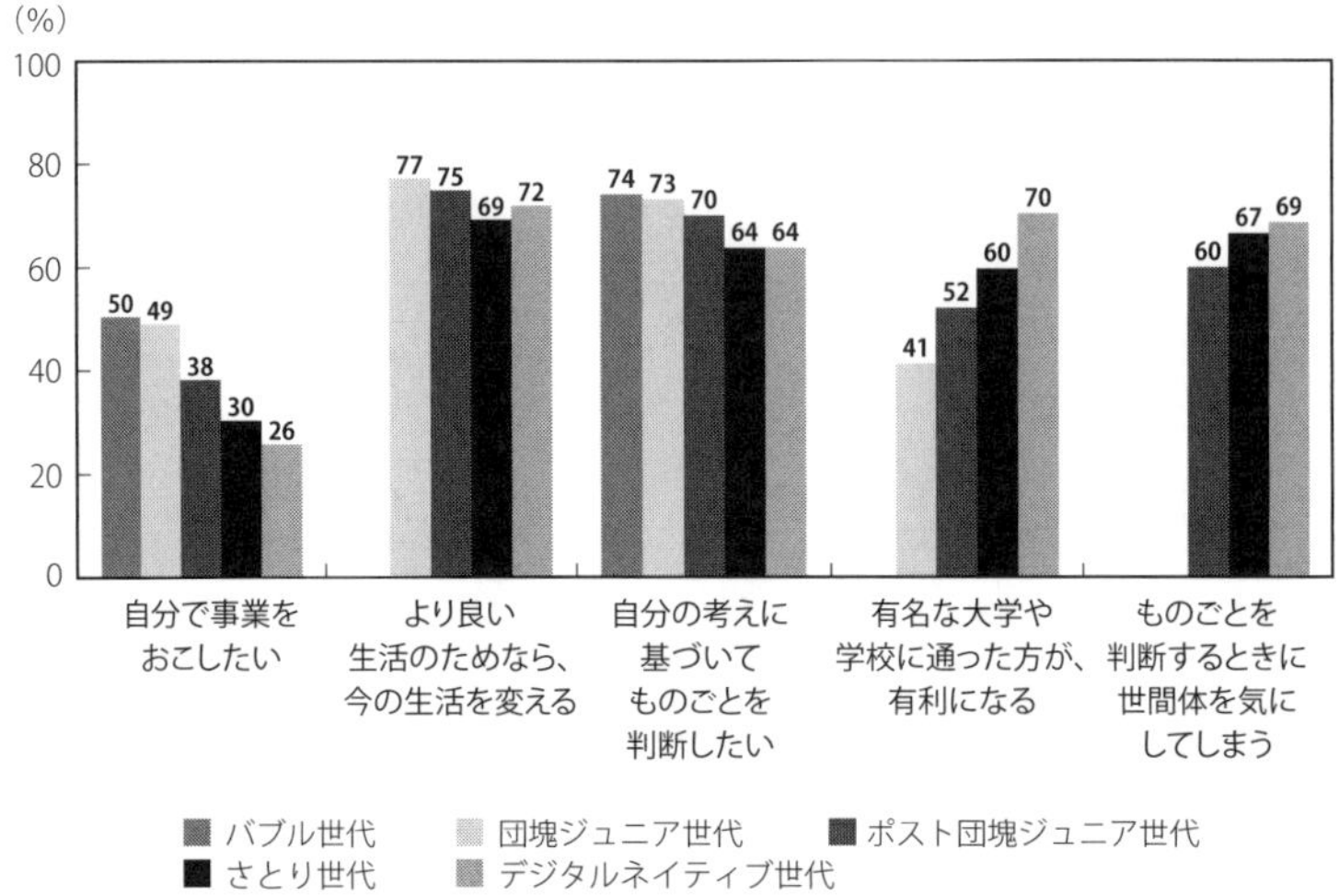

※・バブル世代は1997年調査（27歳～37歳）、団塊ジュニア世代は2000年調査（25歳～29歳）、ポスト団塊ジュニア世代は2009年調査（27歳～33歳）、さとり世代は2018年調査（24歳～35歳）、デジタルネイティブ世代は2018年調査（15歳～23歳）のデータをそれぞれ使用
・「より良い生活のためなら、今の生活を変える」「有名な大学や学校に通った方が、有利になる」は2000年より聴取した項目、「ものごとを判断するときに世間体を気にしてしまう」は2003年より聴取した項目
出所：NRI「生活者1万人アンケート調査」（1997年、2000年、2009年、2018年）

い」意識さえもさとり世代では低い（図表2-4-1）。

逆に、「有名な大学や学校に通った方が、有利になる」といった学歴志向は高く、「ものごとを判断するときに世間体を気にしてしまう」意識が高いなど、危ない橋は渡りたくないという価値観を持つことがうかがえる（図表2-4-1）。

右肩上がりの経済成長期という、社会や会社と一緒に自分も成長する時代を経験していないだけに、新しいことにチャレンジして得られる「成功」よりも、失敗して安全なレールから外れて這い上がれなくなる「リスク」を取りたくない気持ちが強い。

仕事はプライベートを充実させる一つの手段に過ぎない

常に景気・収入・雇用不安に見舞われているさとり世代であるが、実は生活満足度は同年齢時期のバブル世代、団塊ジュニア世代、ポスト団塊ジュニア世代より高い（図表2-4-2）。子どものころにバブル時代の恩恵を受けていた団塊ジュニア世代・ポスト団塊ジュニア世代と違って、さとり世代・デジタルネイティブ世代は景気が良かった時代を経験せずに育った世代である。上の世代の人から景気が良かった時代を知らないなんて可哀想、と言われてもおそらくピンと来ないだろう。良い時代を経験してこなかっただけに、かえってちょっとしたことで満足感を得られる世代なのかもしれない。

仕事やプライベートにおいて、意外と満足した生活を送っているさとり世代やデジタルネイティブ世代では、おそらく仕事に対する姿勢や価値観も上の世代とは乖離があるのだろう。男性であっても、「会社や仕事より、自分や家庭のことを優先したい」意識や「人並み程度の仕事をすればよい」意識、「たとえ収入が少なくなっても、時短勤務の方がよい」意識はバブル世代・団塊ジュニア世代・ポスト団塊ジュニア世代より高い水準である（図表2-4-3）。会社の上司が「近頃の若者は……」と文句を言ってしまうのも、就業に対するこうした価値観のギャップゆえである。さとり世代やデジタルネイティブ世代にとって仕事は、働くことだけが生きがいや目的というより、働くことは充実したプライベートを送るための手段であると考えている傾向が強い。

図表2-4-2　同年齢時期※における生活満足度

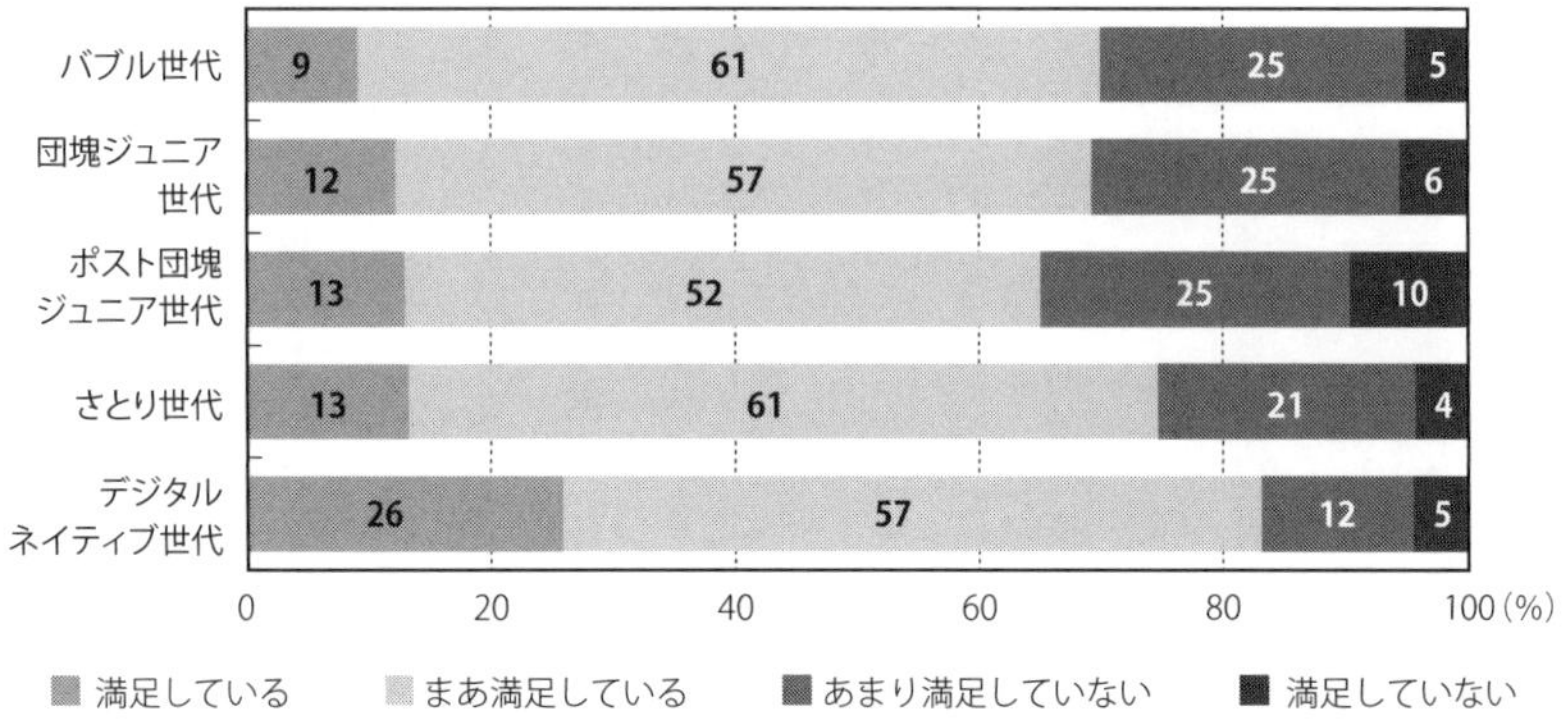

※バブル世代は1997年調査（27歳～37歳）、団塊ジュニア世代は2000年調査（25歳～29歳）、ポスト団塊ジュニア世代は2009年調査（27歳～33歳）、さとり世代は2018年調査（24歳～35歳）、デジタルネイティブ世代は2018年調査（15歳～23歳）のデータをそれぞれ使用
出所：NRI「生活者1万人アンケート調査」（1997年、2000年、2009年、2018年）

図表2-4-3　同年齢時期※における男性の就業意識

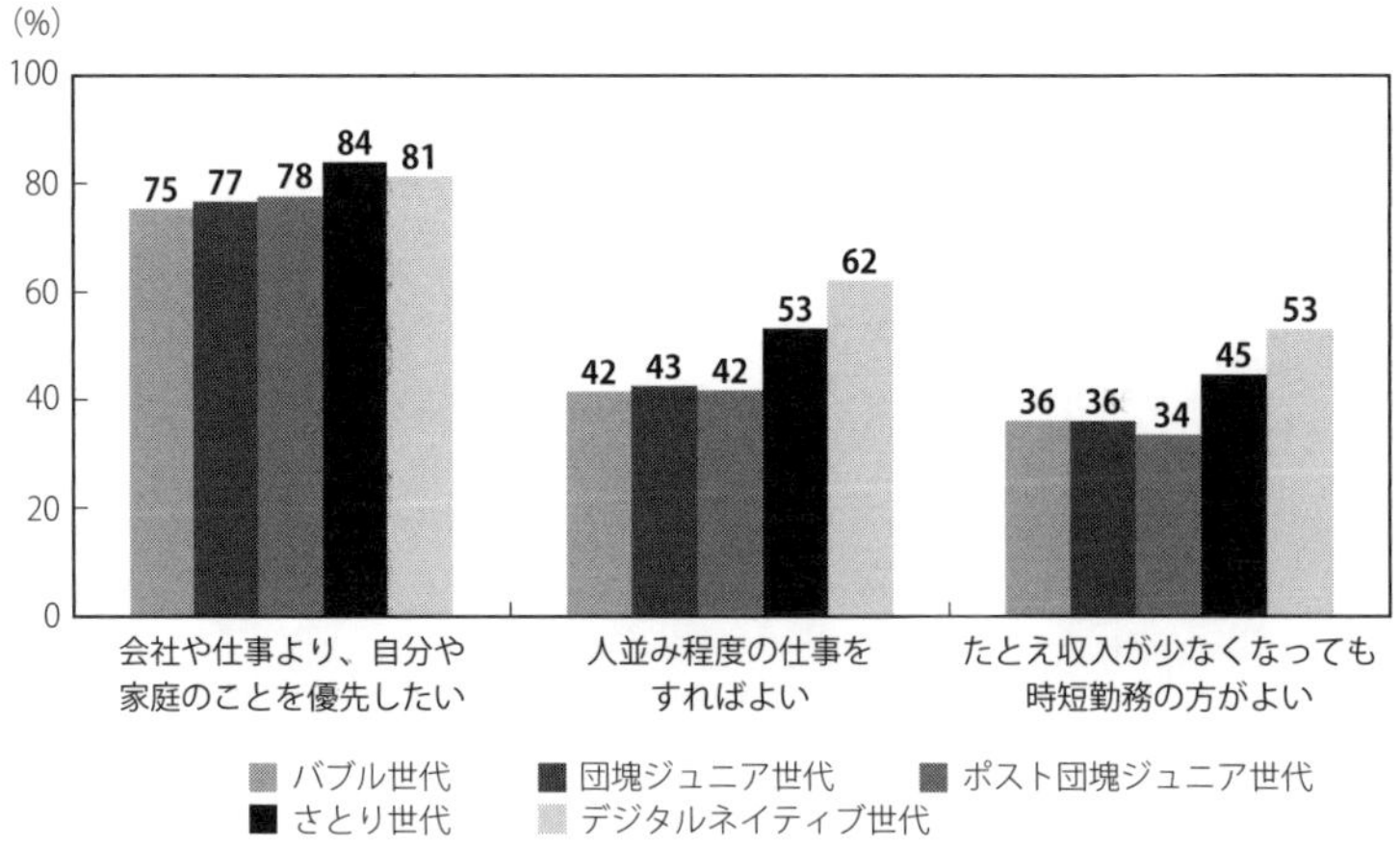

※・バブル世代は1997年調査（27歳～37歳）、団塊ジュニア世代は2000年調査（25歳～29歳）、ポスト団塊ジュニア世代は2006年調査（24歳～30歳）、さとり世代は2018年調査（24歳～35歳）、デジタルネイティブ世代は2018年調査（15歳～23歳）のデータをそれぞれ使用
・就業意識は2009年調査で聴取していないため、ポスト団塊ジュニア世代は2006年調査データを用いている
出所：NRI「生活者1万人アンケート調査」（1997年、2000年、2006年、2018年）

超安定志向は「競争より協調」の意識につながる

さとり世代・デジタルネイティブ世代の超安定志向は、人とのつきあい方にも反映されている。「考えを主張するより、他の人との和を尊重したい」意識は高い水準を保つ一方で、「周りの人から、注目されるようなことをしたい」意識は2009年以降大きく減少が続き、「気の合う仲間さえわかってくれればよい」意識は一貫して高まっている（図表2-4-4）。

さとり世代・デジタルネイティブ世代は少子化によって同世代の人口が少なく、団塊世代や団塊ジュニア世代と比べると、他人との競争の必要性が薄かった世代である。さらには1987年生まれ～2004年生まれの人については、学校において詰め込み型ではなく経験重視型のいわゆる「ゆとり教育」を受けた世代であり、当時の学校教育によって他人と競争する意識が薄れていったことも影響している。

このような時代背景および前述の超安定志向な価値観、仕事に対する意識を踏まえると、さとり世代・デジタルネイティブ世代は、高みを目指して他人と競争していくより、ともに歩調を合わせながら協力し合うことを重視する世代であることがわかる。

さとり世代・デジタルネイティブ世代に特徴的な「競争より協調」の意識は、スマートフォンの普及とともにさらに強まることとなる。

図表2-4-4　生活価値観

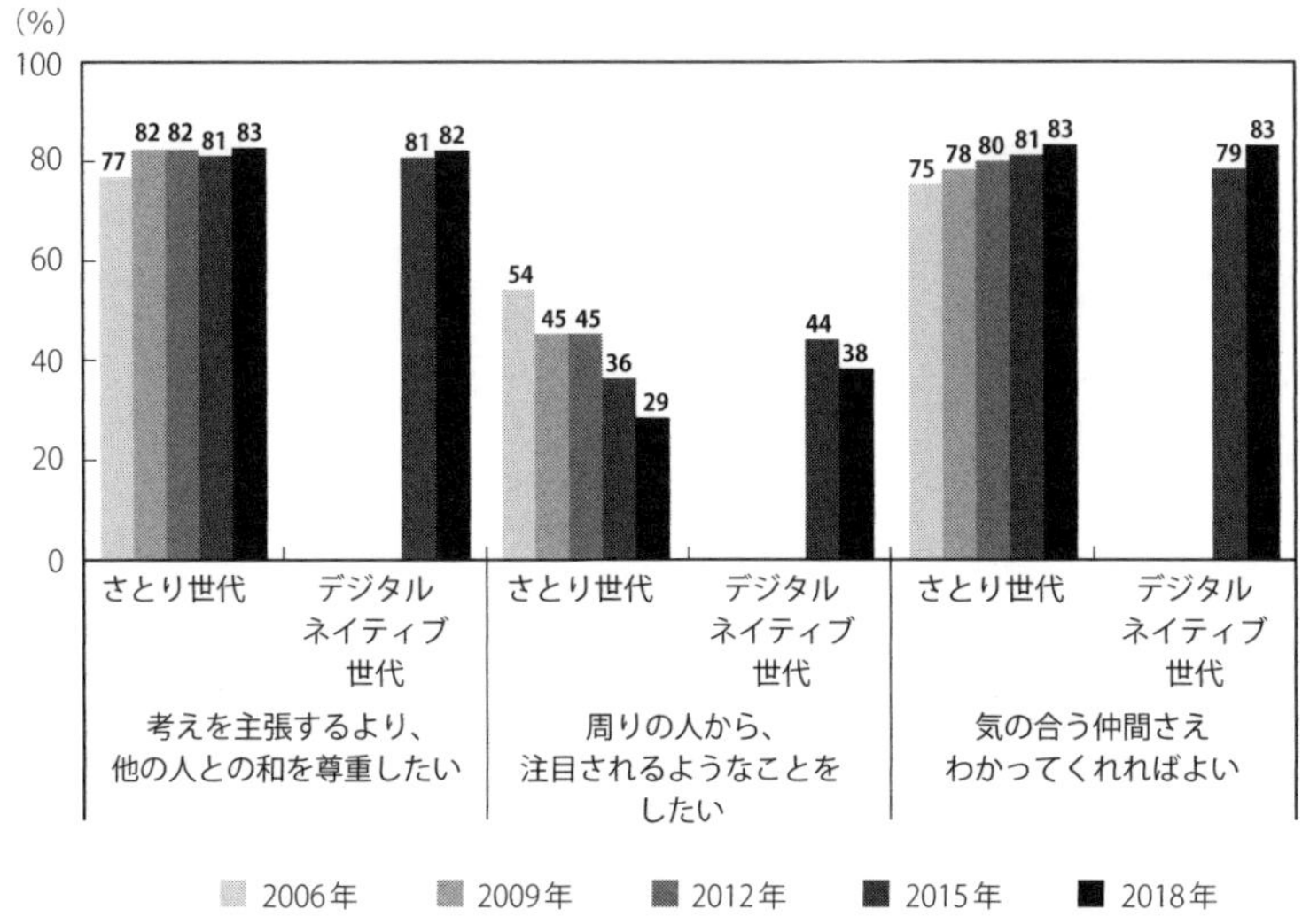

出所：NRI「生活者1万人アンケート調査」（2006年、2009年、2012年、2015年、2018年）

スマートフォンが変える、さとり世代・デジタルネイティブ世代の行動

日本におけるスマートフォンの普及は2008年にアップル社の「iPhone 3G」および2009年に「iPhone 3GS」がソフトバンクから発売されたころから始まっている。2009年時点ではさとり世代は15歳～26歳であり、人によっては初めての携帯がスマートフォンであった人もいただろう。またデジタルネイティブ世代については2009年時点で14歳以下であり、ほとんどの人が携帯を持ち始める高校生を迎える前にスマートフォンは誕生していた。

2008年のiPhone日本進出から10年以

図表2-4-5　インターネット利用時間（平日）・テレビ視聴時間（平日）

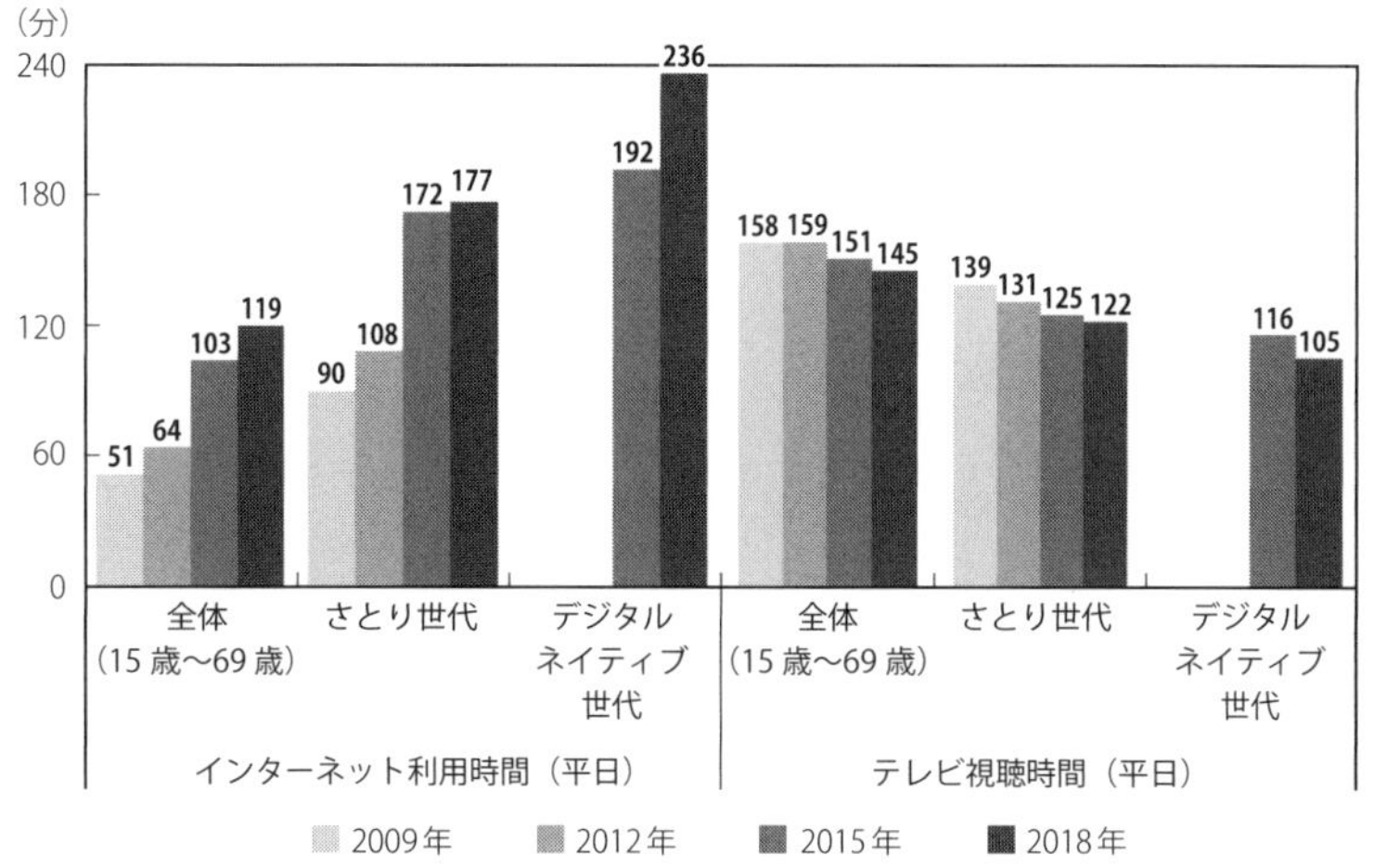

出所：NRI「生活者1万人アンケート調査」（2009年、2012年、2015年、2018年）

上経った現在において、スマートフォンは若年層中心に急速に広まった。２０１８年調査時点で、さとり世代・デジタルネイティブ世代ともにスマートフォン保有率は9割を超えている。今や文字入力はキーボード入力よりフリック入力の方が速いといったように、パソコンよりもスマートフォンの方が手慣れている人は多い。

インターネット利用時間もスマートフォンが急速に普及した２０１２年から２０１５年において大きく伸びており、２０１８年では平日１日あたり、さとり世代で１７７分、デジタルネイティブ世代で２３６分もインターネットを利用している。デジタルネイティブ世代では一日4時間程度もインターネットの世界とつながっていることに驚かされる（図表2-4-5）。

世代によって異なる使われ方をするSNS

もちろん、連続して4時間もスマートフォンを使っているわけではない。いつでも・どこでも手軽に扱えるスマートフォンは、通勤・通学の時間、休み時間、外出時の移動中などの「すきま時間」の有効活用に貢献してきた。

特に若年層を中心にSNS利用が活発である。LINEはどちらかというと無料の通信手段として現在60代のポスト団塊世代でも半数程度が利用するまでになっているが、フェイスブック・ツイッター・インスタグラムは若年層の利用が多い（図表2-4-6）。ただし、サービスごとに利用者属性が異なることが特徴的である。

フェイスブックはポスト団塊ジュニア世代でも比較的利用割合が高く、逆にデジタルネイティブ世代では低い。実際の友達や仕事関係の人とつながるフェイスブックはフォーマルな印象が強く、中年層であるポスト団塊ジュニア世代には馴染むが、逆に気軽な発言をしにくくなることからデジタルネイティブ世代では敬遠される。さとり世代においても、2018年調査時点では、利用割合が減少している。

ツイッターはデジタルネイティブ世代の利用割合が高く、さとり世代においても増加傾向にある。実際の友達とのコミュニケーションはもちろんだが、面識はなくても共通の趣味などでつながった人

図表2-4-6　各種SNSの利用割合※

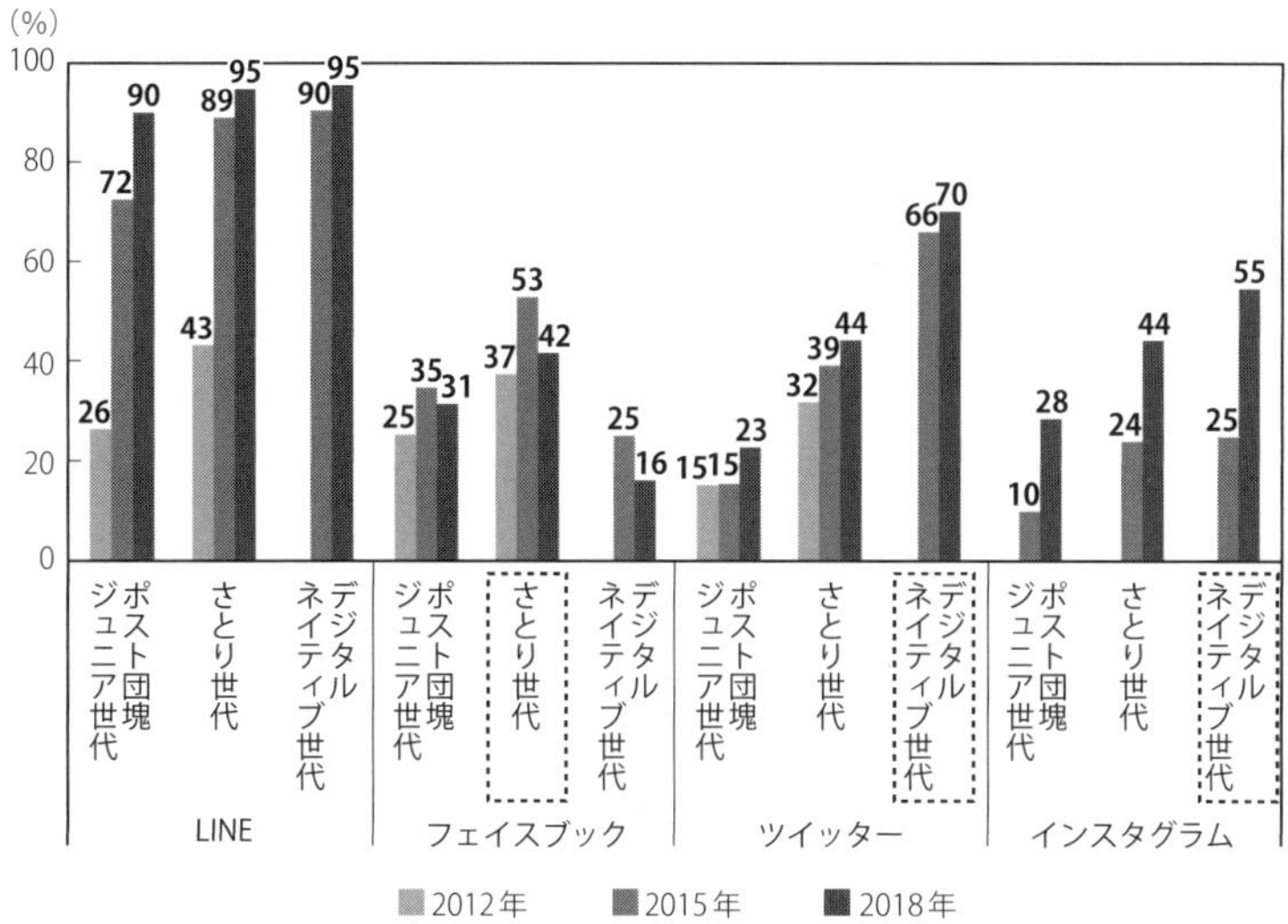

※SNSの現在の利用経験（利用頻度）を尋ねる設問において、「毎日利用している」「週に2〜3回程度利用」「月に2〜3回程度利用」「月に1回以下の頻度で利用」と回答した人の割合を示す（「かつて利用していたが、現在は利用していない」「知っているが、利用したことがない」「聞いたことがない」と回答した人は含まれない）

出所：NRI「生活者1万人アンケート調査」（2012年、2015年、2018年）

たちとのコミュニケーションの場であるため、気軽な情報発信をしやすい。また、今やデジタルネイティブ世代の情報収集はヤフー！などで調べるのでなく、ツイッターで調べることが多い。発言者のリアルな体験や電車遅延などの情報がリアルタイムに入ってくることが、情報の納得性・即時性を求めるデジタルネイティブ世代にフィットするのである。

インスタグラムはデジタルネイティブ世代で利用者が5、6割程度だが、女性に限定した分析では7割程度の利用割合となる。おしゃれな写真投稿によって直感的にもわかりやすく、見栄えの良さから友達からの共感を得られやすいため、「インスタ映え」するための撮影行動は良い意味でも悪い意味でも話題となっている。「いいね」で拡散せず、ユーザーが積極的にハッシュタグやユーザー名を検索してコミュニケーションして情報収集していく行動が特徴的である。

ＳＮＳの括りとして同一視されることもあるが、このようにサービスによって利用者属性やその使い方が異なってくる。さとり世代・デジタルネイティブ世代へのアプローチは「デジタル情報志向」がキーワードとなる。ただし、ＳＮＳを使ったこの世代へのアプローチの仕方においては、ＳＮＳの特徴や使われ方を考慮することが重要である。

デジタルネイティブ世代は、情報発信も活発

ＳＮＳツールは世代によって使われ方が異なるものの、総じて若い世代ほどＳＮＳの利用は活発である。「ＳＮＳで他の人の書き込みを読む」「ＳＮＳで自分から情報発信する」割合はともに、上の世代よりさとり世代・デジタルネイティブ世代の方が高い（図表2-4-7）。

「ＳＮＳで他の人の書き込みを読む」割合に対する「ＳＮＳで自分から情報発信する」割合を「発信／閲覧比率」とすると、その比率はバブル世代0・45、団塊ジュニア世代0・48、ポスト団塊ジュニア世代0・55に対し、さとり世代は0・62、デジタルネイティブ世代は0・76となる。ＳＮＳ利用については、他の人の書き込みを閲覧するだけの人もいると思うが、特にデジタルネイティブ世代に

図表2-4-7　SNS利用の仕方、発信／閲覧比率

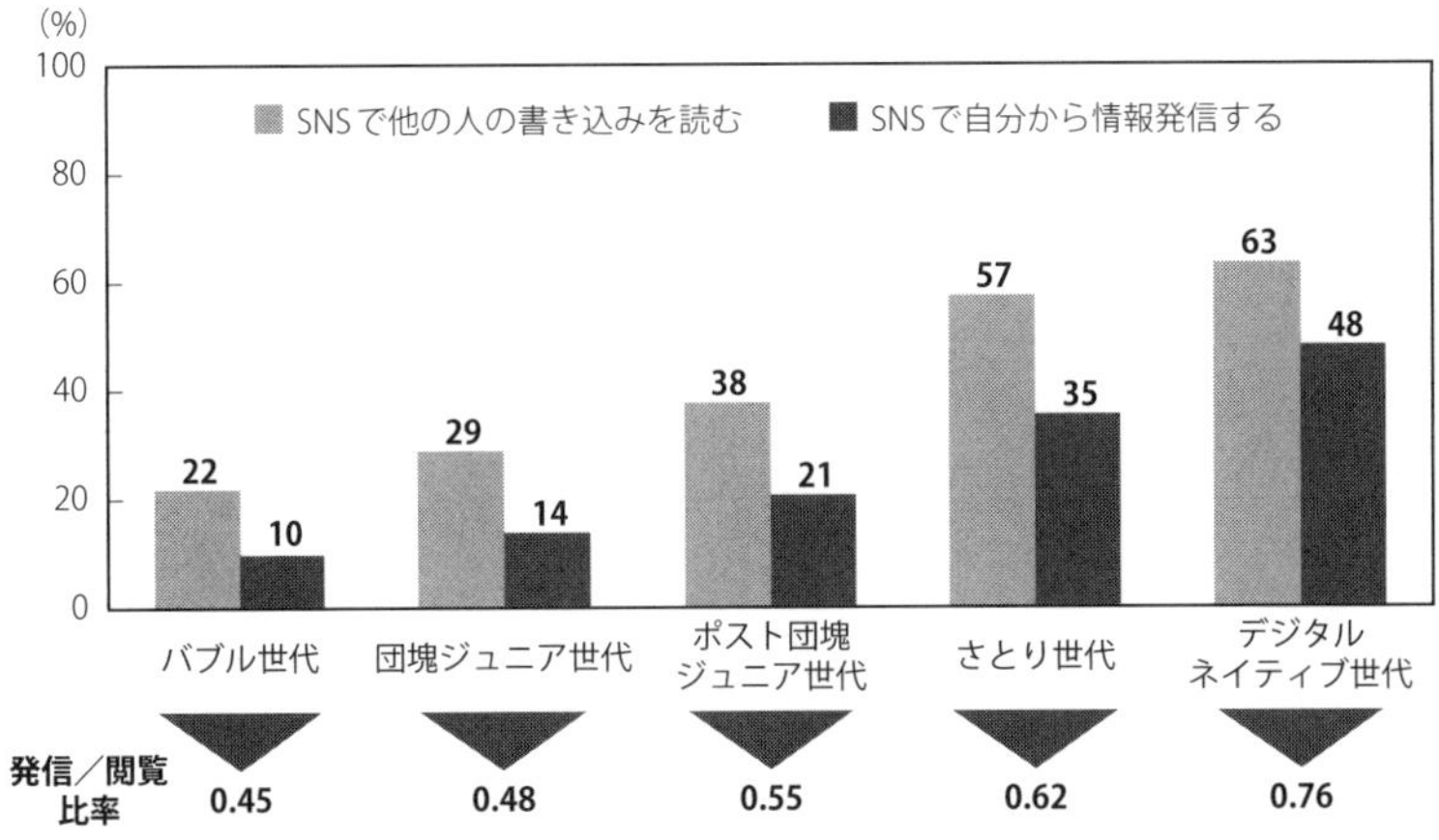

※「発信／閲覧比率」=「SNSで自分から情報発信する」／「SNSで他の人の書き込みを読む」により算出
出所：NRI「生活者1万人アンケート調査」（2018年）

ついては自分から積極的に情報発信をすることも特徴的だ。

消費意識も保守的、「外したくない」「失敗したくない」

「競争より協調」志向であり、SNSを活発に利用して仲間とつながっていたいさとり世代は、消費についても日和見的なところがある。消費価値観として「使っている人の評判が気になる」傾向は、さとり世代で大きく続伸している一方で、「周りの人と違う個性的なものを選ぶ」「流行にはこだわる方である」は減少している（図表2-4-8）。

良くいえば、人との和を大切にし、目立ちたくないという意識からであるが、悪くいえば「外してしまう」ことで自分が仲間から「外されてしま

図表2-4-8　消費価値観

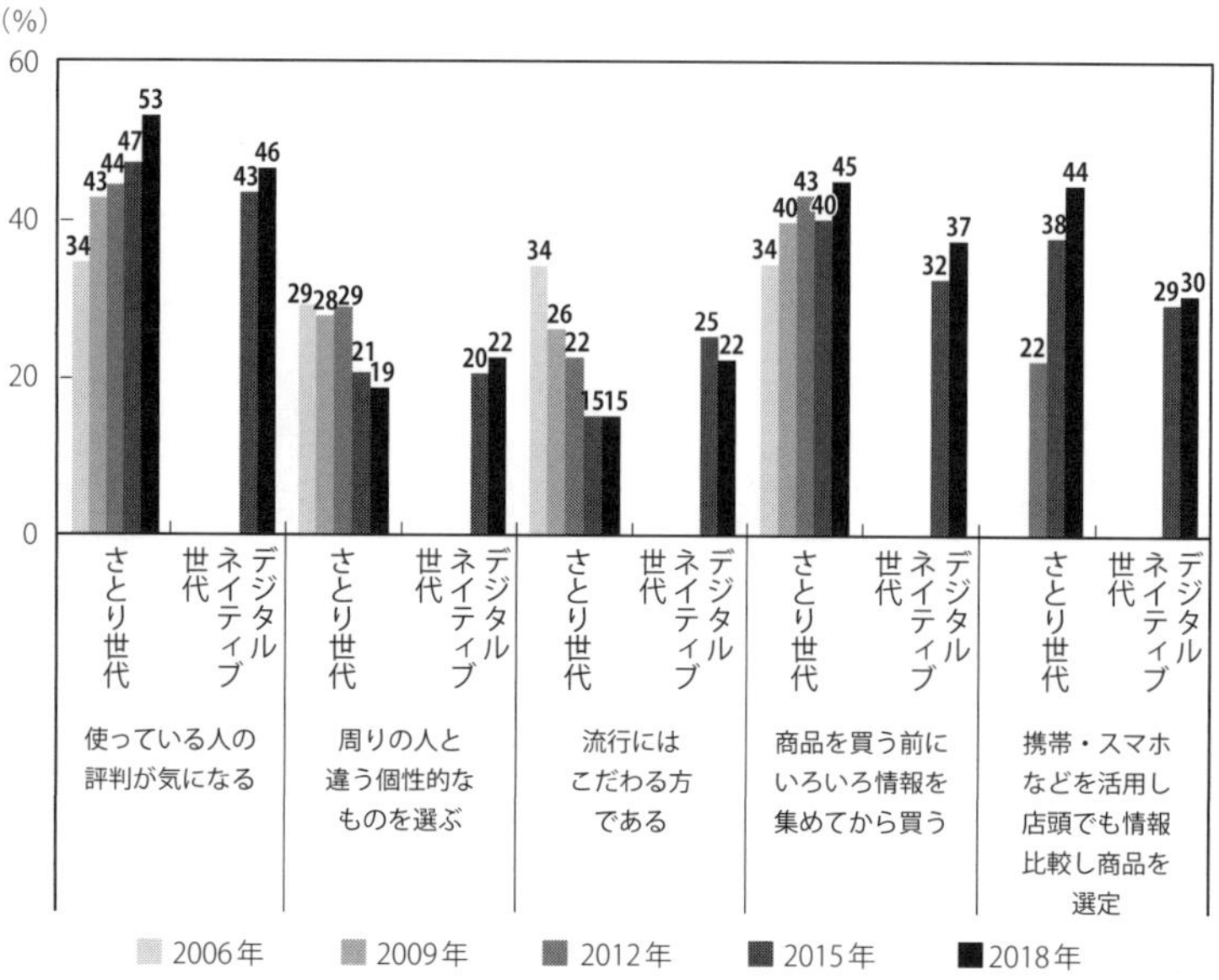

※「携帯・スマホなどを活用し店頭でも情報比較し商品を選定」は2012年より聴取した項目
出所：NRI「生活者1万人アンケート調査」(2006年、2009年、2012年、2015年、2018年)

う」危機意識を持つ世代だ。消費についても周りを気にしてしまい、「失敗したくない」と保守的になってしまうのだろう。「商品を買う前にいろいろ情報を集めてから買う」「携帯・スマホなどを活用し店頭でも情報比較し商品を選定」の割合が上昇していることからも、買い物前・買い物途中において、流行を追うよりも周りの評判を気にしながら情報収集する様子がうかがえる。

「モノ」より「コト」、キーワードは「つながり志向」

若者の○○離れといわれる現象の中で、代表的なものは若者のクルマ

図表2-4-9　積極的にお金をかけたい費目

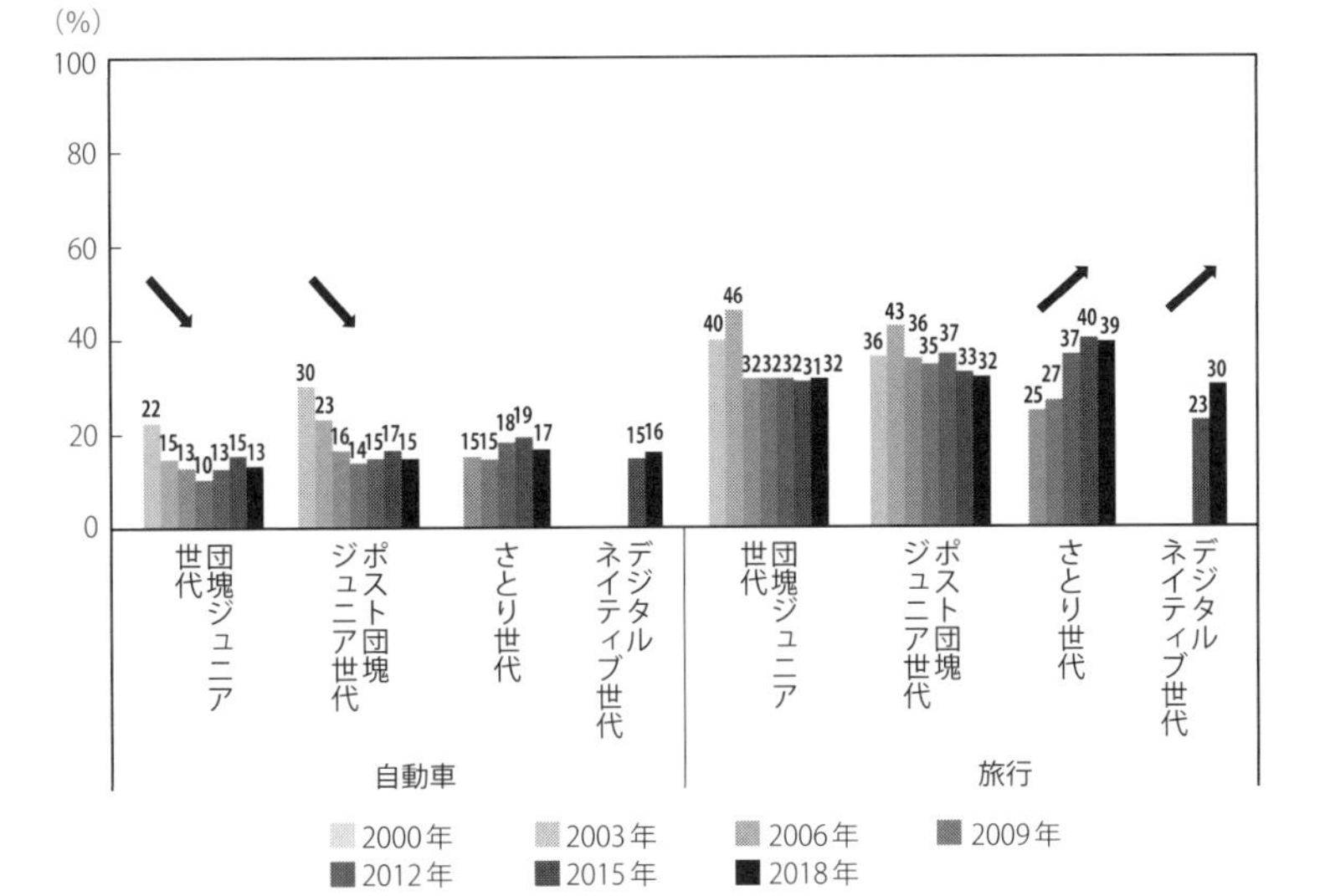

出所：NRI「生活者1万人アンケート調査」（2000年、2003年、2006年、2009年、2012年、2015年、2018年）

離れだろう。しかし、さとり世代については、離れているというよりは最初から寄りついてすらいないと解釈する方が正しいようだ。積極的にお金をかけたい費目として「自動車」は、団塊ジュニア世代・ポスト団塊ジュニア世代では若いときに高い意向を示していたが、その後は加齢とともに減少している。一方、さとり世代については若いときから自動車にお金をかけたい意識は低いままである（図表2-4-9）。

　他方で、積極的にお金をかけたいと考える費目は「旅行」である。仲間とのつながりを重視する志向から、消費においても自動車などの「モノ」にお金をかけるより、旅行などの「コト」にお金をかけることを重視する。さとり世代においては、価値観の面でも消費の面でも「つながり志向」は

図表2-4-10　同年齢時期※における週1回以上つきあいのある人

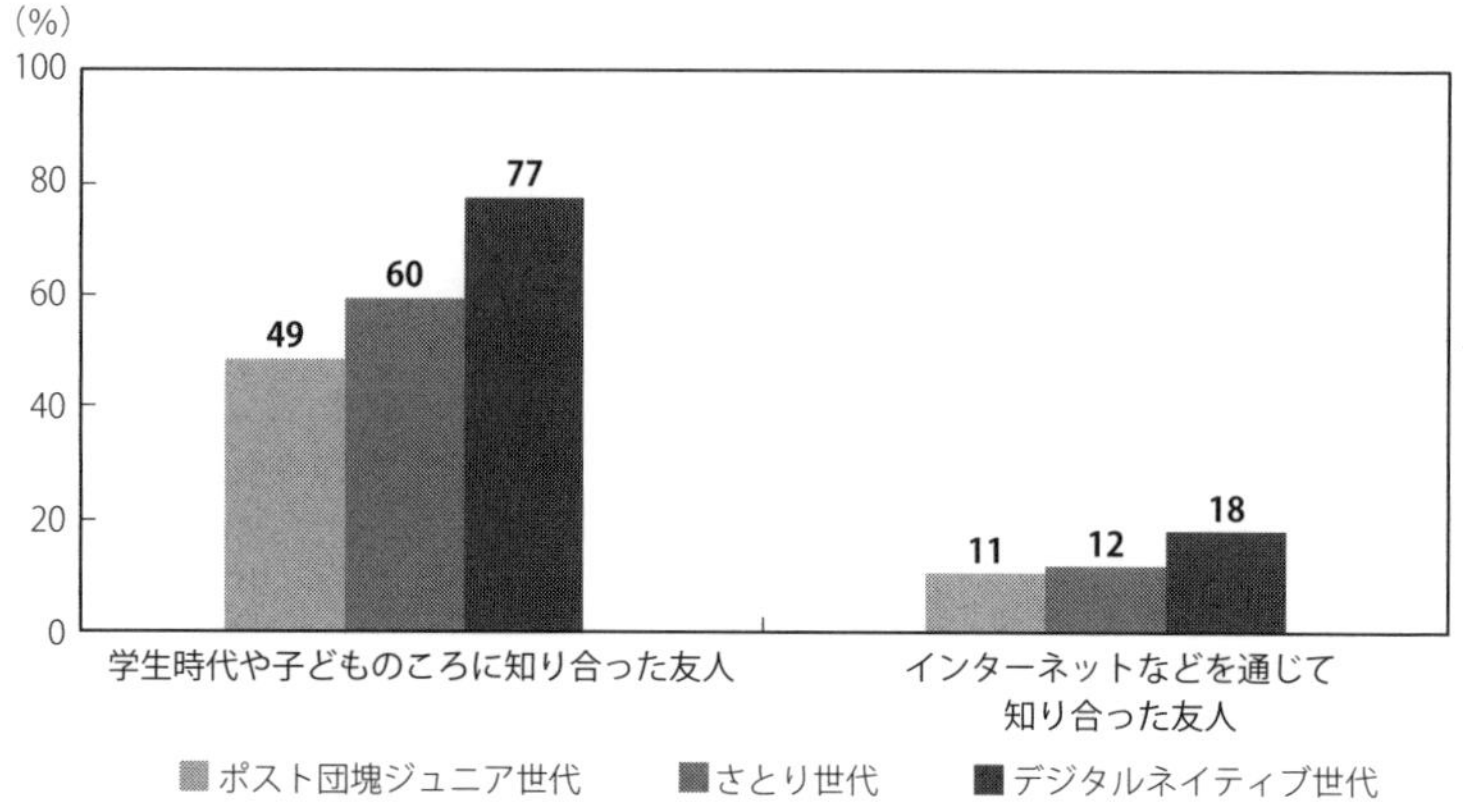

※ポスト団塊ジュニア世代は2000年調査（18歳～24歳）、さとり世代は2006年調査（12歳～23歳）、デジタルネイティブ世代は2018年調査（15歳～23歳）のデータをそれぞれ使用
出所：NRI「生活者1万人アンケート調査」（2000年、2006年、2018年）

依然としてマーケティングにおけるキーワードとなる。

「つながり志向」の一方で、つながり疲れから「ひとり志向」の可能性も

「つながり志向」の高い世代であるが、つながり続けることに疲れてしまう「つながり疲れ」の可能性も示唆される。

週1回以上つきあいのある人について、「学生時代や子どものころに知り合った友人」と回答した割合はポスト団塊ジュニア世代より高く、またデジタルネイティブ世代においては「インターネットなどを通じて知り合った友人」が2割程度まで存在する（図表2－4－10）。図表2－4－4において「気の合う仲間さえわかってくれればよい」意識が高かった様子からも、何でもかんでも人と

つながるのではなく、「気の合う仲間」とつながっていたいのが本音だろう。

しかし、簡単に人とつながりやすいインターネット環境においては、SNSなどを介して一度つながってしまったら自分から切ることもできず、その関係性はいつまでも続く。そして人間関係の疲弊へとつながることもある。「つながり志向」が重要なキーワードである一方で、たまにはそのつながりから解放されたいという「ひとり志向」もまた、さとり世代・デジタルネイティブ世代へのアプローチのヒントとなるだろう。

第3章

消費二極化時代のマーケティング

1

二極化①：利便性消費 vs. プレミアム消費
――日常は「ラクに買いたい」が趣味では「こだわりたい」

「利便性消費」は２０１５年に急伸、２０１８年はその構成比を維持

ＮＲＩでは、「生活者１万人アンケート調査」の消費意識に関する項目への回答傾向から、消費者の消費スタイルを２軸４象限に分け、４つの消費スタイルに分類している。２軸とは、縦軸が高くてもよいのか、それとも価格の安さを重視するのかという価格感度の高低、横軸が商品・サービス選択時に自分のお気に入りにこだわるのか、特にこだわりはないのかというこだわりの強弱である。その２軸によって切られた象限ごとに４つの消費スタイルを定義し、その分布を時系列で追いかけている。

図表３－１－１にその時系列推移を示す。この構成比の変化は２０１２年から２０１５年にかけての変化が非常に大きく、２０１５年から２０１８年にかけては横ばいとなっており、一見するとあまり

図表3-1-1　4つの消費スタイルの構成割合の推移

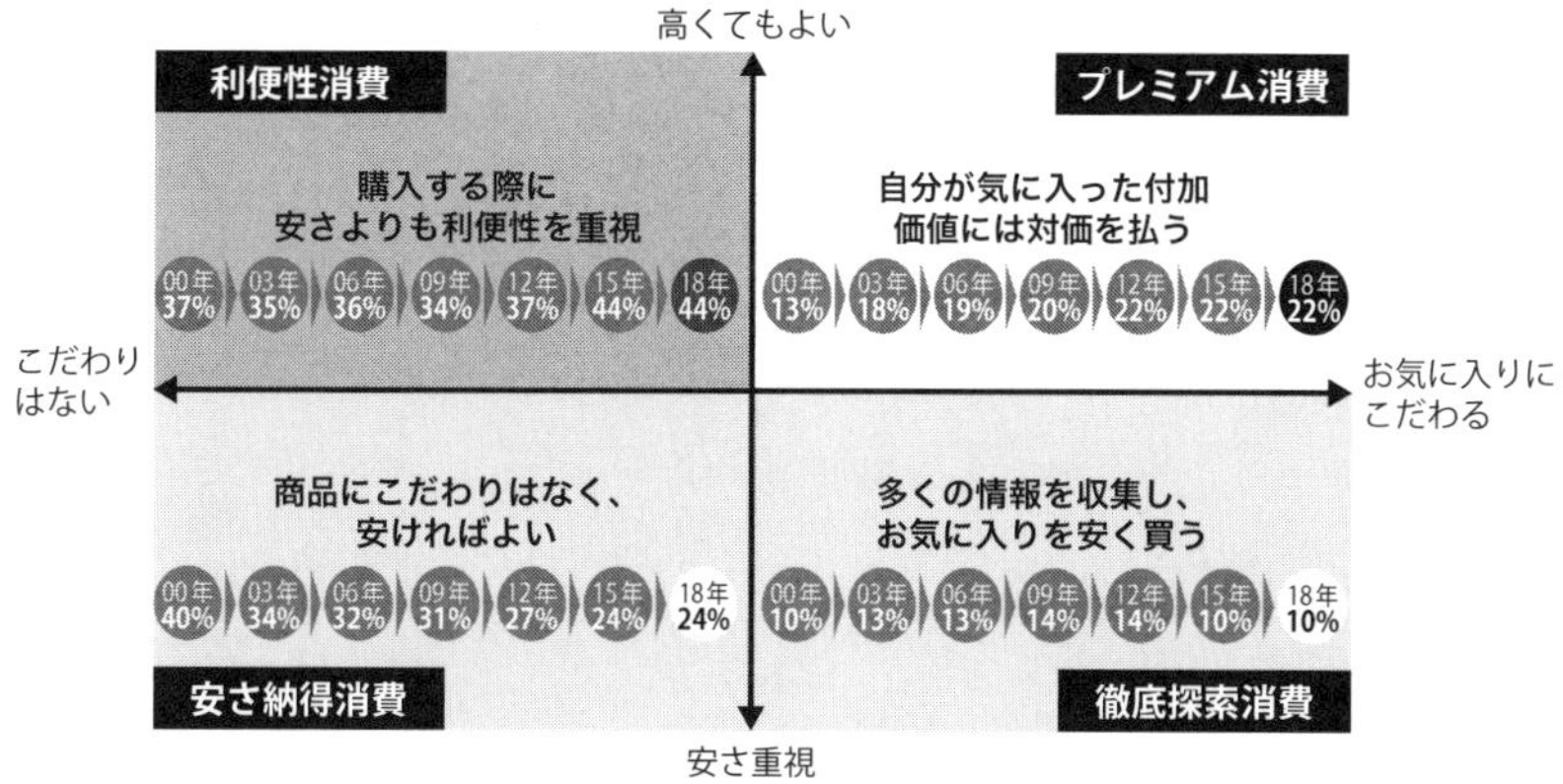

出所：NRI「生活者1万人アンケート調査」（2000年、2003年、2006年、2009年、2012年、2015年、2018年）

面白くない。そこで、ライフステージなどのセグメントで分解して分析してみたところ、ここには相反する2つの動きがあることがわかった。

「利便性消費」が伸びた理由は「スマートフォンの普及」と「共働き世帯の増加」

まず、2012年から2015年にかけての構成比の変化を考察してみよう。ここでプラス7ポイントと最も大きく伸びていたのは、「購入する際に安さよりも利便性を重視」という「利便性消費」の項目である。「利便性消費」とは、価格を気にせず、お気に入りにもこだわらず、ラクにものを買いたいとするスタイルだ。

その一方で、低価格志向の弱まりに応じてこれまで減少傾向が続いていた「安さ納得消費」スタイル（商品・サービスにこだわりはなく、安ければよい）は減少した。また「こだわり」が飽和してきたことによって、「徹底探索消費」（多くの情報を収集・比較し、自分のこだわりにかなう商品・サービスを安く買う）も減少している。

そして、2012年まで増加を続けてきた、高くても自分のこだわりをかなえてくれるものを買いたい、とする「プレミアム消費」は、それ以降頭打ちとなっている。

2012年から2015年にかけて、消費者の意識の重点は、価格やこだわりといった商品の属性、つまり「何を買うか」より、いかに手間をかけずにストレスなく購入できるかという「どう買うか」に移ってきた。

縦軸である価格感度の高低は経済的余裕に依存し、こだわりの強弱は商品・サービスの選択のために費やすことのできる時間・スキル・エネルギーの多寡に依存する。つまり、右上第1象限の「プレミアム消費」の構成比が高いのは、お金にも自分の消費に費やす時間、スキル、エネルギーも豊富な「リッチシングル」や「子なしパワーカップル」といったセグメントである。左上第2象限の「利便性消費」の構成比が高いのは、お金に余裕はあるが、時間や情報リテラシー、エネルギーが不足している「リッチシニア」や「共働き子育て世帯」といったセグメントである。

また、左下の第3象限のとにかく安ければよいとする「安さ納得消費」は、経済的に余裕がなく情報リテラシーの低い「低情報リテラシー（高齢）中低所得層」の構成比が高い。右下第4象限の情報を集めることで安くこだわりを叶えたい「徹底探索消費」は、経済的に余裕がないが情報リテラシーと時間は豊富な「高情報リテラシー（若年）中低所得層」の構成比が高い。

2012年から2015年にかけては、スマートフォンの普及による情報疲労（情報が多すぎて選べない）と、消費増税および雇用環境の好転による共働き世帯の拡大（お金に余裕はできたが時間がない）を背景に、「利便性消費」スタイルが拡大した。特に、スマートフォンの、お金をほとんどかけずに時間をつぶせるという特徴が消費に向けるエネルギーや時間を減少させたこと、また、小さな画面では徹底的な情報探索が難しくなったことも、「安さ納得消費」や「徹底探索消費」から「利便性消費」に重点が移ったことに影響していたと思われる。

リッチシニアでは「利便性消費」が増え続け、子育て共働き世帯は「プレミアム消費」に移行

しかし、2018年にかけてスマートフォンはさらに普及し、「生活者1万人アンケート調査」においても共働き世帯およびその収入の増加も観測されたが（図表3-1-2、図表3-1-3）、2015年から2018年にかけて「利便性消費」の割合は拡大していない。

そして、消費者セグメント別に消費スタイル分布の推移を追いかけると、2015年から2018年にかけて、「お金はあるが情報処理に自信がない」リッチシニアでは引き続き「利便性消費」が拡大しているのに対して、「お金はあっても時間がない」はずの共働き世帯（両方正社員）ではむしろ「プレミアム消費」の割合が伸びているのである（図表3-1-4）。

図表3-1-2　男女・年代別情報端末の「スマートフォン」「携帯電話」利用状況の推移（自分で自由に使えるもの、複数回答）

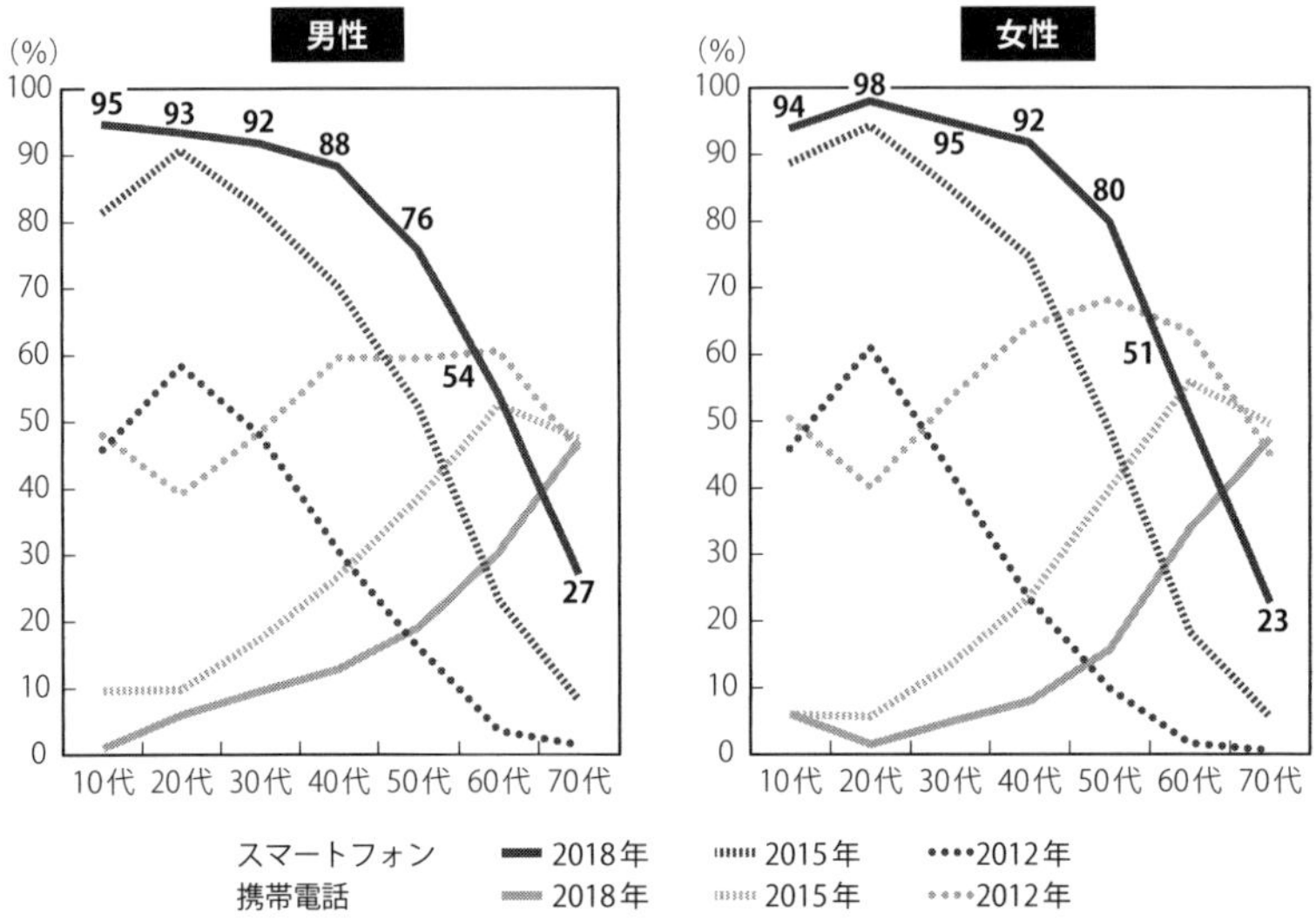

出所：NRI「生活者1万人アンケート調査」（2012年、2015年、2018年）

第1章で詳しく説明したように、スマートフォンによる情報収集や消費行動の時短・省力化が進み、働き方改革の意識もあって個人の趣味・興味にかける時間に余裕が出てきた子育て共働き世帯では、それぞれの情報端末に向かって趣味の情報収集や消費を楽しむようになった。その結果、「こだわり」の重視度が戻ってきており、趣味分野においては「プレミアム消費」志向が強まっていると考えられる。

2015年に「利便性消費」の拡大を中心となって支えていたのは、リッチシニアと子育て共働き世帯だった。リッチシニアでは溢れかえる情報を処理しきれずに「あまり考えずにラクに買いたい」とする傾向が引き続き強まっている。そ

図表３-１-３　「夫婦の就労形態構成」と「共働き世帯の世帯年収構成」の推移
（配偶者のいる世帯）

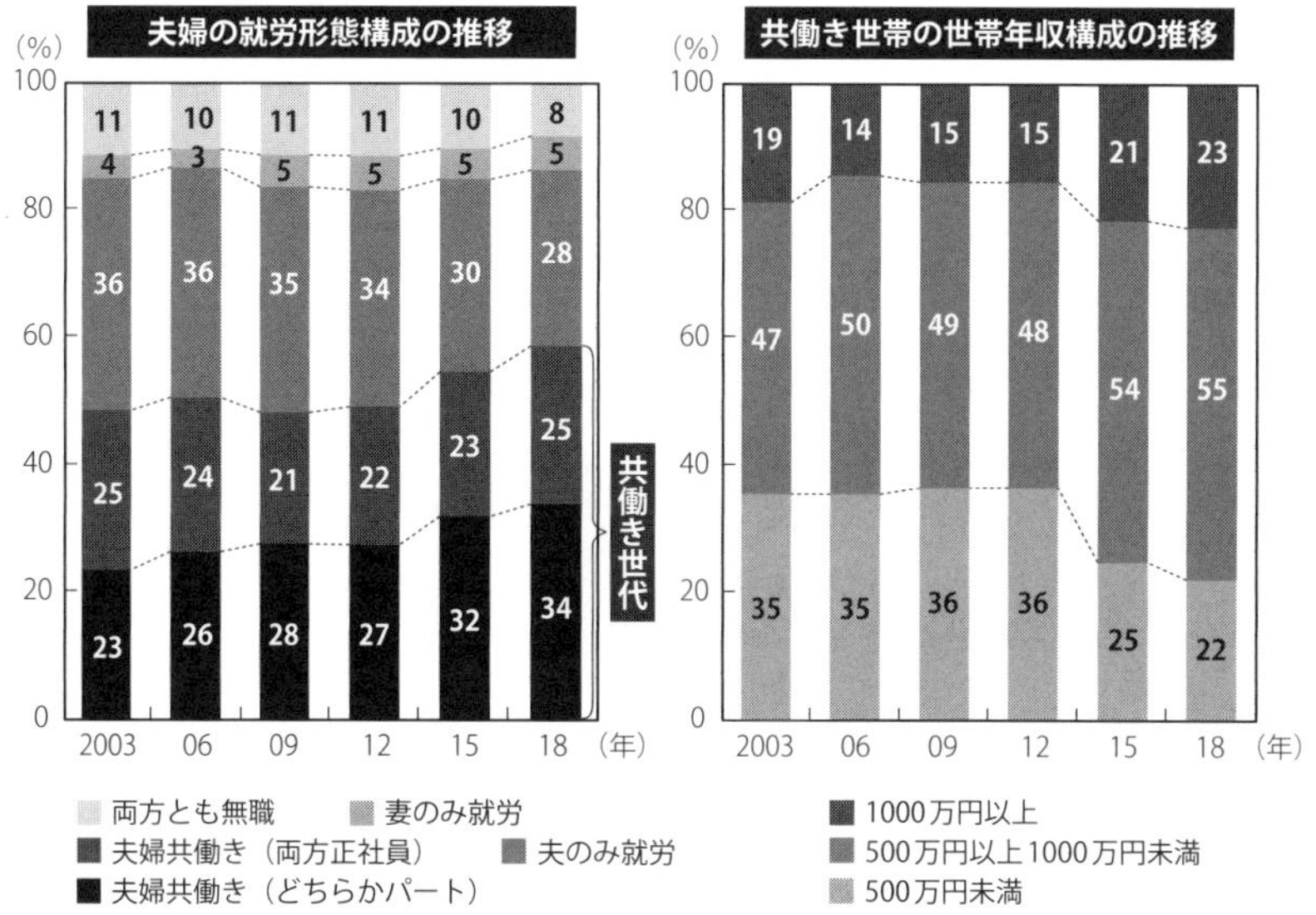

※・無回答者を除いて集計
・配偶者のいる世帯のみ集計
出所：NRI「生活者1万人アンケート調査」（2003年、2006年、2009年、2012年、2015年、2018年）

れに対し、自分のための時間やエネルギーが十分に取れなかった子育て共働き世帯を中心とする「忙しい消費者」たちは、情報端末の個人化や働き方改革などを背景に、「自分の趣味や興味のものにはお金も時間もかけたい」という傾向を取り戻している。

ルーティンの消費は時短・省力志向の「利便性消費」へ

結果として同じ消費者の中でも、毎日の食事や日用品の購入など、「ルーティンの消費」が利便性に向かう一方で、楽しみのための

図表3-1-4　消費スタイルの構成割合の変化（夫婦の就労形態別、抜粋）

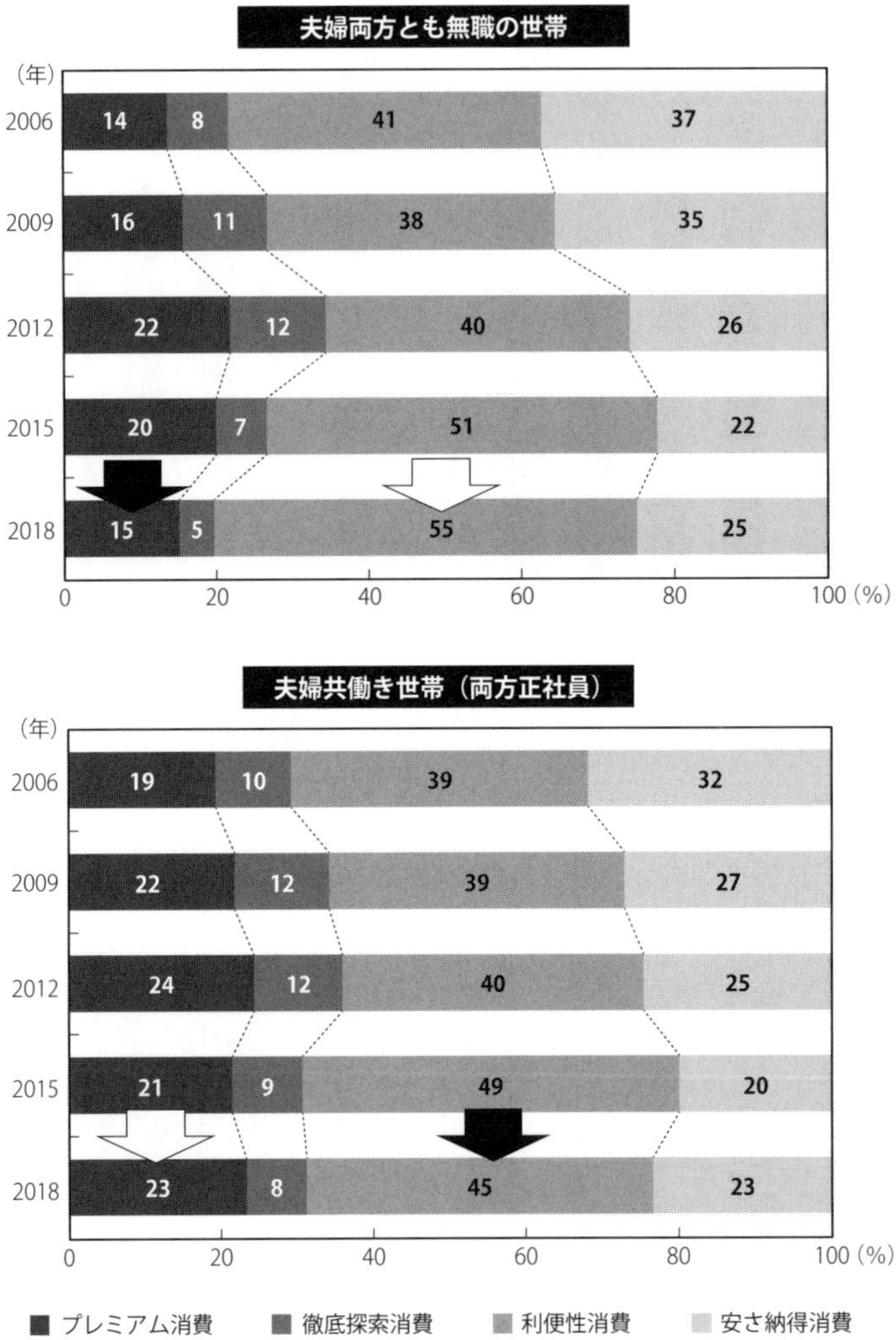

出所：NRI「生活者1万人アンケート調査」（2006年、2009年、2012年、2015年、2018年）

「個人消費」は自分のために使う時間をふんだんに費やしたプレミアム志向へ、という双方向の動きが出てきていると考えられる。

自分の興味の薄い日用品や食料品などの消耗品に、大量の関連情報や選択肢の中から選択する、という時間・エネルギーをかけるのはもったいない。そのような消費者の意識に応え、例えばアマゾン・ドット・コムではネットに接続し、登録されている日用品を1プッシュで注文できる「ダッシュボタン」という端末を売り出した（２０１９年2月サービス終了）。さらにそのデジタル版への移行として、Ｗｅｂサイトやスマートフォンアプリで同様のサービスを利用できる「バーチャルダッシュ」や、家電が自ら必要な消耗品をネット上から発注する「Amazon Dash Replenishment」などを提供している。

ほかにも、アメリカで大きな市場を獲得したDollar shave Club（髭剃り）に見るように、衛生用品や生理用品などの定期購入サービスは、必要なものを、必要なタイミングで考えず、選ばずに買えるという「おまかせ」型のベネフィット提供が増えている。「ラクに買いたい」消費者の需要に応えており、利用者の数は飛躍的に増えているという。

また、トライアルホールディングスが２０１６年に、福岡県田川市の「スーパーセンター田川店」などに導入したタブレットカートも「考えずに買う」「ラクに買う」を支援する取り組みだ。

来店時にポイントカードをかざして店舗にログインすると、店舗案内システムが稼働する。「現地案内モード」での売り場案内は、売り場を移動するごとにその売り場でポイントが多く付与されるおすすめ商品が、効果音とともに表示される。ポイントカードでの個人情報に基づいたログインの仕組みが導入されているため、セルフレジ方式での精算機能付きカートも実現した。さらに今後は購買履歴に基づく個人の好みに応じたおすすめなど、お勧め機能も高度化していくとの計画である。

多くの中から選ぶ、という行為は楽しみでもあるが、ストレスでもある。情報化が進み、売り手側への情報偏在が解消された結果、消費者は情報収集すればするほど、お得な消費ができると考えるようになった。しかし、現在では誰もが簡単に情報収集可能な時代となり、逆に溢れる情報量を処理しきれない状況が進んでいる。情報はすぐにアップデートされ、矛盾した情報を含んでいる場合もあり、判断に困ることも多い。

そのような中、前述のような「きちんと情報収集しないと失敗する」という経験則もあり、正しく判断したい⇕できない・面倒くさい、の間で消費者はストレスを感じてしまう。ましてや選ぶ楽しみの薄い、ルーティンの消費においては、「ラクに買える」を叶えることは、マーケティングを成功させるために非常に重要となる。

趣味の消費は情報収集・こだわり志向の「プレミアム消費」へ

ルーティンの消費において「ラクに買いたい」を支えるサービスが選ばれているのに対して、趣味に基づいた個人消費については、より時間とお金をかけた消費行動が取られるようになってきている。

図表3-1-5 「こだわり」に関する消費意識の推移（複数回答）

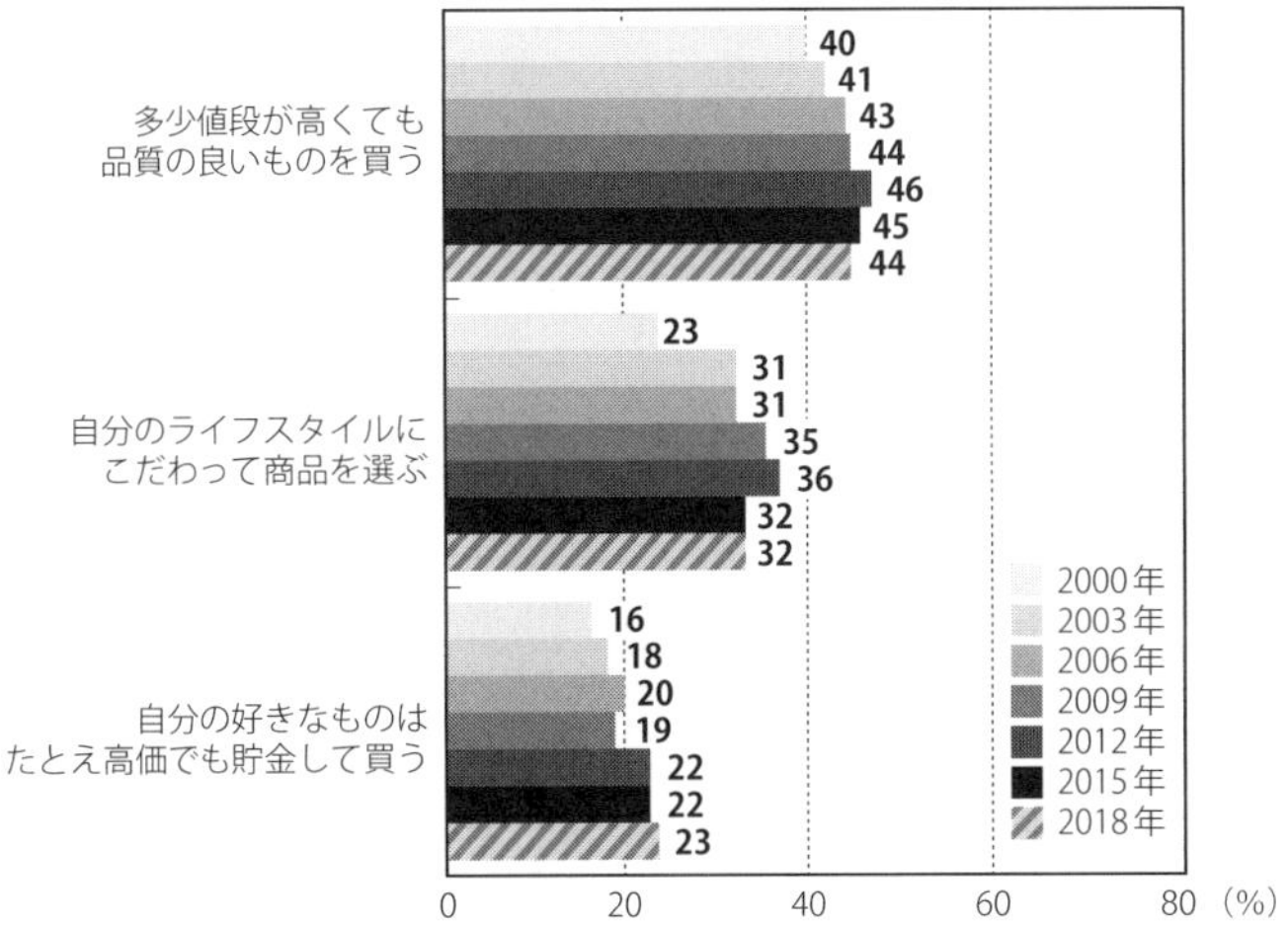

※グラフ内では項目内容は短縮形で示している
出所：NRI「生活者1万人アンケート調査」（2000年、2003年、2006年、2009年、2012年、2015年、2018年）

消費意識の項目のうち、「こだわり」に関するものを抜粋して時系列の傾向を見てみると、「多少値段が高くても品質の良いものを買う」、「自分のライフスタイルにこだわって商品を選ぶ」の2項目が２０１２年をピークに減少傾向であるのに対して、「自分の好きなものはたとえ高価でも貯金して買う」は増加傾向を続けている（図表3－1－5）。消費者は、品質やライフスタイルなどのこだわりを全方位的に持ち続けたいのではなく、自分の好きなもの、好きなことに特化して、お金や時間をかけたいと考えるようになってきているのである。

ＮＲＩ「生活者年末ネット調査」（２０１８年）では、ネットショッピングでの「ユニークな買い物体験」について、自由記述式で尋ねている。

例えばハマったもの（趣味・興味）に関連するこだわりの商品を購入したという内容では、「コーヒーの道にどっぷり浸かってしまい12000円のケトルを買ってしまった。」（10代男性、学生）、「ハンドメイドにハマっています。自分用、販売用にオリジナル作品を作るためさまざまな種類のビーズを大量に購入しました。」（10代女性、学生）、「今年から釣りにハマり、ベイトリールの安いものを購入したが、実戦で釣り上げられず、悔しくて、買い直すのではなく、巻き上げやすそうなハンドルだけをネットで注文しカスタマイズした。」（40代女性、事務系会社員）などの回答が見られた。

深く趣味に入り込み、詳しく情報収集するからこそ、買い物がついつい高額化することもあるようである。例えば、「レースゲームをするため、専用のシートとハンドルを買ってしまった。（8000円くらい）」（40代男性、会社員）、「ピザ窯用のレンガを購入した。近所のホームセンターでは取り扱いがなかったため、多少高くついたが、自作した窯で焼いたピザはおいしかった。」（30代男性、技術系会社員）などの回答が見られた。

また、同じ定期購入サービス（サブスクリプションコマース）でも「提案型」のサービスは、ラクに買いたいという利便性だけでなく、好みにこだわる「プレミアム消費」をも支えるサービスになるだろう。

例えば、HATCHというキュレーション通販サイトでは、「着る」「食べる」「暮らす」など、生活のさまざまな側面において、そのアイテムに通じたプロがおすすめをセレクトしており、利用者はその厳選された品物を購入したり、一連のストーリーとして定期購入したりすることができる。

ユーザー評価がより重視されるようになり、さらに個々人の趣味・志向についての情報収集が深化するにしたがい、同じおすすめでも誰が、どんな文脈で推奨しているのかが重要になってくる。趣味の消費、個人消費については、こうした属人的な、ＣＯＩ（コミュニティ・オブ・インテレスト）に深く入り込んだ情報収集の動線に、いかに関われるかが成功の重要要素となろう。

ルーティン消費は「利便性」志向へ、趣味消費・個人消費は「こだわり」志向へと二極化が進む現代日本市場において、企業は提供する商品・サービスが、何を求めて消費されるものなのか、見極める必要がある。

コラム

利便性が高まるなら個人情報を提供してもよい

プライバシー意識の高まりから個人情報の提供に抵抗があるといわれている消費者だが、利便性のためなら個人情報を提供してもよいと考えている。

例えば、先に紹介した利便性＝「ラクに買いたい」を叶えるおまかせ型の定期購買サービスでは、サービス提供側には利用者の住所のほか、性別、年齢や家族構成などの属性情報、どんな商品をどんな頻度で購入しているか、の個人情報が渡ることとなる。

図表3-1-6 「利便性が高まるなどのメリットがあれば個人情報を登録してもよいか」の回答割合の推移

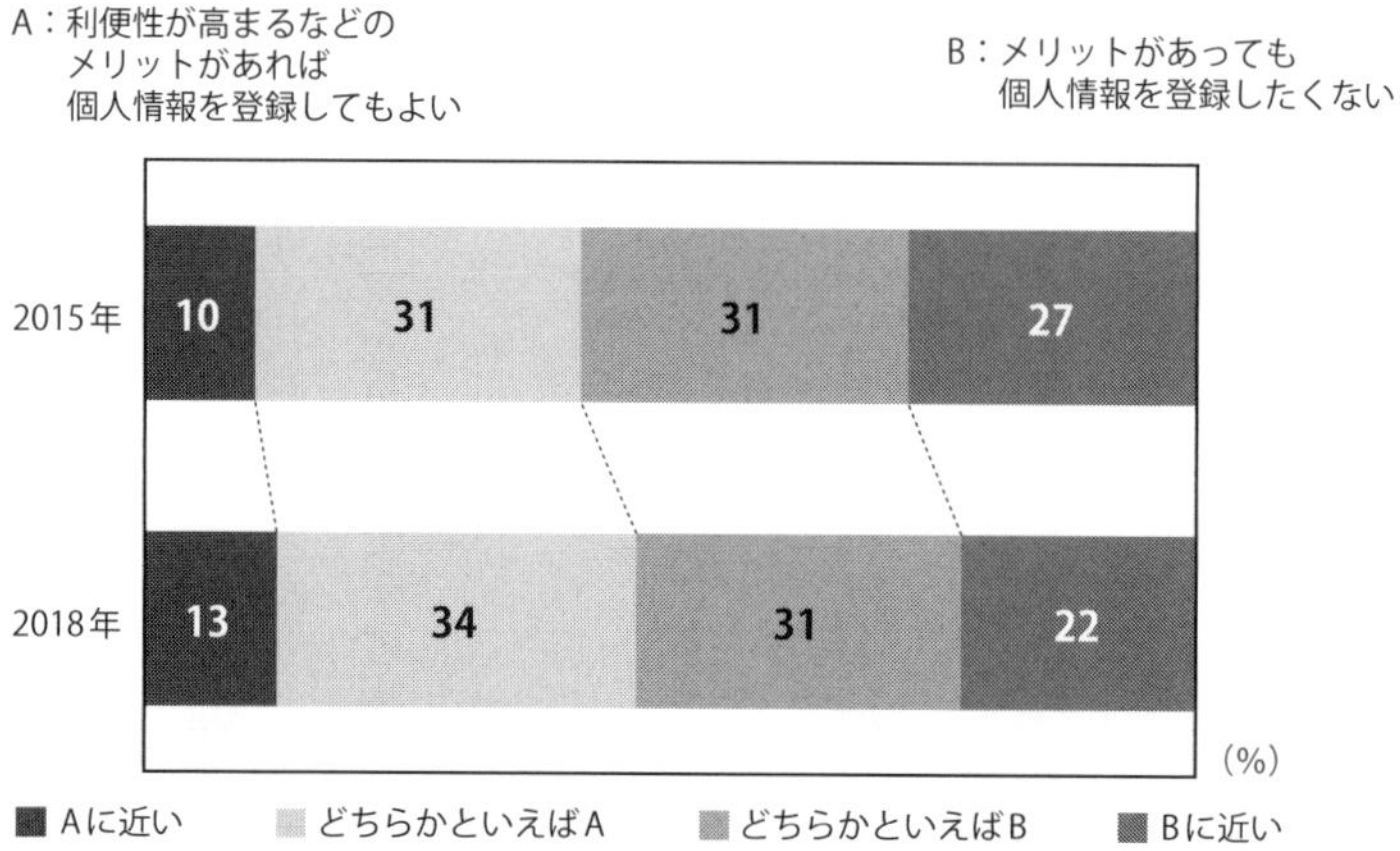

※・無回答を除外して集計している
　・グラフ内では項目内容は短縮形で示している
出所：NRI「生活者1万人アンケート調査」(2015年、2018年)

また「自分にぴったりのものをすすめてほしい」というこだわり志向、プレミアム消費を支える提案型の定期購買サービスについても、性別や年齢、趣味・嗜好を登録したり、過去に購買・利用したものに対するフィードバックを記入したりすれば、よりおすすめの精度が上がり、外れなく満足感の高い消費を楽しむことができるようになる。

「A：利便性が高まる、ポイントがつくなどのメリットがあれば、会員サービスやネットショッピングを利用する際に個人情報を登録してもよい」、「B：メリットがあっても、情報漏えいの心配やプライバシー保護を優先して、なるべく個人情報は登録したくない」のどちらに近いかを尋ねる設問において、「Aに近い」、「どちらかといえばAに近い」と回答した人の割合は、2015年から2018年にかけて6ポイント上昇した（図表3−1−6）。

プライバシー意識が高く、なかなか個人情報を登録しようとしないといわれる日本の消費者であるが、利便性消費vs.プレミアム消費の二極化が進むにつれ、個人情報登録に対する心理的障壁は今後も低くなってくるかもしれない。

2

二極化②：デジタル情報志向vs.従来型マス情報志向
――スマホでの情報収集が拡大の一方、折り込みちらしも微増

デジタル情報志向と垣間見られる従来型マス情報志向の二極化

スマートフォンの普及が進み、日常的に使われるようになることで、消費行動にも大きな変化をもたらしている。

まず商品やサービスを購入する際に参考とする情報源は、調査対象者全体の傾向で見るとデジタル系のメディアに大きく寄ってきている（図表3－2－1）。2012年から段階的に大きな拡大を見せているのが、「ネット上の売れ筋情報」「評価サイトやブログ」である。

また、このようなインターネット上の情報をどのように取得しているかについて、例えば評価サイトを用いて情報収集を行う人の割合を情報端末別に見ると、「パソコン・タブレット」が2012年の

図表3-2-1　商品・サービスを購入する際の情報源

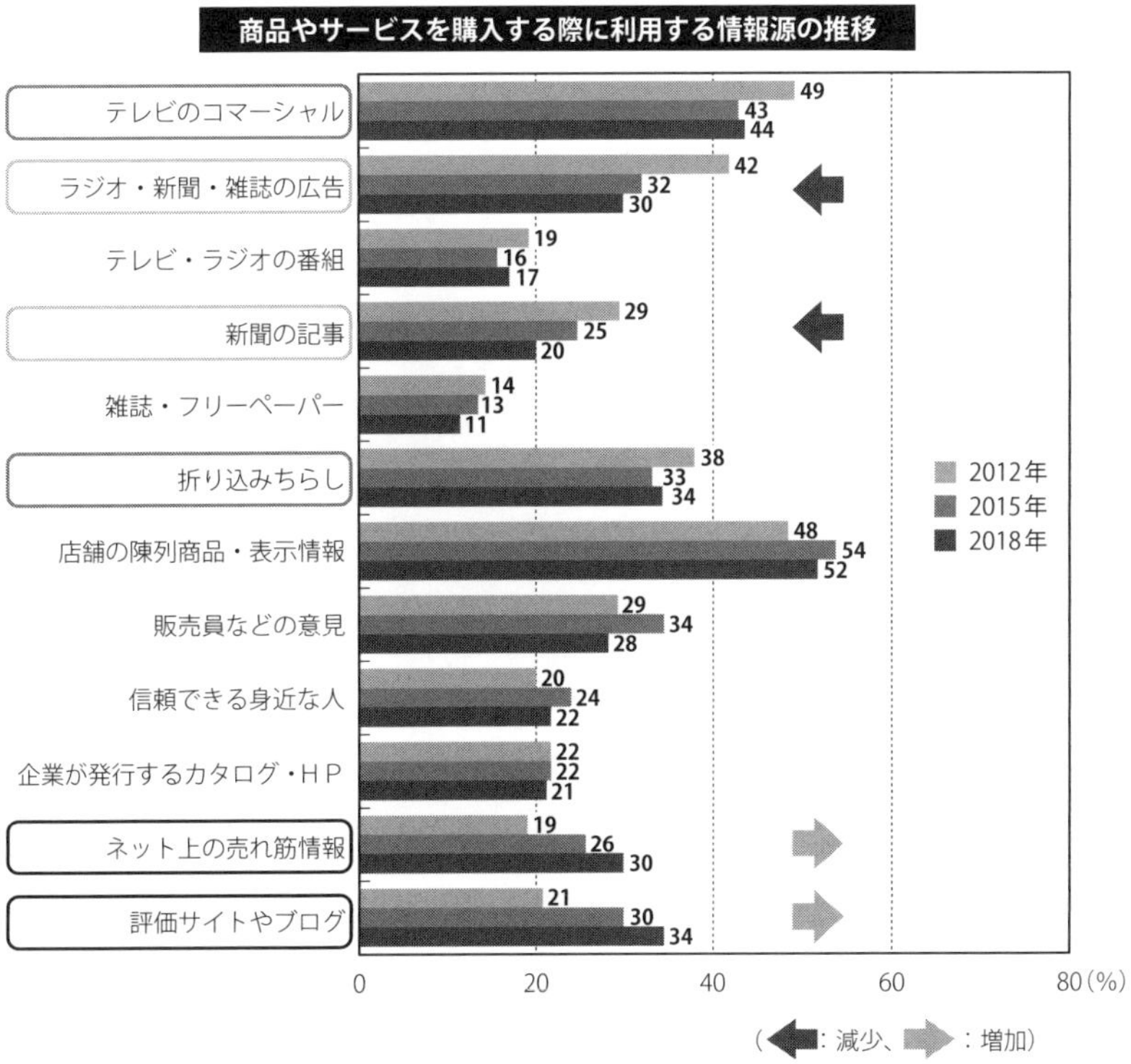

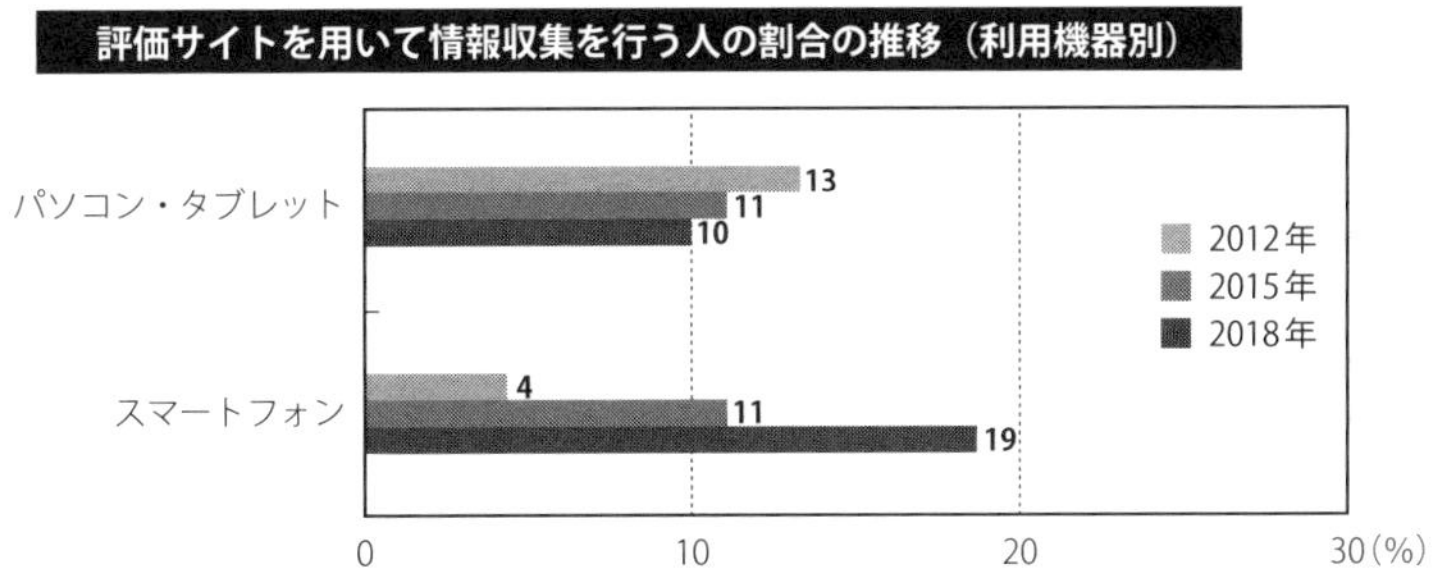

出所：NRI「生活者1万人アンケート調査」（2012年、2015年、2018年）

13％から2018年には10％に減少しているのに対し、「スマートフォン」は4％から19％へと大きく拡大している。

一方で、ラジオ・新聞・雑誌などのマス媒体の広告やその記事そのものに対する情報参照率はそれぞれ2012年から2018年にかけて低下する傾向にある。ただし、「テレビのコマーシャル」や「折り込みちらし」は2015年から2018年にかけて微増しており、低下傾向に歯止めがかかっている。

このように消費者の情報収集行動がデジタル面に大きくシフトする一方で、従来型のマス媒体が依然として活用されている状況も見られる。

スマートフォンで行うアクティビティとは？

インターネットによる情報収集行動は、特に若年層を中心に、スマートフォンの普及に伴い大きく拡大してきた。それでは一体、スマートフォンを使って何をしているのか、年代別の特徴を押さえておきたい。

図表3-2-2では、スマートフォンで行うアクティビティを全体平均の高い順に8項目抜粋して示している。全体傾向としては、基本的機能として「メールの送受信」がトップに来た後、「YouTubeなどで動画を無料視聴」「LINE・Skypeなどの無料音声通話の利用」「自分の位置情報の入った

図表3-2-2　スマートフォンで行うアクティビティ

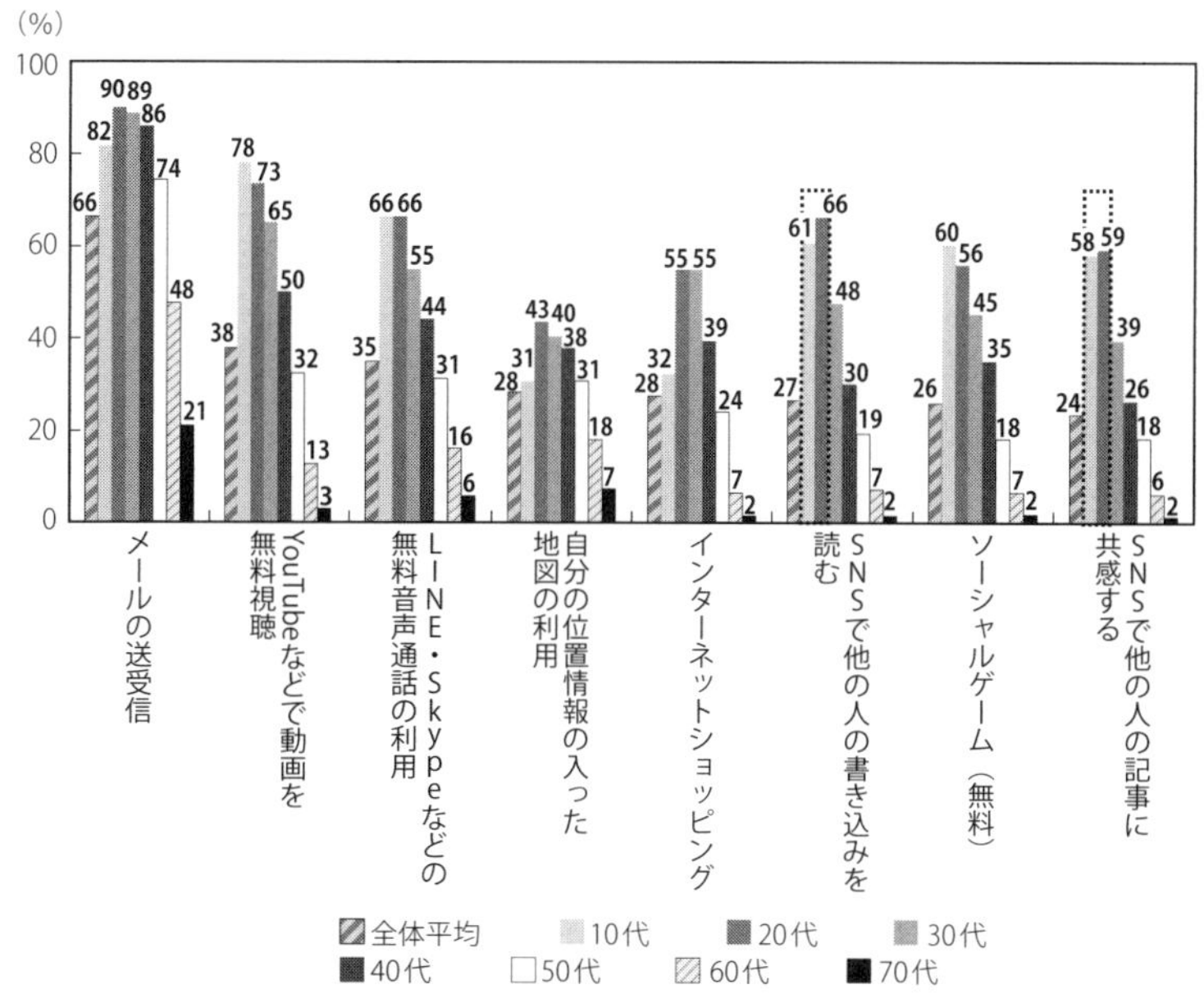

※全体のアクティビティ割合が20%を超える上位8項目のみ掲載
出所：NRI「生活者1万人アンケート調査」（2009年、2012年、2015年、2018年）

地図の利用」「インターネットショッピング」などが続く。10代・20代の若年層については「SNSで他の人の書き込みを読む」「SNSで他の人の記事に共感する」が6割程度と突出している。若年層がスマートフォンで行うアクティビティにおいて、いかにSNS利用が多いかがわかるだろう。

一方、シニア層ではまだ「メールの送受信」や「自分の位置情報の入った地図の利用」といった特定の使われ方に限定されており、スマートフォン活用の幅は広くはない。

図表３-２-３　情報収集や調べ物をするときに利用する媒体

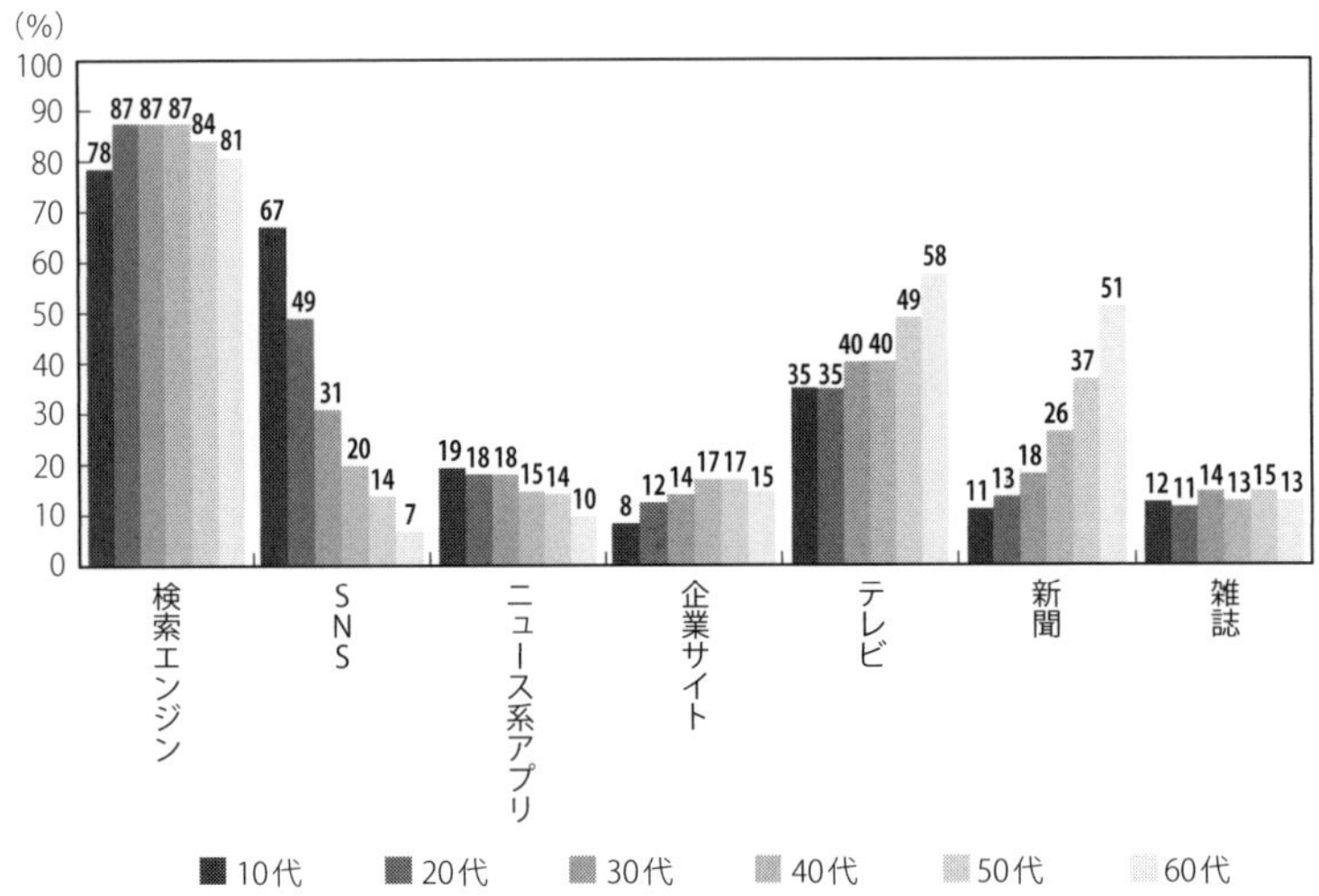

出所：NRI「生活者年末ネット調査」（2016年）

新しい情報収集の形「SNSによる情報収集行動」

若年層では、スマートフォンでSNSを活発に利用している。従来、グーグルやヤフー！などの検索エンジンで行ってきたような情報収集行動においても、SNSを利用することが主流になりつつある。

２０１６年年末に実施したNRI「生活者年末ネット調査」ではSNSによる情報収集行動について調査している。情報収集する際に利用する媒体は、検索エンジンが各年代ともトップに来るが、若年層ほどSNSによる情報収集をする人が多いことがわかる（図表３-２-３）。10代については、検索エンジンに迫るくらい情報収集をSNSで行っており、また10代・20代はテレビで情報収集するよりも、ＳＮＳで情報収集する人の方が多いくらいである。

ツイッターやインスタグラムなどのＳＮＳを使った情報収集には「ハッシュタグ」を使用する。ＳＮＳに投稿する際、関連するキーワードにハッシュ記号「#」を付けることで、ＳＮＳ内で同じハッシュタグのついた投稿をまとめて検索・閲覧することが可能となる。

例えば、ホテルの部屋から外を写真に撮ったときは、「#ホテルの部屋から」といった言葉を付けて投稿する。そして別の利用者が「ホテルの部屋から見える景色を確認したい」場合に、ハッシュタグによって関連する投稿を探すことができる。こうしたハッシュタグを利用したＳＮＳの情報収集では、自分が知りたい情報だけをまとめて探すのに便利であり、若年層中心に活用が進んでいるのである。

ＳＮＳでは「即時性・リアルタイム」「生の声」「面白い情報」が得られるから

若年層の間ではＳＮＳによる情報収集を活発に行っているものの、ＳＮＳから得られる情報を必ずしも信用しているわけではなさそうだ。「情報検索に利用した媒体を信用する割合」を尋ねたところ、テレビから得られる情報よりＳＮＳから得られる情報の方が信用している割合が低いのである（図表3－2－4）。テレビよりＳＮＳを使って情報収集する10代、20代の若年層であっても、テレビの方を信用しているという結果となっている。では、なぜＳＮＳを使って情報収集を行っているのか。

ＳＮＳで情報収集する理由は、トップが「最新の情報をいち早く入手したいから」で、「実際の利

図表3-2-4　情報検索に利用した媒体を信用する割合（「SNS」「テレビ」）

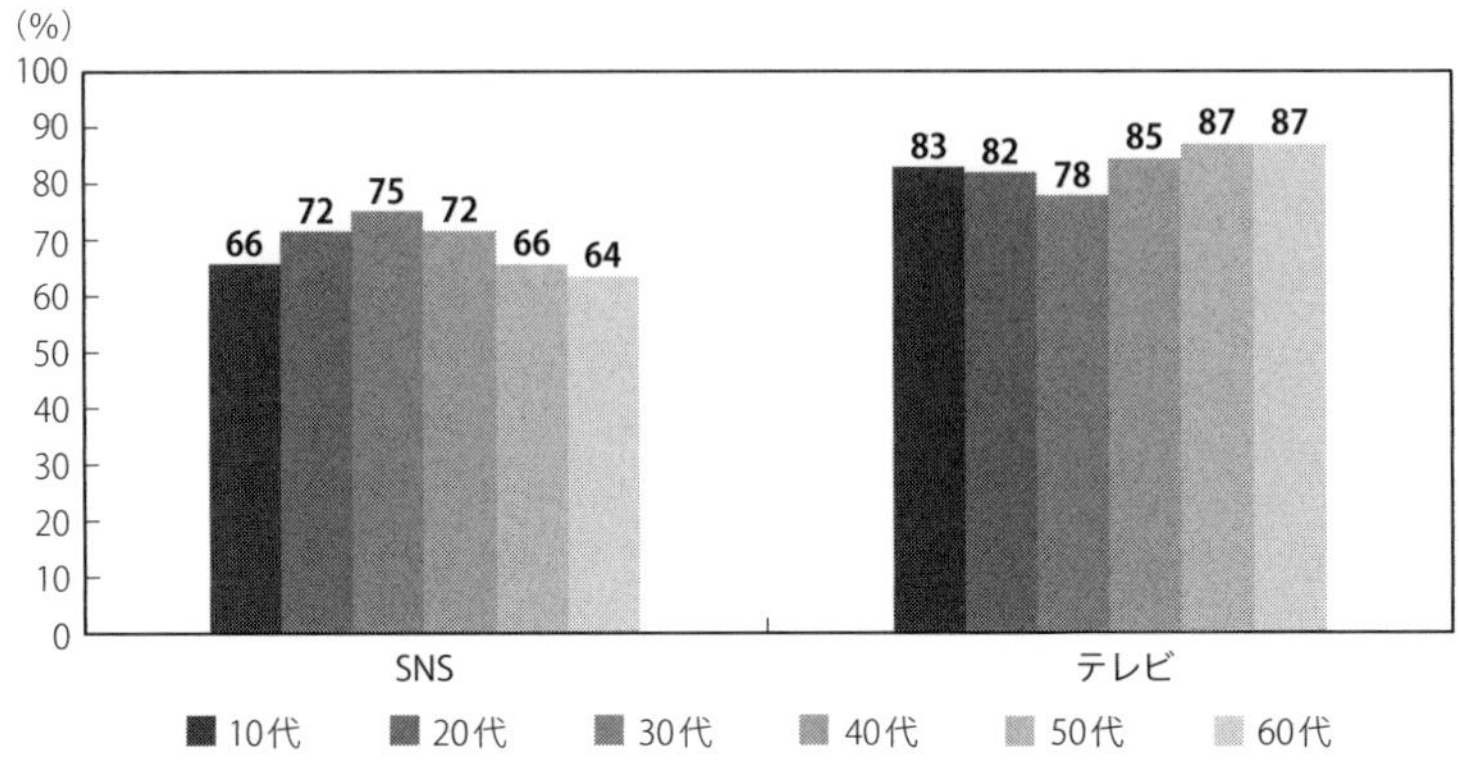

出所：NRI「生活者年末ネット調査」（2016年）

用者の生の声を直接知りたいから」「災害、事件、電車遅延などの状況をリアルタイムで知りたいから」が続く（図表3-2-5）。

ＳＮＳで具体的にどのような情報収集をしているのかを自由回答形式で回答してもらったところ、「電車がどれくらい遅れているのか（男性15歳）」「福岡の道路陥没事故（男性42歳）」（２０１６年11月８日に発生した事故であり、ＮＲＩ「生活者年末ネット調査」の実施直前であったため、多数回答があげられた）「旅行の行き先や観光したいところ（女性60歳）」「自分が行きたかったイベントをＳＮＳで検索して、参加者の感想を読み、自分も行った気になる（女性26歳）」などがあげられた。

即時性がある情報をリアルタイムで収集したり、投稿者による「生の声」、話のネタになるような「面白い情報」を得ることを目的として、ＳＮＳを使った情報収集をしているようだ。

例えば、旅行で泊まるホテルを決める際に、客室の様

図表3-2-5　SNSによる情報検索の理由

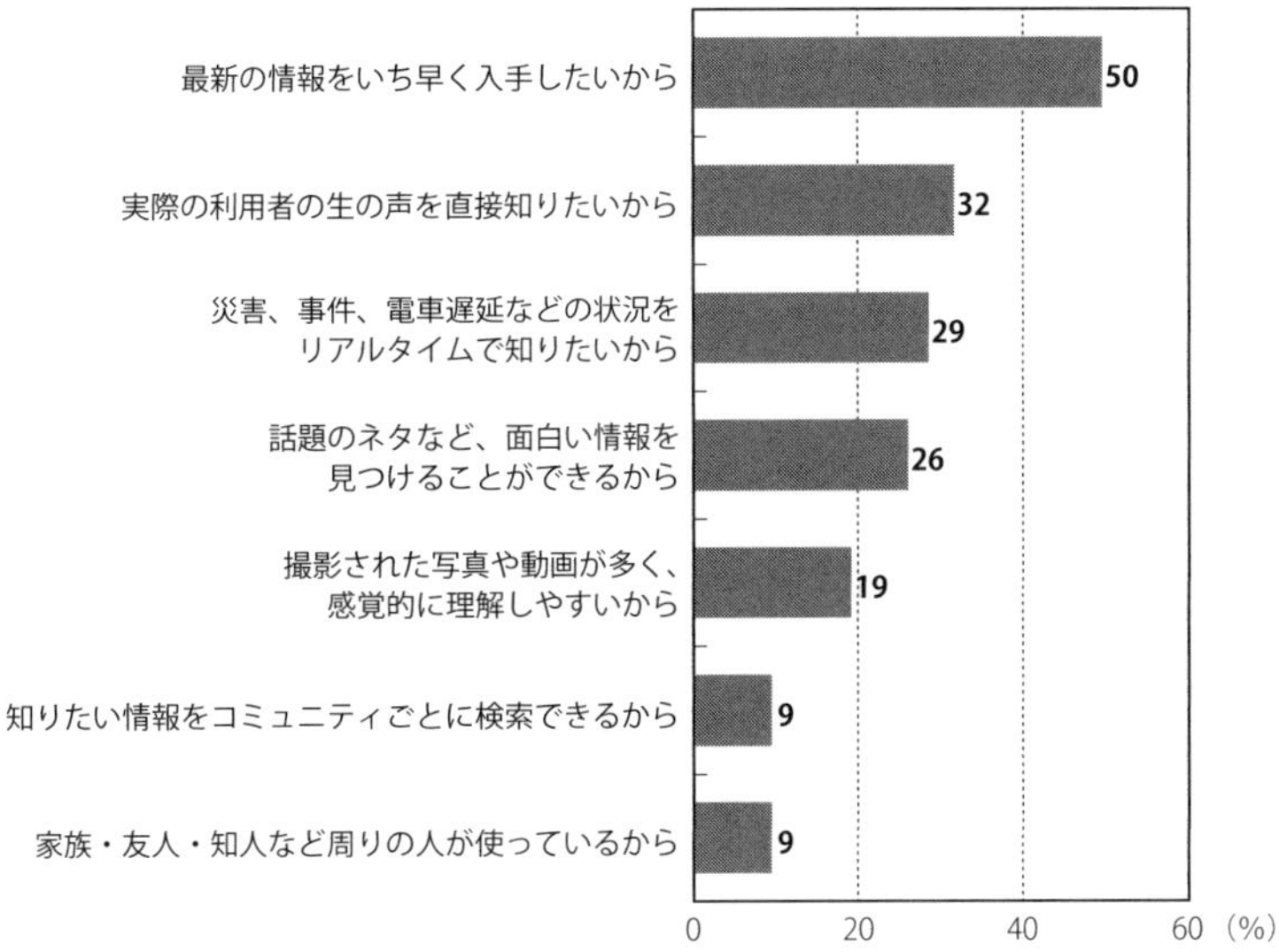

出所：NRI「生活者年末ネット調査」（2016年）

子で決めることもあるだろう。しかし、多くの旅行サイトでは、イメージ写真のような綺麗な写真しか出てこなく、しかも部屋が最も広く見えるように工夫されている。そのため、実際に訪れたときに事前のイメージとのギャップにがっかりした経験があるかもしれない。実際の広さや清潔さを知るのに、見栄えの良い綺麗な写真では参考にはならない。そのような場合にインスタグラムで実際にホテルを利用したユーザーの投稿を見ることで、今現在のホテルの様子やそれを利用したユーザーの生の声を把握することができる。旅行に出かける前から具体的なホテルの情報を把握することで、ホテル選びの失敗を回避するのである。

ＳＮＳツールによって異なる訴求方法が求められる

ＳＮＳを使った情報収集行動は、利用者のニーズによって使うＳＮＳツールが異なってくる。図表3－2－6は、各ＳＮＳツールとＳＮＳで情報収集した理由との関係性をコレスポンデンス分析により可視化したものである。図表の見方としては、ＳＮＳツールと情報収集理由の距離が近い項目が、より高い関係性があると解釈してもらえればよい。

例えばツイッターは、「災害、事件、電車遅延などの状況をリアルタイムで知りたいから」「実際の利用者の生の声を直接知りたいから」などの「即時性・リアルタイム」と「生の声」を求める人との親和性が高い。またインスタグラムは「撮影された写真や動画が多く、感覚的に理解しやすいから」が近く、「感覚情報」を求める人との親和性が強い。そしてフェイスブックは「家族・友人・知人など周りの人が使っているから」が近く、「つながり」や「正確な情報」を求める人との親和性が高い。

ツイッター、インスタグラム、フェイスブックは三者三様な使われ方をしていることがわかるだろう。

企業がＳＮＳを使ったマーケティング活動を行う上では、こうした利用者側の使い分けやニーズにマッチした訴求をする必要がある。例えば、今実施している販促など「即時性・リアルタイム」な情報を消費者に伝える場合はツイッターで行うことが望ましいだろう。また、パッケージや活用シーン

図表3-2-6　SNSツールとSNSによる情報検索の理由との関係性
（コレスポンデンス分析※による可視化）

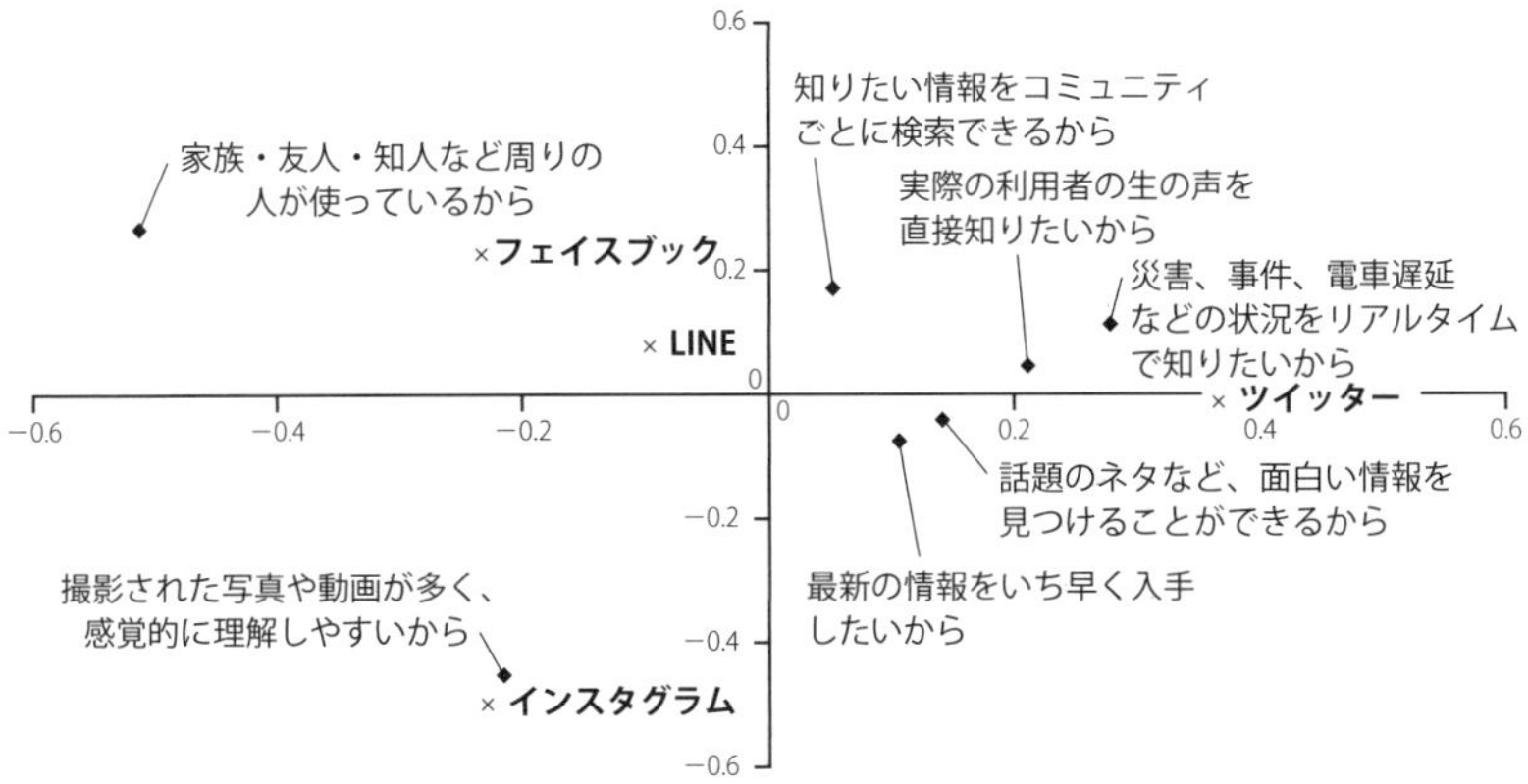

※コレスポンデンス分析：項目間の相関関係が最大になるように数量化し、関係性を視覚化する分析手法
出所：NRI「生活者年末ネット調査」（2016年）

などの「感覚情報」を伝えたい場合はインスタグラムであり、商品説明や入手方法などの「正確な情報」を伝えたい場合はフェイスブックに出すことで、より効果的・効率的に若年層を中心としたSNS利用者にリーチすることができるであろう。

シニア層は従来型のマスメディアを支持

ここまで若年層を中心とした「SNSによる情報収集傾向」について紹介してきたが、他方でシニア層にとって重要な情報源とは何か、現在のシニア層の情報収集の特徴を紹介したい。ここで改めて、商品・サービスを購入する際の情報源を年代別に細分化したものを図表3-2-7に示す。

図表3-2-1において、全体平均として急伸していた「ネット上の売れ筋情報」「評価サイトやブログ」といったインターネットによる情報収集

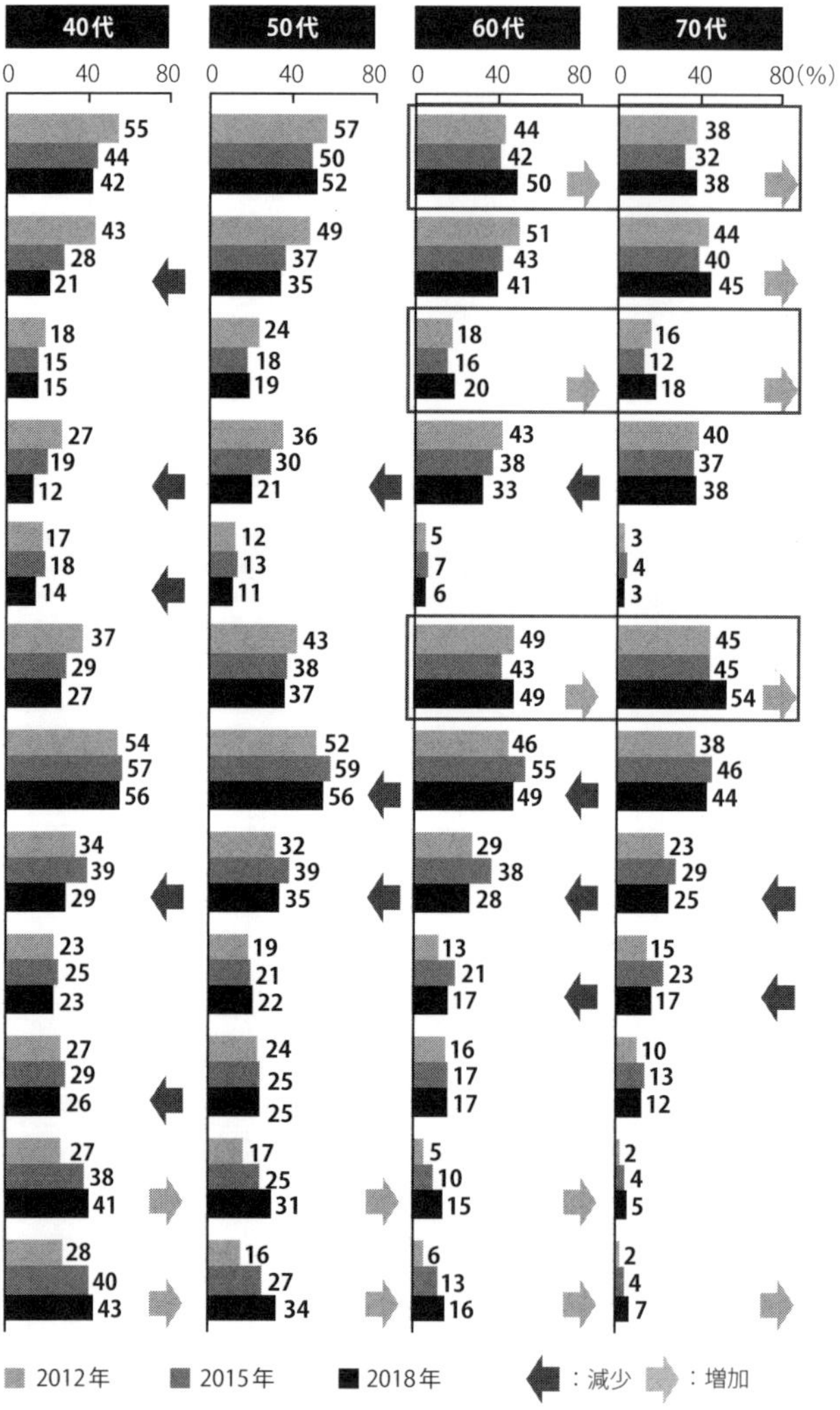
40代
50代
60代
70代
0 40 80
0 40 80
0 40 80
0 40 80(%)
55 44 42
43 28 21
18 15 15
27 19 12
17 18 14
37 29 27
54 57 56
34 39 29
23 25 23
27 29 26
27 38 41
28 40 43
57 50 52
49 37 35
24 18 19
36 30 21
12 13 11
43 38 37
52 59 56
32 39 35
19 21 22
24 25 25
17 25 31
16 27 34
44 42 50
51 43 41
18 16 20
43 38 33
5 7 6
49 43 49
46 55 49
29 38 28
13 21 17
16 17 17
5 10 15
6 13 16
38 32 38
44 40 45
16 12 18
40 37 38
3 4 3
45 45 54
38 46 44
23 29 25
15 23 17
10 13 12
2 4 5
2 4 7
2012年
2015年
2018年
：減少
：増加

図表3-2-7　商品・サービスを購入する際の情報源（年代別）

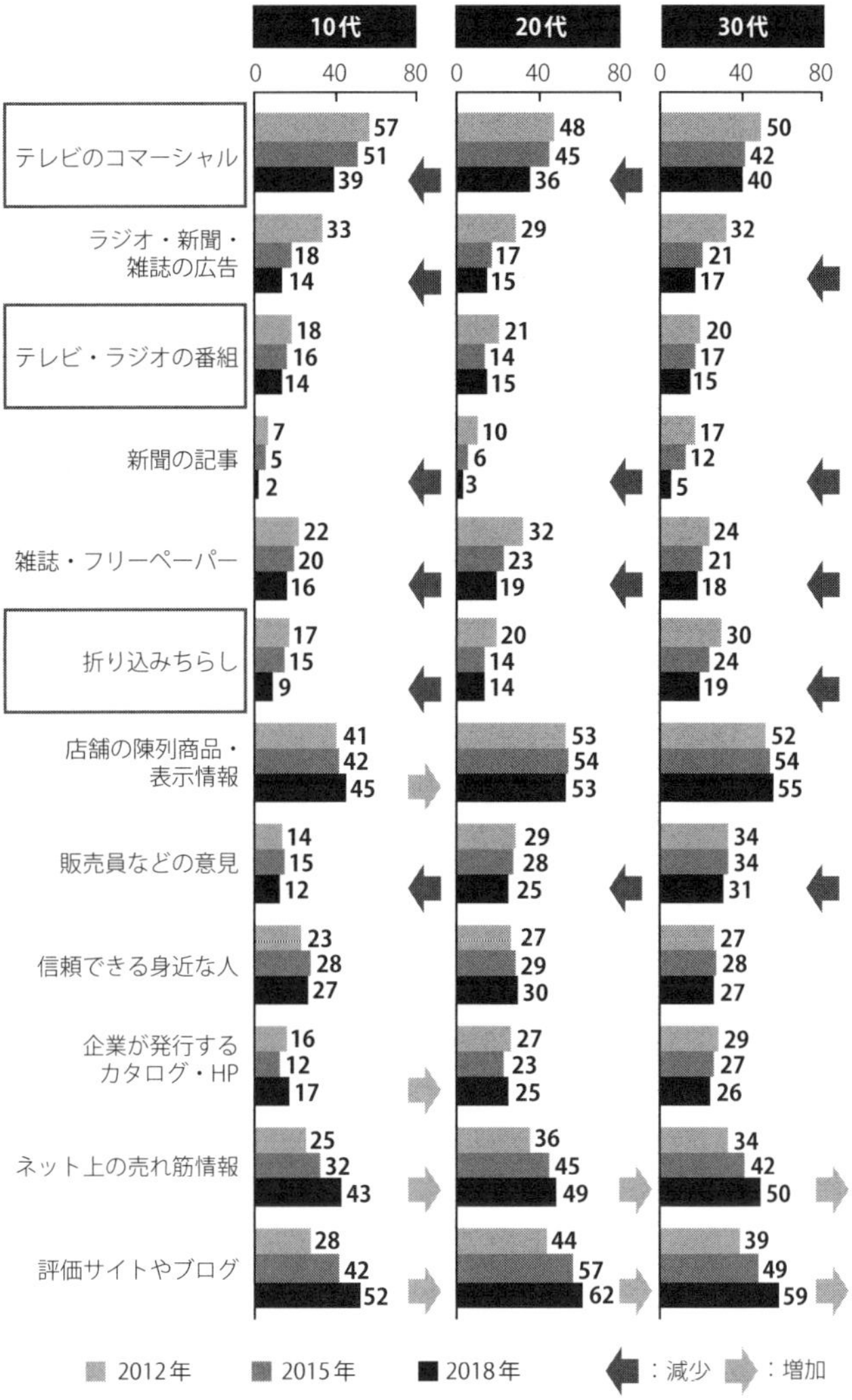

出所：NRI「生活者1万人アンケート調査」（2012年、2015年、2018年）

は若年層によるところが大きい。60代や70代のシニア層においても、インターネットによる情報収集は伸びているが、２０１８年調査時点ではまだ水準が低い。

情報源の参照割合を俯瞰してみると、シニア層ではテレビをはじめとする従来型マス媒体を情報源として利用する割合が直近やや増加しており、マス広告への回帰が見られる。

前節にて、情報処理能力が若年層に比べてやや劣るシニア層は利便性消費志向を強めているという内容を紹介したが、情報源とするメディア選択にもその傾向は現れている。インターネットを利用し、能動的に情報を取得するデジタル情報志向は高まりつつあるが、現時点では溢れる情報に対する疲労感から、「テレビのコマーシャル」や「ラジオ・新聞・雑誌の広告」「折り込みちらし」といった相対的には受動的に情報を得るマスメディアを情報源とする傾向が依然として強い。

シニア層にリーチするためのメディア活用とは

テレビ離れをしていないシニア層においては、「テレビのコマーシャル」は引き続き重要な情報源である。また、ラジオ・新聞などのメディアにも慣れ親しんでいた団塊世代が現在のシニア層の中心であることを踏まえると、「ラジオ・新聞・雑誌の広告」による訴求も有効である。

特に、メディアに対する信頼性を重視するシニア層にとっては、新聞は言うまでもないが、市区町村が発行する広報誌などの行政誌もまたよく読まれる媒体である。時間はたっぷりあるシニア層だけに、隅々までじっくり読まれる行政誌は、シニア層にリーチするための手段として活用できる。

また行政誌だけでなく、シニア層の利用が多い「クラブツーリズム」や、シニア層がお得に利用できるJR東日本の「大人の休日倶楽部（ジパング）」が発行する会員誌なども、シニア層に効果的に訴求することが期待できる。行政誌および会員誌には広告出稿が可能である。掲載情報は単発の商品・サービス売り込みの広告宣伝だけにとどまらず、記事自体に関連する情報であったり、シニア層に読まれる情報を意識して提供することが必要である。

また、新聞の購読率が高いシニア層には、新聞と一緒に提供される「折り込みちらし」もじっくり読まれる媒体である。図表3-2-7を見てもわかるように、情報の取捨選択が苦手なシニア層にとっては、おすすめやお得感のあるわかりやすい「折り込みちらし」は有力な情報媒体となる。シニア層における「折り込みちらし」の重要性を再認識し、デジタル領域でサービスを展開する企業が、あえて「折り込みちらし」というアナログなマーケティング施策を実施した事例がある。

現在普及が大きく進んでいるシェアリングサービス（※次頁コラム参照）の一つである、フリマアプリを展開する「メルカリ」は、2018年末に新聞折り込みちらしを北海道と愛知県にて配布している。一見、家電量販店のちらし広告にも見えるような馴染みあるデザインであるが、「徒歩0分！スマホの中でオープン！」「24時間営業中！」など、ユニークで目を惹く表現によりSNSなどでも大きな話題を呼んだ。

ちらしには実際に出品された商品が掲載されており、「トイレットペーパーの芯ですら売ることができる」といった意外性の訴求や、「洋服だけでなく、掃除機なども売れる」といった自宅に眠る遊休資産の商品の活用を喚起させる訴求内容である。

若年層を中心に活用が進むメルカリであるが、現在は使っていない遊休資産の商品のボリュームが期待できるシニア層は、まだ開拓できていない。シニア層に親和性の高い折り込みちらしを配布することで、効果的なアプローチを狙った施策である。

広告や情報がデジタルシフトする中で、ややその流れから遅れたシニア層では、「やはりマス媒体でよいとされているものが安心」と信頼を寄せる側面がある。新たなデジタル情報を積極的に活用する若年層と、使い慣れた従来型マス情報への依存度を強めるシニア層。マーケターはこの二極化傾向にも着目して、ターゲットに応じた情報提供をしていくことが求められる。

コラム

広がるシェアリングサービス

シェアリングサービスとは、カーシェアリングや配車サービスなどの「移動」、中古品売買などの「モノ」、民泊サービスやシェアハウスなどの「空間」、クラウドファンディング（インターネット上で投資を募る）などの「お金」、家事代行や育児サポートなどの「スキル」といった遊休資産の活用を目指し、利用者側のニーズと提供者側のリソースをマッチングさせるサービスのことである。

スマートフォンの普及により、消費者はインターネットに手軽にアクセスするようになった。さらには各種レンタルサービスやメルカリなどの中古フリマアプリなどが提供され、利用しやすい環境が整ってきたことで、個々人が持っている遊休資産についての情報交換が進むようになっている。求める人と提供したい人がマッチングされやすくなったことで、シェアリングに向かう消費者の意識が浸透していった。

NRI「生活者1万人アンケート調査」では、このシェアリング志向を「レンタルやリースに対する抵抗感」や「中古・リサイクルに対する抵抗感」の設問の回答傾向によって把握している。どちらもシェアリング各種サービスの利用意向との相関性が高いことを確認している。両項目ともシェアリングサービスが浸透する前から聴取している項目であるため、両項目を追うことで、シェアリングサービスが始まる前から普及するまでの消費者の意識の変化を追うことができる。

5歳刻み年齢別に「レンタルやリースに対する抵抗感」の変化を表したものを図表3-2-8に示す。2012年から2015年にかけては抵抗感がない人が各年代で増加していたが、2015年から2018年にかけては一部シニア層の意識が高まっているものの、若年層側では大きな変化が見られなかった。2012年から2015年にかけては、2013年にフリマアプリのメルカリが登場するなど、サービス事業者側に大きな展開があったが、2015年から2018年にかけては、消費者に

図表3-2-8　レンタルやリースに対する抵抗感の変化

問	A. **レンタルやリース（お金を出してものを借りること）を使うことに抵抗はない** B. 自分の使うものは、なるべく買って自分のものにしたい（レンタルやリースは使いたくない）

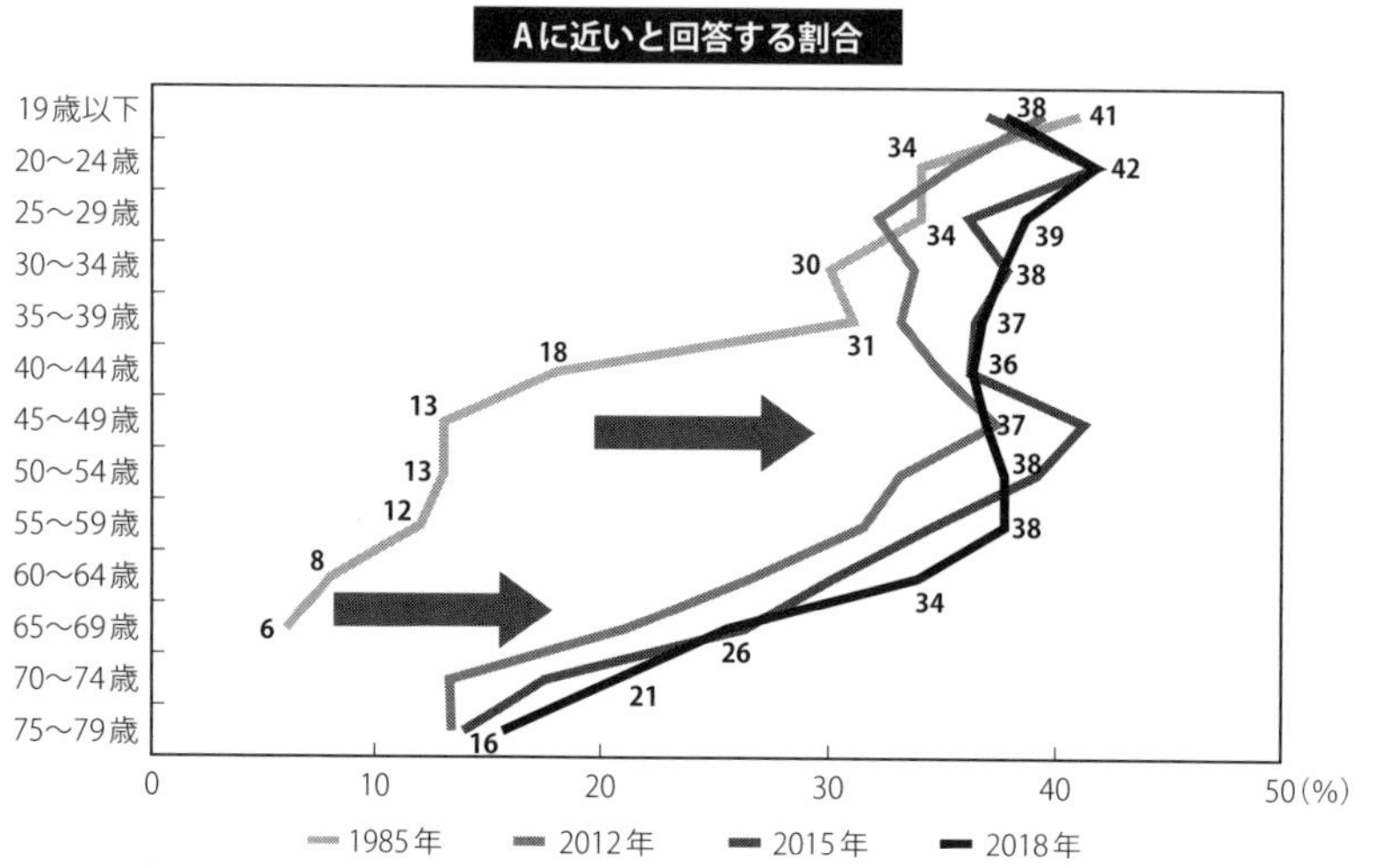

出所：NRI「生活者アンケート調査」（1985年）、NRI「生活者1万人アンケート調査」（2012年、2015年、2018年）

インパクトを与えるサービス展開が少なかったことが、意識の高止まりに影響しているとみられる。

ただし、意識の高止まりは見られるものの、2015年～2018年にかけて毎年年末に実施しているNRI「生活者年末ネット調査」の結果からは、シェアリング各サービスの認知・利用意向は進んでいることがわかっている。そして2018年のNRI「生活者年末ネット調査」では、シェアリングサービスに対する利用割合や年間の利用金額について聴取した。

シェアリングサービスは若年層ほど利用割合が高く、特に20代は年間平均として2万円程度利用

図表3-2-9　シェアリングサービスの利用割合・年間平均利用金額（エリア別）

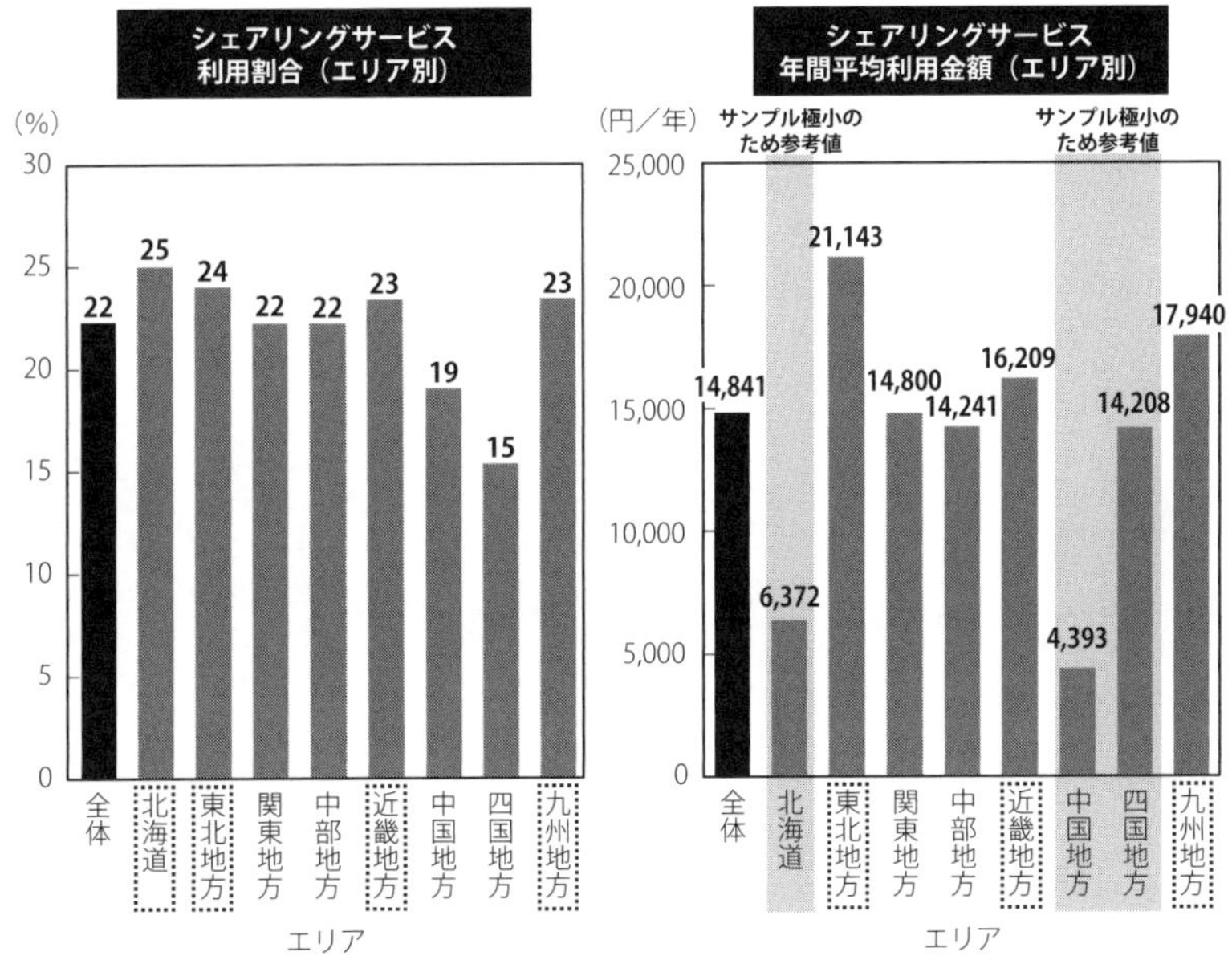

出所：NRI「生活者年末ネット調査」（2018年）

している。この結果については、メルカリなどが若年層中心に広く浸透している現状を見れば妥当であると考えられるが、今回の調査でユニークであったのが地域別に見た特徴である（図表3-2-9）。

通常、先進的なサービス利用については、若年層が比較的多くて情報感度の高い関東地方が利用する割合が最も高く、その他の地方部では利用割合が下がる傾向にある。しかしシェアリングサービスについては、関東地方よりも北海道・東北・九州・近畿地方において利用割合および年間平均利用金額が高かったのである（北海道の利用金額については、利用者の調査サンプル数が少なく誤差が大きいと想定されるため、参考値扱いとしている)。

都会と比べて、地方は専門店の数も限られ、ニッチな商品は手に入れづらい。さらには、生産が終了した商品については、通常のインターネットショッピングでも購入は難しい。そのような商品を含め、地方のお店では入手自体が困難であったり、欲しい商品を手に入れるために複数の店舗を探しまわる手間がかかったりする。それを考えると、メルカリなどのシェアリングサービスの利用が進むことは頷ける。シェアリングサービスが地方在住者の消費活動を支える効果は大きいとみられ、地方在住者の生活を支える手段として浸透していくことが期待される。

3 二極化③：ネット通販vs.リアル店舗

――計画購買はネットで、リアル店舗には五感での体験や出会いを期待

情報源がデジタル系に寄る一方で、リアル店舗の情報参照は減っていない

前節で、商品・サービスを購入する際の情報源が、デジタル系のメディアに大きく寄ってきており、特に「スマートフォン」による情報収集が盛んになっていることを紹介した。もう一点注目されるのが、マス広告の参照度が減少しているのに比べ、「店舗の陳列商品・表示情報」、「販売員などの意見」などリアル店舗の情報参照が減っていないことである。

デジタル化が進み、スマートフォンでよりシンプルなネット情報の取得が行われるようになる一方で、見て、触って、といった五感での商品判断や顔の見える販売員のおすすめなどは依然として重視度が高いということになる。

図表３-３-１　買回り品購入チャネルを利用している割合の推移（１年間での利用経験率）

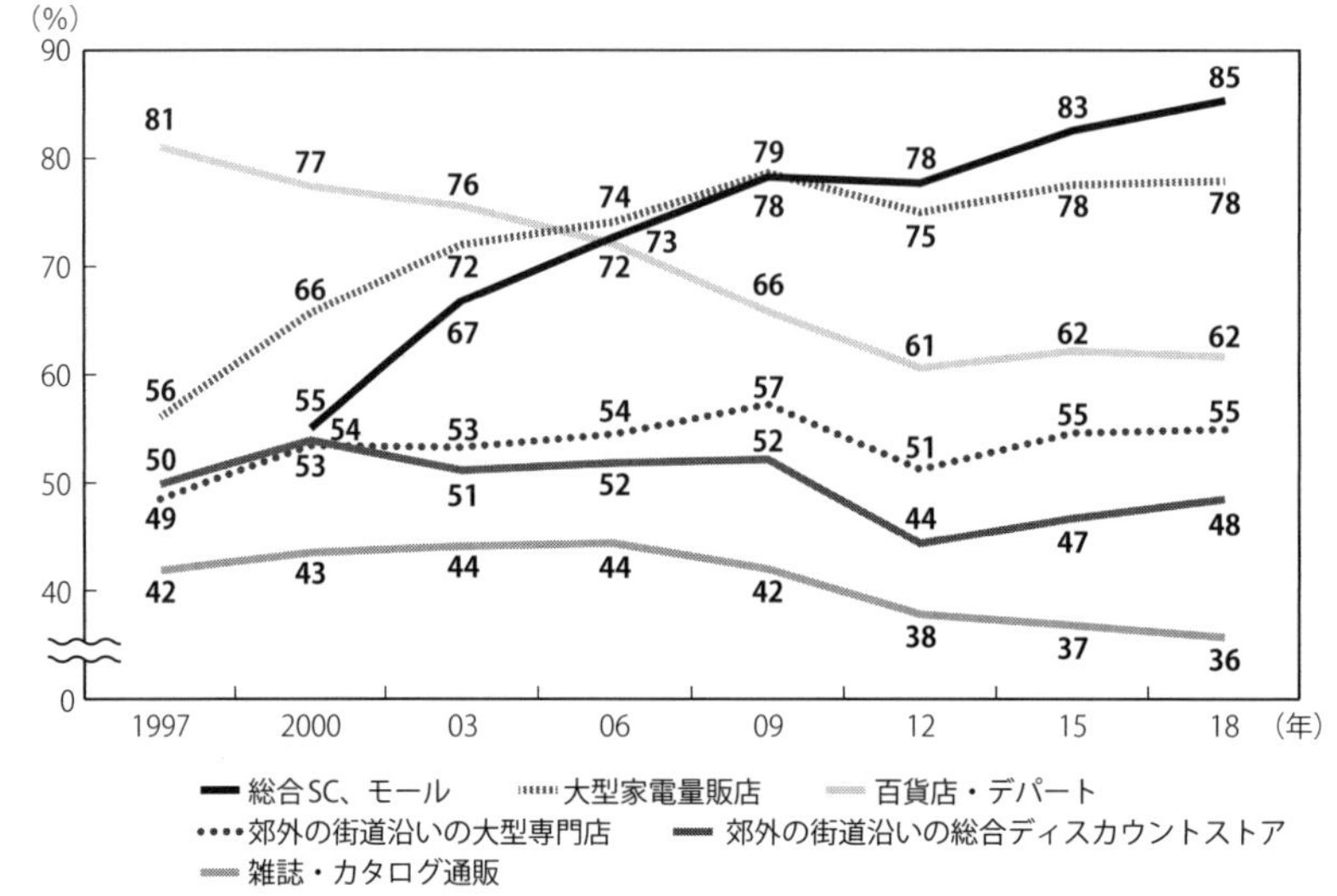

※・総合SC、モールとは「総合ショッピングセンター、ショッピングモール」である
　・総合SC、モールは2000年より聴取
出所：NRI「生活者1万人アンケート調査」（1997年、2000年、2003年、2006年、2009年、2012年、2015年、2018年）

実際のリアル店舗の利用率を見てみよう。買回り品購入チャネルの１年以内利用率を１９９７年からの時系列で見ると（図表３-３-１）、「雑誌・カタログ通販」を除くいずれのチャネルも２０１２年以降で増加傾向となっている。

特に「総合ＳＣ、モール」（正式項目名：衣料品店、飲食店、映画館などからなる総合的なショッピングセンター、ショッピングモール）の伸びが大きい。さらに、大きく減少を続けていた「百貨店・デパート」も２０１２年に下げ止まりが見られる。これらの傾向については、第１章で日本人の余暇活動の変化について紹介した、「街レジャー」の台頭の影響が見て取れる。

消費者の側で、「とりあえず街に出て何か楽しんでみよう」という余暇の過ごし方が増加していること、また、その体験志向に対してリアル店舗側でも「体験・エンターテインメント性」を楽しんでもらえるよう店舗やサービスを改善していることで、これらのリアル店舗には人が集まってくるようになった。どの程度の頻度で訪れ、どこに、どれだけお金を使っているかはともかく、リアル店舗に消費者の客足は向いているということになる。

また、２００９年から２０１２年にかけて利用率が下落し、インターネット通販台頭のあおりが懸念された「大型家電量販店」（正式項目名：大型家庭電器店、大型パソコンショップ、大型カメラ店）、「郊外の街道沿いの大型専門店（自動車用品、紳士服、スポーツ用品など）」、「郊外の街道沿いの総合ディスカウントストア」についても、２０１２年以降は増加に転じている。

第１章でデータを紹介したとおり、インターネット通販が利用率・利用頻度とも大きく拡大する一方で、リアル店舗の利用率については減少がみられず、むしろショッピングモールなどのエンターテインメント性の高いチャネルでは増加する傾向すら見て取れる。

リアル店舗に期待される五感での体験、エンターテインメント性や出会い

リアル店舗における買い物意識・行動の変化を直近２回の調査で見ると、「買い物に出かける前に、

図表3-3-2　店舗利用における意識・行動

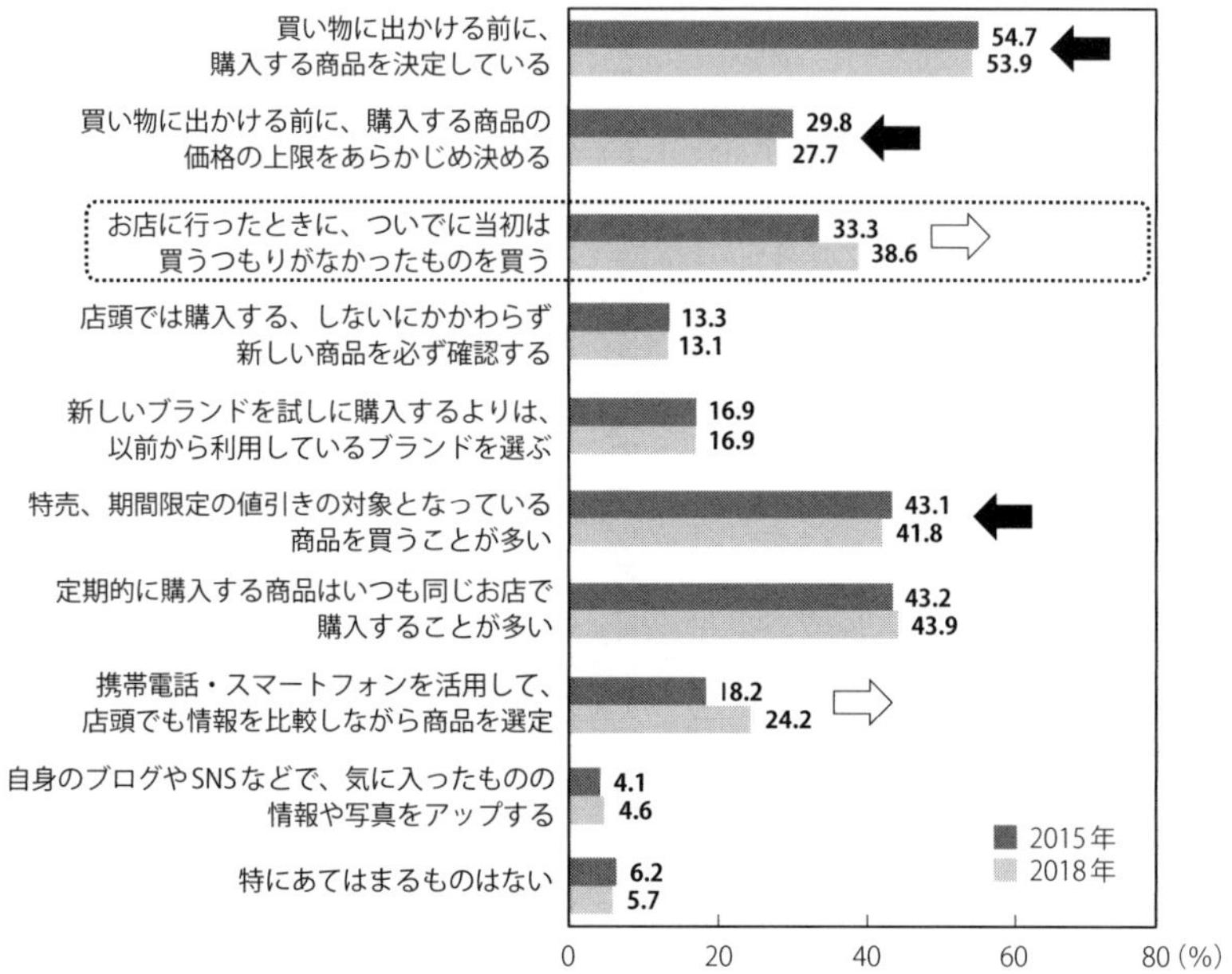

出所：NRI「生活者1万人アンケート調査」（2015年、2018年）

購入する商品を決定している」などの計画購買がリアル店舗で行われる割合は減少している一方で、「お店に行ったときに、ついでに当初は買うつもりがなかったものを買う」は、この3年で顕著に増加している（図表3−3−2）。

ここからは、計画購買であれば利便性・経済性の高いネットチャネルが選択され、リアル店舗に期待されているのは五感での体験、買い物行動自体のエンターテインメント性や新しい商品・サービスとの出会いであることがうかがえる。言い換えれば、インターネットショッピングをよく利用するようになった今でも、リアル店舗でしか享受できない体験、

図表3-3-3 「インターネットで購入する場合に実物を店舗で確認するかネットだけで買うか」の回答割合の推移

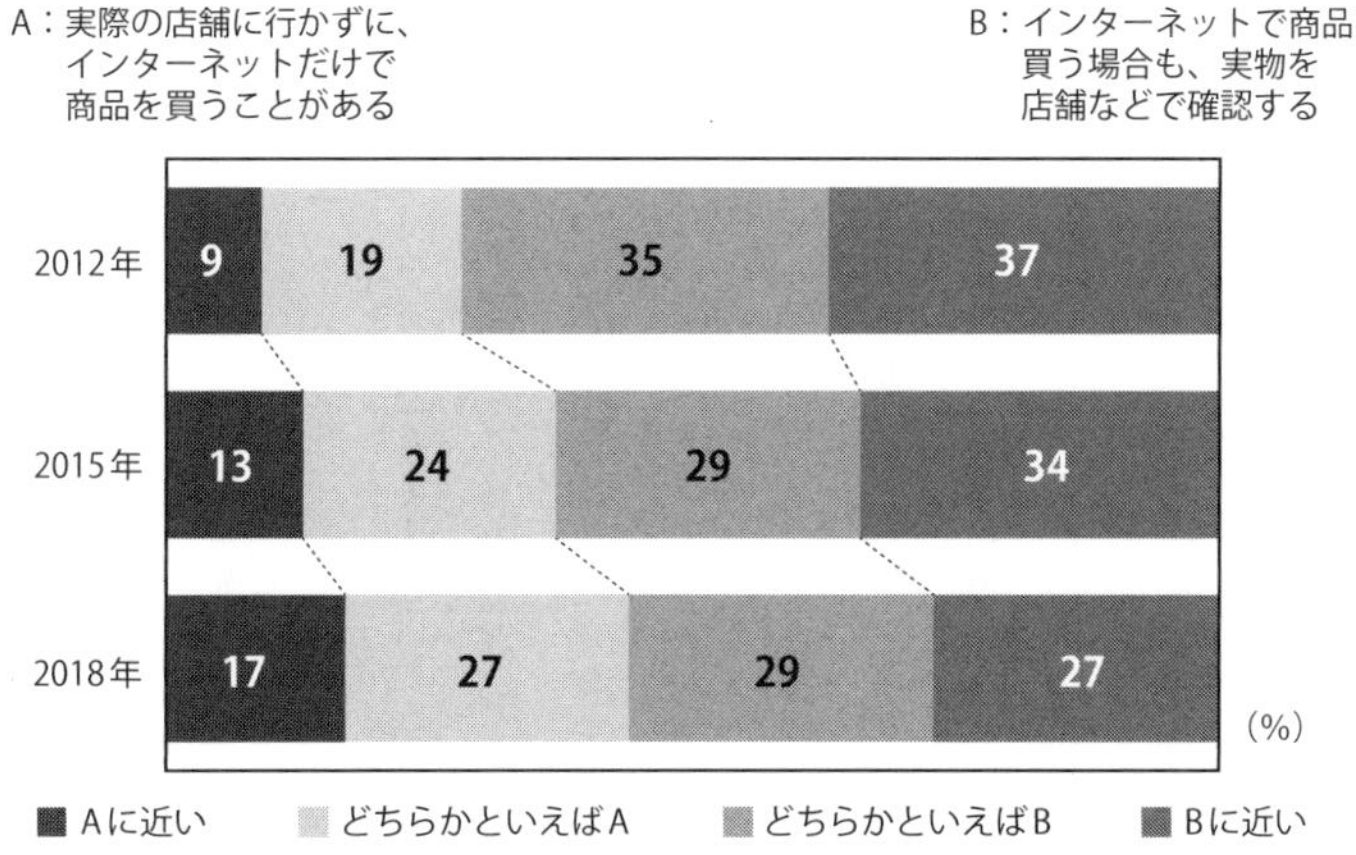

※無回答を除外して集計している
出所：NRI「生活者1万人アンケート調査」(2012年、2015年、2018年)

エンターテインメント性、出会いを求めて、消費者はリアル店舗を訪れているのである。

図表3-3-1に示すとおり、これらを提供することなく通販機能に特化したチャネルである「雑誌・カタログ通販」の利用率が唯一減少し続けているのも、その現れだろう。

また、「A：実際の店舗に行かずに、インターネットだけで商品を買うことがある」と「B：インターネットで商品を買う場合も、実物を店舗などで確認する」のどちらに近いかについて尋ねた質問で、「実物を店舗で確認せずにインターネットだけで商品を買う」(Aに近い)と答える人の割合は、2012年以降で調査回を重ねるごとに拡大している(図表3-3-3)。

インターネット通販で購入されるモノ・サービスが多様化、少額化してきている影響もあると思われるが、消費者はリアル店舗を、ネットショッピングの際に単なる実物を「確認」するための場とは考えなくなってきているということである。ショールーミング（商品を購入する際にリアル店舗に訪れて現物を確かめるが、実際の購入はその店舗で行わずにインターネット通販で購入すること）という言葉があったが、この「ショールーム」が担う役割は現物確認以上に拡大しているともいえる。

実際に、ショールーム型のリアル店舗が多く登場しており、リアル店舗を体験とエンタメ、出会いの場として活用し始めている企業も多い。例えば、Panasonic Beauty SALON 銀座は２０１７年にオープンした美容家電の体験型サロンである。美容家電を簡単に試せるクイック体験や予約制の個室セルフエステなどで、パナソニックの美容家電をさまざまな形で体験できる。プロのビューティアーティストによるカウンセリングとアドバイスも受けられ、その他の美容に関連する異業種とのセッションなどから最新の美容トレンドについての情報も得ることができる。

店舗はショールーム、店舗はサロン、と割り切って活用している企業もある。アパレルオンラインＳＰＡ企業「Everlane」（エバーレーン）では、店舗はニューヨークとサンフランシスコの2店舗のみで展開しているが、これらのリアル店舗はあくまでショールームの役割のみを果たしている。店内に在庫はない。顧客は店舗で試着が可能だが、購入はタブレット端末を使用し、ウェブサイト上で完了。購入した商品を持ち運ぶ必要がない。

また、同じくアパレルオンラインＳＰＡ企業である「MM. LaFleur」（エムエムラフルール）では、単なるネット販売だけでなく、商品を数点合わせたセットを定期的に送るサービスも展開している。リアル店舗はサロンとしての役割を果たしており、顧客の購買履歴から顧客の嗜好を理解した上で接客し、効果的な顧客サービスを行っている。

体験を売りにした商業施設も増えてきている。銀座にあるエリア最大の商業施設ギンザシックスでは、独特の贅沢な空間デザインと各ショップが提供する「ここでしかできない体験」を魅力として多くの消費者を集めている。例えば、ギンザシックス内にある銀座蔦屋書店では、「本を読むためのお茶」や「本を読むためのマグカップ」を陳列しており、体験とそれに基づくシーン提案による商品との出会いを演出している。

また、福岡にある鶴屋百貨店では地域住民に愛される店づくりを重視し、結果としてこの百貨店不況の中でも売り上げを伸ばしている。例えば、「買い物を待つ」家族目線に立ち、売り上げがあがらない場所を、無料で利用できるクラシック音楽の鑑賞ルームや子どもが飽きずに遊べる充実のキッズスペースに改装した。そのことにより、売り場面積は減少したにもかかわらず売り上げは伸びた。

さらに従業員全員を魅力ある店づくりに参加させることで、現場の意識改革を行っている。来店客へのサービスとしてクリスマスなどのイベントごとに曲を披露する「鶴屋コーラスグループエンジェリア」は従業員のアイデアにより実現された。また、「鶴屋ララ大学」として百貨店接客現場で日々培ってきた従業員の「伝えるスキル」を活かし、商品知識やノウハウを地域住民の日常生活に役立てる取り組みを行っている。

商業施設や百貨店だけでなく、スーパーマーケットの業態で顧客のファン化を図っている企業もある。老舗スーパーチェーンのカスミでは、従業員の発案により、集合住宅の多いエリアにおいて定期的に体操教室や料理教室をイートインスペースで実施するなどして、地元住民のコミュニケーションの場を提供している。こどもの日やハロウィンなど祭事系イベントや、発案する従業員の特技を活かしたオリジナルの工作教室などの、地域住民との交流を深める体験型イベントを開催し、顧客のファン化につなげている。

こうしたアイデアは、従業員間のコミュニケーションツールとしてSNSを活用することにより生まれている。施策アイデアや工夫された売り場画像がSNSに投稿されることにより、店舗をまたいだアイデアの醸成が行われている。

一方で、図表3-3-2に見るとおり、「スマホなどで店頭でも情報を確認」も大きく伸びており、「店頭で新しい商品を見つけて興味を持ち、その情報をスマホで調べる」といった行動の拡大が顕著であることがうかがえる。リアル店舗ならではの情報を取得し、買い物の楽しみを享受しながら、購買意思決定の際にはスマートフォンでの情報取得も怠らない。消費者のネットとリアルの使い分けはますます高度化してきている。

リアル店舗においては、「エンターテインメント性」で集客しながら、「体験」、「新しい出会い」を意識した陳列や施策で消費者の興味をひき、そこからスマートフォンによる情報検索にスムーズに移行させ、離脱を少なくする。そのような、デジタル化時代における消費者のリアル店舗とデジタル情報の使い分け意識に着目したマーケティング施策が求められる。

日常チャネルではコンビニエンスストアとドラッグストアが伸長

リアル店舗については、日常的に利用するチャネルの時系列傾向も、ここで紹介しよう。日常的に利用するチャネルでは、月あたり平均利用回数の推移を見ているが、2018年調査では、初めて「コンビニエンスストア（セブン-イレブン、ローソン、ファミリーマートなど早朝から夜遅くまで営業している店）」の利用頻度が「食品スーパー」（正式項目名：主に食料品・日用品を販売しているスーパーマーケット）の利用頻度を上回った（図表3-3-4）。

これには世帯の小規模化と消費の個人化が影響していると考えられる。単身世帯や夫婦のみ世帯が増加し、またより大人数の世帯であっても家族それぞれが自分の行動時間に応じて消費をするようになった結果、多様な商品を少量パッケージで扱うコンビニエンスストアで、少量ずつを高頻度で買うという消費行動が主流になってきたことがうかがえる。コンビニエンスストアは、もはや昔のように若者が小遣いでお菓子や飲料、雑誌などの「楽しみのための品々」を買っていくだけの場ではなくなっているのである。次項で詳しく紹介するが、実際に利用者の年齢も高まってきている。

また、「薬局・薬店、ドラッグストア」の利用頻度の伸びも顕著であり、こちらも「GMS」（正式項目名：衣料品・家電なども販売している総合的なスーパーマーケット（イトーヨーカドー、イオン

図表3-3-4　日常的に利用する購入チャネル別の平均利用頻度の推移
（月あたり平均利用回数）

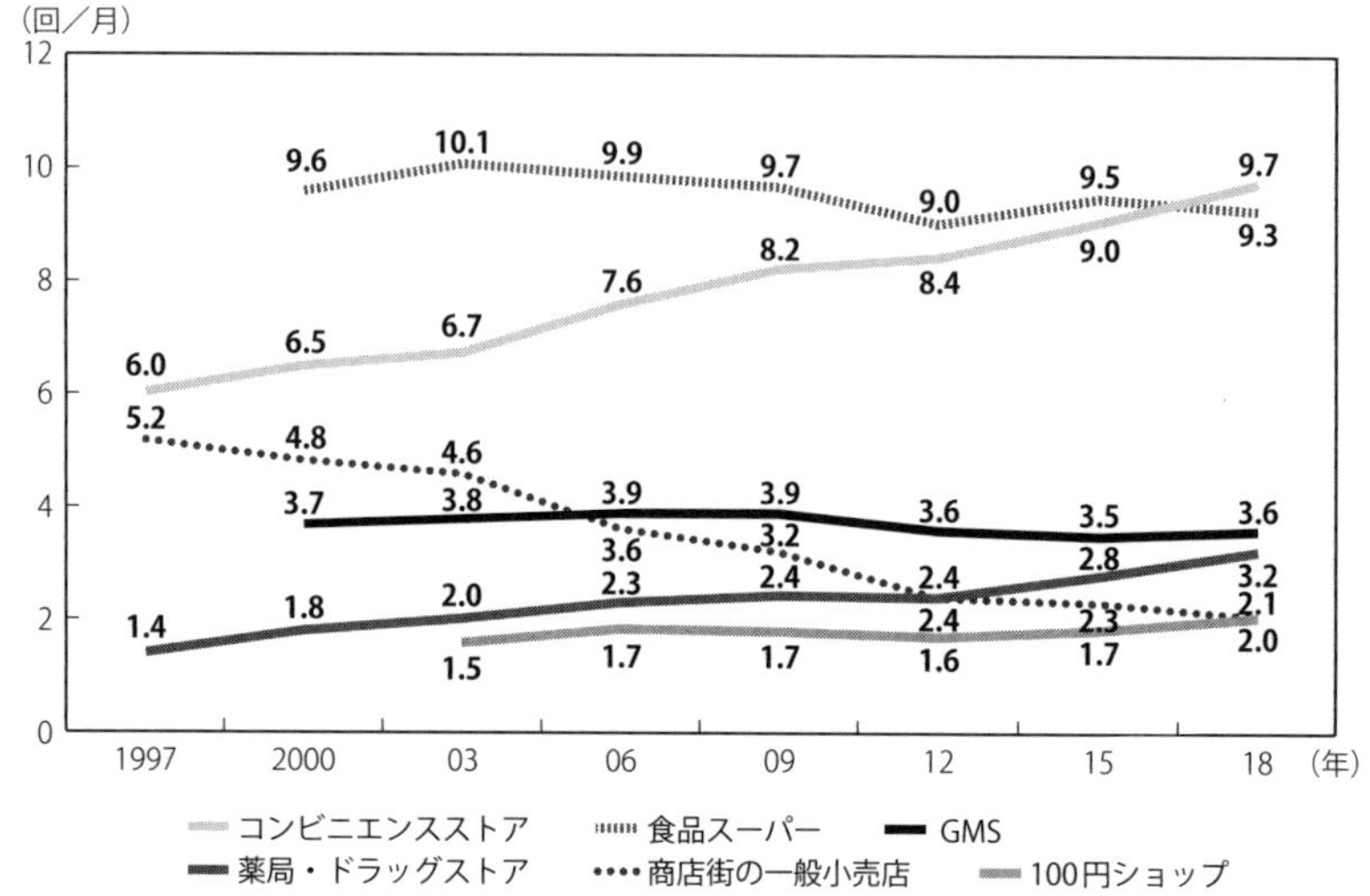

※・各チャネルの利用頻度の回答結果を加重平均して算出した値である
・GMSとは「衣料品・家電なども販売している総合的なスーパーマーケット」である
・食品スーパー、GMSは2000年より、100円ショップは2003年より聴取
出所：NRI「生活者1万人アンケート調査」（1997年、2000年、2003年、2006年、2009年、2012年、2015年、2018年）

など）の利用頻度に迫る勢いだ。

　これについては、主にドラッグストアの取り扱い品目の拡大の影響が大きいだろう。今やドラッグストアは医薬品だけでなく、化粧品・トイレタリーは当たり前として、それ以外の日用雑貨や家庭用品、食品・飲料など、消費者が健康的な生活を送る上で必要なすべての商材を取り扱っている。

　カウンセリング機能の充実も掲げられており、リアル店舗としての体験提供面での訴求も十分だ。ここに行けば相談に乗ってもらえ、日常生活を送るのに必要なものがほぼすべて揃うという安心感は、今後さらに高齢化が進み、セルフメディケーションや買い物弱者対応の重要性が増していく中で、ドラッグストアの利用頻度をさらに高めていくだろう。「コンビニエンスストア」が「食品スーパー」を追い抜いたように、２０２１年調査時には、「ドラッグストア」が「ＧＭＳ」を追い抜いているかもしれない。

高年齢化の進むコンビニエンスストアユーザー

コンビニエンスストアについては、利用の高頻度化が進んでいることは述べたが、実際にはどの年代で利用頻度が高まっているかを見てみよう。年代別コンビニエンスストアの平均利用頻度を見ると、実は10代では減少傾向、20代では頭打ちとなっており、伸びているのは30代以上であることがわかる(図表3−3−5)。

年代別利用頻度には世代の影響が強く見られ、２０１８年の20代の利用頻度は、ちょうど10年前の10代の利用頻度と同じくらいで、２０１８年の30代の利用頻度は20年前の10代と同水準である。そして、利用頻度の上昇が顕著な40代の２０１８年の利用頻度は、20年前の20代とやはり同水準なのである。

つまり、コンビニエンスストアの利用頻度は、世代ごとにある程度固定されており、だとすれば次回調査以降では20代の利用頻度が減少、40代以上の利用頻度はますます伸びてくるであろうことが予想される。コンビニエンスストアの利用頻度増加の背景には、先に述べた世帯の小規模化と消費の個

図表3-3-5　年代別コンビニエンスストアの平均利用頻度と延べ利用人数の推移

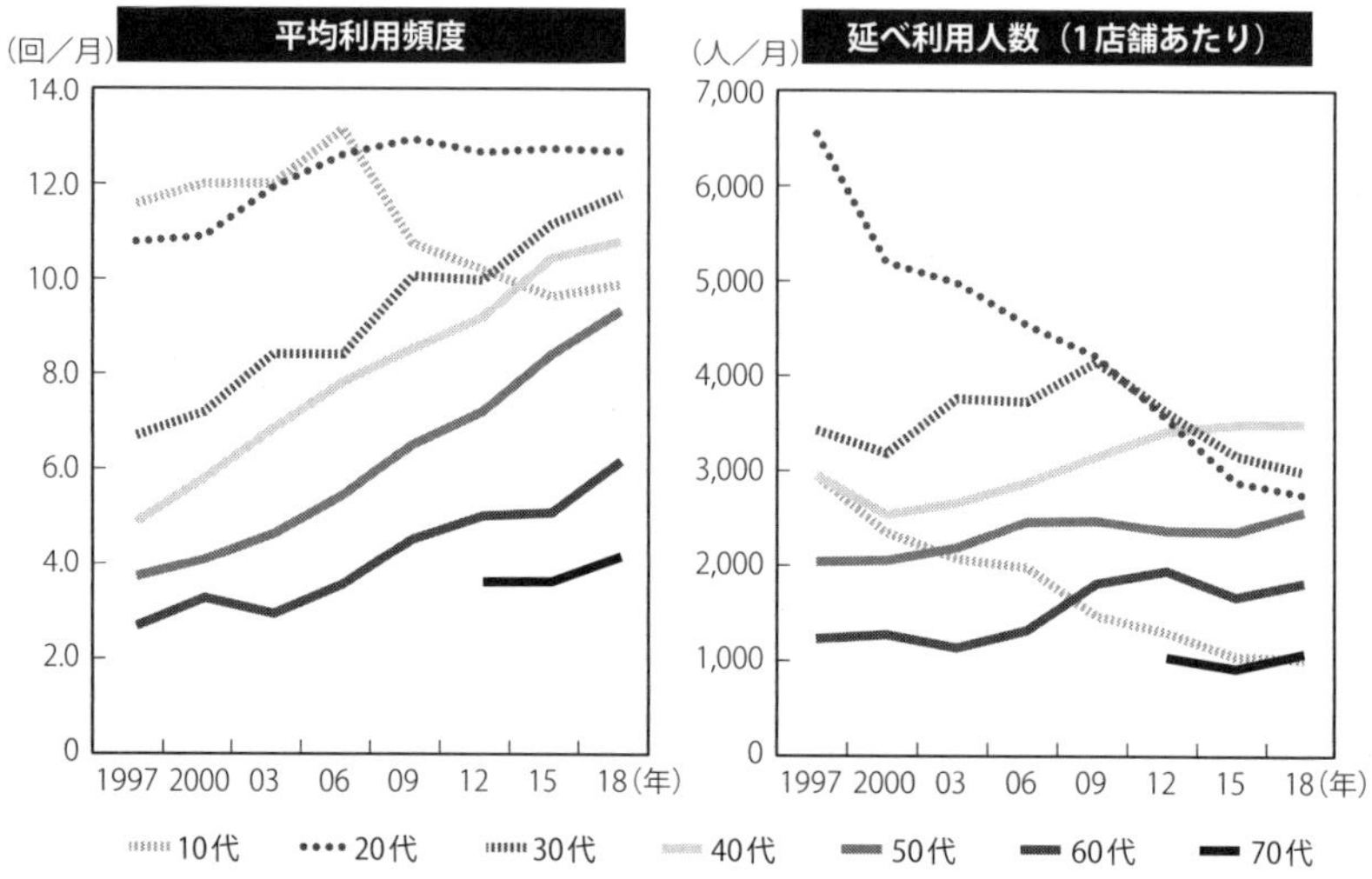

出所：NRI「生活者1万人アンケート調査」（1997年、2000年、2003年、2006年、2009年、2012年、2015年、2018年）、国立社会保障・人口問題研究所資料、日本フランチャイズチェーン協会資料よりNRI作成

人化の影響のほか、こうした世代別の利用頻度の傾向と、世代別人口構成の変化の影響もあると考えられる。

また、平均利用頻度×人口÷店舗数の式で、1店舗あたり延べ利用人数を推計することができるが、20代が激減しており、2015年調査以降では40代が最も高い構成比を占めている。直近では50代以上の高年齢層の伸びが顕著であり、70代の延べ利用人数が10代を上回った。以前、コンビニエンスストアといえば、店頭に10代の若者がたむろして飲食しながら会話を楽しんでいるイメージだったが、最近では60代、70代のシニア層が総菜を買っていく姿を見かけることの方が増えていることになる。

現代の10代は、SNSを通じたチャッ

トで会話を楽しむことができるため、あえてコンビニエンスストアの店頭に集まって顔を合わせなくても、友人とのコミュニケーションが十分できる、ということも影響しているかもしれない。

なお、コンビニエンスストアの延べ利用人数自体は増加しているが、店舗数がそれを上回る勢いで伸びており、最近の2年では1店舗あたりの延べ利用人数は減少している。実際、今後の人口減少、またネット通販やドラッグストアなどの競合チャネルの活性化を鑑み、出店ペースにはブレーキがかかり始めた。今後は新しいユーザー像と利用シーンを見据えた、既存店の収益力向上に注力されていくことが予想される。

コラム

計画購買における利便性のほかにネット通販が叶えるもの

計画購買であれば利便性の高いネットチャネルが選択される、と本文中で指摘したが、そのほかにネット通販ならではの利用のされ方がある。

NRI「生活者年末ネット調査」(2018年)では、ネットショッピングでの「ユニークな買い物体験」について自由記述形式で尋ねているが、その中には図表3-3-6に示すような回答が見られる。

図表3-3-6　ネットショッピングでの「ユニークな買い物体験」自由回答

「ネットでなければ見つけられなかったもの、近くに売っていないもの、今ではリアル店舗で売っていないものを購入」

- ハロウィンの時期だけ、スマホのカバーをデコりたくて、スマホカバーを購入した。iPhone ではないので、店頭などにはなかなか並んでないため、いつもネットで探している。（40 代女性、パート・アルバイト）
- コスプレにハマっているが地方のため店がない。ウィッグ、衣装などすべて通販で揃えた。（20 代女性、公務員）
- ドラッグストアのレジ横にあったメガネの鼻あてを購入してみたらとてもよかったのでまた買おうと思ったら半年後にはもう置いていなかったので以来ネットショッピングを利用している。レジ横にあるものはよく変わるので良い出会いがあってもずっとそこにあるとは限らないのでネットがあると便利。（30 代女性、会社員（その他））

「家族に内緒のもの、人に知られたくないものでもネットなら購入しやすい」

- 2,000 円強の町歩きに関する本を家族に内緒で買ったが、内容が面白くつい周りに話したくなる。（20 代男性、学生）
- アダルト系のグッズは、ネットだと抵抗なく買えるので時々購入する。（20 代男性、会社員（事務系））

「リコメンド表示される関連商品の購入」

- ドラレコ取り付けキット（接着剤）を買ったときに関連で表示された評価の良い接着剤を買ってしまった。（20 代男性、会社員（技術系））
- 腰痛対策のサプリを買うつもりがつい、低反発マットレスを買ってしまった。（50 代男性、自営業）

出所：NRI「生活者年末ネット調査」（2018 年）

まずは、ネットでなければ見つけられなかったもの、近くに売っていないもの、今では売っていないものを買うことができるという、空間と時間を超えた消費である。インターネットがここまで普及していなければ、例えば地方在住者であれば、趣味の仲間と知り合うことも、情報交換をすることも、ましてやそこから派生した趣味グッズの購入も難しかっただろう。

コスプレのウィッグや衣装を通販で揃えたという20代女性は長野県在住で、リアル店舗が近くにないためネットを利用したと回答してくれた。また、メガネの鼻あてを買ったという30代女性の事例からは、常に新しい商品ラインに入れ替わるリアル店舗の店頭では買えなくなった商品を、ネットでは買い続けることができるという、ネット通販がロングテール消費を支えていることがうかがえる。

そのほか、家族に内緒のものや、人に知られたくないものも、ネットであれば購入しやすいという、先に紹介した個人消費に関するコメントもあった。また、リコメンド表示される関連商品の購入、特に腰痛関連のサプリから低反発マットへの移行は、ニーズ・悩みは共通だが商品カテゴリがまったく異なる商品へのエスカレーションであり、商品カテゴリ別に別の店舗が扱っていることが多いリアル店舗では起こりにくい、ネットならではの消費の深化例と言えよう。

4

二極化④：つながり志向vs.ひとり志向

――つながりたいけれど、「つながり疲れ」でひとりにもなりたい

日本人全体として高まる「つながり志向」

モノにお金をかけるよりコトを重視する人、定年後の時間のゆとりから人とのつきあいが増えた人、SNSによってつきあう人の範囲が広がった人など、きっかけや背景は異なるが、日本人全体の傾向として「つながり志向」は高まっている。

例えば、積極的にお金をかけたい費目においては、「人とのつきあい・交際費」にお金をかけたいという割合が若年層はもともと高い水準であったがさらに増加した。シニア層は比較的高い水準を維持し、また30代～50代の層はもともと低い水準であったが近年大きく増加している（図表3－4－1）。

今や「つながり志向」は年齢層にかかわらず、共通に見られる日本人のトレンドである。

図表3-4-1　積極的にお金をかけたい費目「人とのつきあい・交際費」

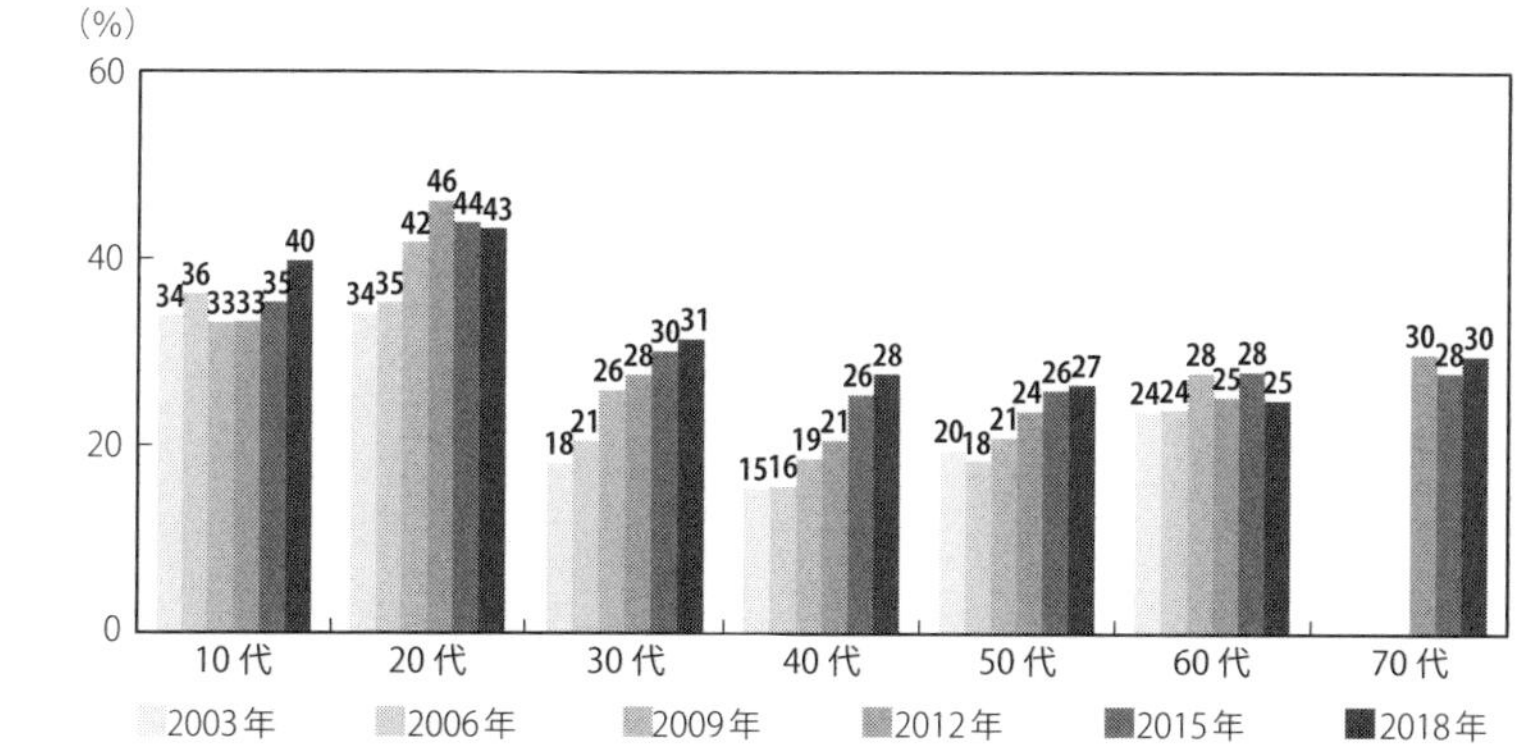

出所：NRI「生活者1万人アンケート調査」（2003年、2006年、2009年、2012年、2015年、2018年）

第2章では「つながり志向」についても世代ごとの特徴に触れたが、企業側のマーケティング活動では年代ごとにセグメンテーションすることが多い。そこで本節の前半では改めて年代ごとに分析した「つながり志向」の特徴を紹介する。

シニア層の「つながり志向」は「家族」がカギ

60代・70代のシニア層は、主に団塊世代・ポスト団塊世代の人が該当する。この年代は、「男は仕事、女は家庭」「妻は夫に従うもの」といった伝統的価値観が強かったが、時代とともに緩和され、今は夫婦歩み寄りの価値観へと変わっている。

社会人現役時代は、その伝統的価値観から、出張準備や旅行の手配などはすべて妻に丸投げしていた人も多いのではないか。現在のシニア層の旅行では、夫が妻のために旅行の計画や手配を率先してやりたくなるような

図表3-4-2　親の住まいとの距離関係の推移

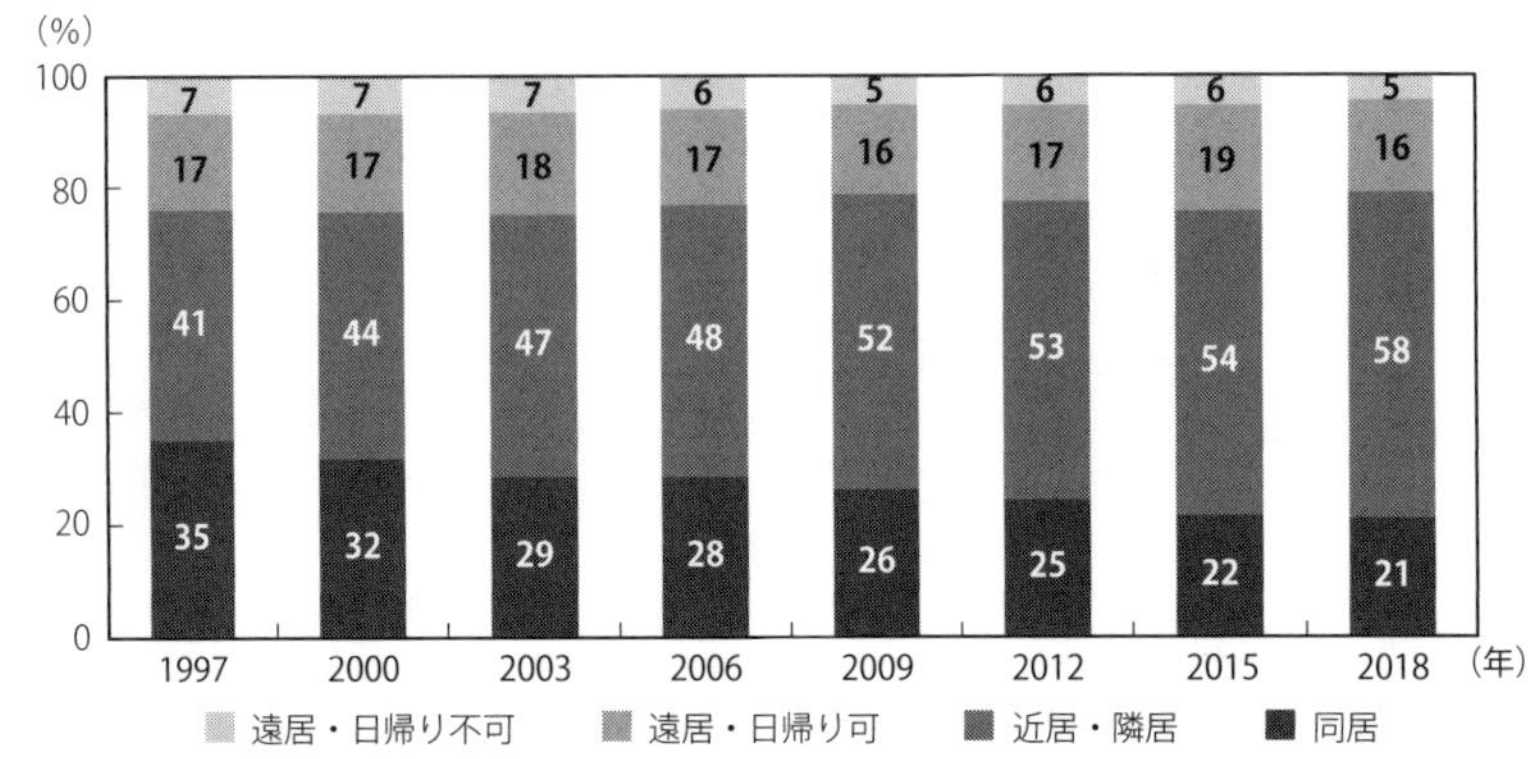

※近居・隣居：交通手段を使って片道1時間以内のところに自分または配偶者の親が住んでいる世帯を示す
出所：NRI「生活者1万人アンケート調査」（1997年、2000年、2003年、2006年、2009年、2012年、2015年、2018年）

テーマ訴求が響くだろう。そしてまだまだアナログ対応が多い年代である。計画や手配に関する手助けを、旅行代理店に気軽に相談できるような雰囲気作りを店舗側で心がける必要があるだろう。

またＮＲＩでは、親世帯と子世帯が片道１時間以内ぐらいで行き来できる距離に住む形態を取っている家族を、日常的に緩やかにつながりながら経済的・精神的にも支え合うような関係性であることから、「インビジブル・ファミリー」と呼んでいる。過去20年間におよぶ経年調査では、この「インビジブル・ファミリー」は増加を続けている（図表３－４－２）。

「インビジブル・ファミリー」は一見、別世帯であるが、消費活動は共同で行うことも多い。孫のために祖父母がランドセルを買うといった消費は想像しやすいと思う。親世帯と子世帯で一緒に外食やレジャーに行くことを考えて多人数乗りのミニバンを購入する、遊びにくる孫のためにゲーム機を祖父母の家に用意しておくなども親世帯・子世帯間の共同消費の例である。

こうした消費傾向は世帯単独で見るだけでは捉えることはできない。マーケティングには世帯間の緩やかなつながりを意識したターゲット像の見直しやニーズの再整理が求められる。特につながりを重視するシニア層に向けては、子どものため・孫のために何をしてあげられるか（何を買ってあげられるか）をうまく理由付けし、後押しすればシニア層の消費はさらに活性化されるだろう。

50代の「つながり志向」は「共通の趣味友達」がカギ

現在の50代は、主にバブル世代が該当する。社会人現役時代の最後の生活を送り、人によっては時間にゆとりも生まれ、会社や仕事関係のつきあいから、共通の趣味などでつながった人とのつきあいが始まるころである。バブル世代の50代は、人からどう見られるかを意識する傾向があり、人とのつきあいを大事にする中で支出も促される可能性がある。共通の趣味友達とうまく出会えるネットワーク作りの支援が肝要だ。

アナログ対応の多いシニア層のネットワーク作りのきっかけは折り込みちらしであったり、街角の掲示板であったりするが、バブル世代の50代はスマートフォン保有率も高くなっており、ＳＮＳを活用する人は増えてきている。地域に閉じた人間関係を築くだけではなく、ＳＮＳなどの活用により、より広い人間関係を築く可能性はある。

ただし、50代におけるツイッターやフェイスブックなどのSNS利用は自ら情報発信するのではなく、閲覧のみという人が多い。SNSは情報収集・共通の趣味友達作りのきっかけとして捉え、リアルなつながりにつなげていく工夫が必要である。

40代の「つながり志向」は「縦のつながり」がカギ

現在の40代は、主に団塊ジュニア世代・ポスト団塊ジュニア世代が該当する。もともと個人主義・マイペース主義志向が強いが、他人と距離を置こうとする価値観は緩和されつつあり、他人とはほどほどに緩やかな「つながり」を求める。

一方、40代という立場は、60代~70代を親世帯に持ち、また自分の子どもは10代~20代に該当するため、価値観や趣味・趣向が大きく異なる上と下の世代に挟まれた状態で、前述の「インビジブル・ファミリー」の中心にいる。「インビジブル・ファミリー」をうまく機能させるためには、例えば子どものニーズをうまく「じぃじ・ばぁば」に伝えたり、逆に「じぃじ・ばぁば」の意向を子世帯内でうまく反映させたりすることが必要になる。そのため、(納得しているかどうかは別として、)親世代の言うことを理解して子世代に伝えたり、その逆のパターンの役割を担うことになるだろう。

若年層の「つながり志向」は「ぶどう型コミュニティ」がカギ

10代～30代の若年層は、主にさとり世代・デジタルネイティブ世代が該当する。スマートフォンの活用、特にSNSによって多様な人間関係を築く傾向にある。その人間関係は、高校・大学の友達であったり、同窓会や成人式があればそれがきっかけですぐに小学校・中学校のSNSグループができてしまったりする。就職活動時期でもインターンシップに参加すれば、参加者でSNSグループが形成されるし、内定後は内定者同士のグループが形成され、入社前から仲が良い。

きっかけがあれば、瞬時に多様なグループが形成される様子は、まるでぶどうの房のような形であろう。人によっては、SNSのアカウントを複数保有し、コミュニティによって使い分ける器用さも身に付けている。「競争より協調」を重視するこの世代はどのグループの交流でも適度に関わりを持ち続ける。その人の趣味・嗜好に合うようなグループに出会うことができれば、長くそのグループに留まることになる。

SNSへの発言も積極的であるので、最終的には消費行動に影響力をもつ「インフルエンサー」として成長する可能性もある。若年層のSNSグループへの関わり方に着目し、企業側として個々のターゲット層との顧客接点を長く保つことが重要である。

「つながり疲れ」の末に……「おひとりさま」を楽しむことがブームに

「つながり志向」は特色が異なるものの、各年代で重要視される志向であり、また企業として消費行動につながる重要な視点である。しかし一方で、消費者にとってつながりを求め重視していく中で、「つながり疲れ」もまた顕著にみられる。特に、SNS活用がよく進んでいる若年層やシングル層では、不安としても「人間関係のトラブル」をあげる割合が高く、快適な人間関係を維持するのにかなり腐心している。

そんな中、シングルにかぎらず「おひとりさま」行動を楽しむ「ひとり志向」が高まっている。本節の後半では、今ひとつのブームになっている「おひとりさま」行動に着目し、まずその4つの背景から紹介していきたい。

背景①：進む「超・単身世帯社会」

そもそも絶対数として単身世帯は増加している。自然と一人で生活する単身世帯者が増えること自体が、「おひとりさま」行動をする人の底上げとなっている。

日本の総人口がすでに減少に転じたことを知っている方は多いと思うが、世帯数については増加し

図表3-4-3　1980～2040年における世帯数・単身世帯割合の推移

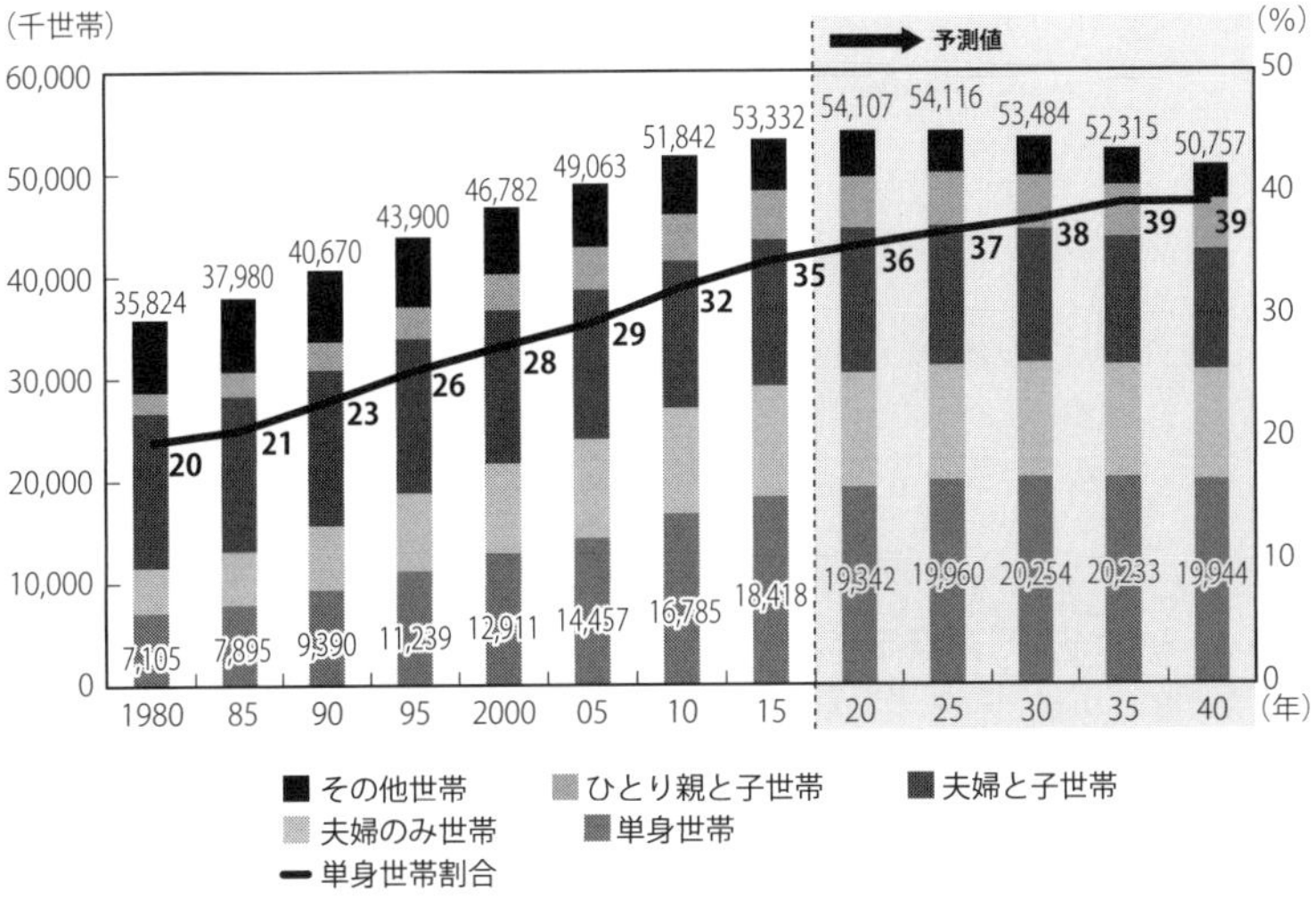

出所：国立社会保障・人口問題研究所「日本の世帯数の将来推計（全国推計）」（2018年推計）

続けていることをご存知であろうか。国立社会保障・人口問題研究所の「日本の世帯数の将来推計（全国推計）」によると、図表3－4－3に示すように、総世帯数は増加し続けており、2015年における総世帯数（5333万世帯）は、2010年（5184万世帯）より149万世帯増加している。

実は、総世帯数が増加しているのは、単身世帯が増えているためである。世帯の内訳を見ると明らかであるが、単身世帯は2010年より163万世帯が増加（2010年対比9・7％増）しており、2015年までは国勢調査の調査年ごとに150万～200万前後の単身世帯数が増加し続けてきた。今後も、2030年ころまでは単身世帯は増加し続ける見込みとなっており、2040年ころには単身世帯割合は4割程度までにのぼると推計

図表3-4-4　生涯未婚率の推移

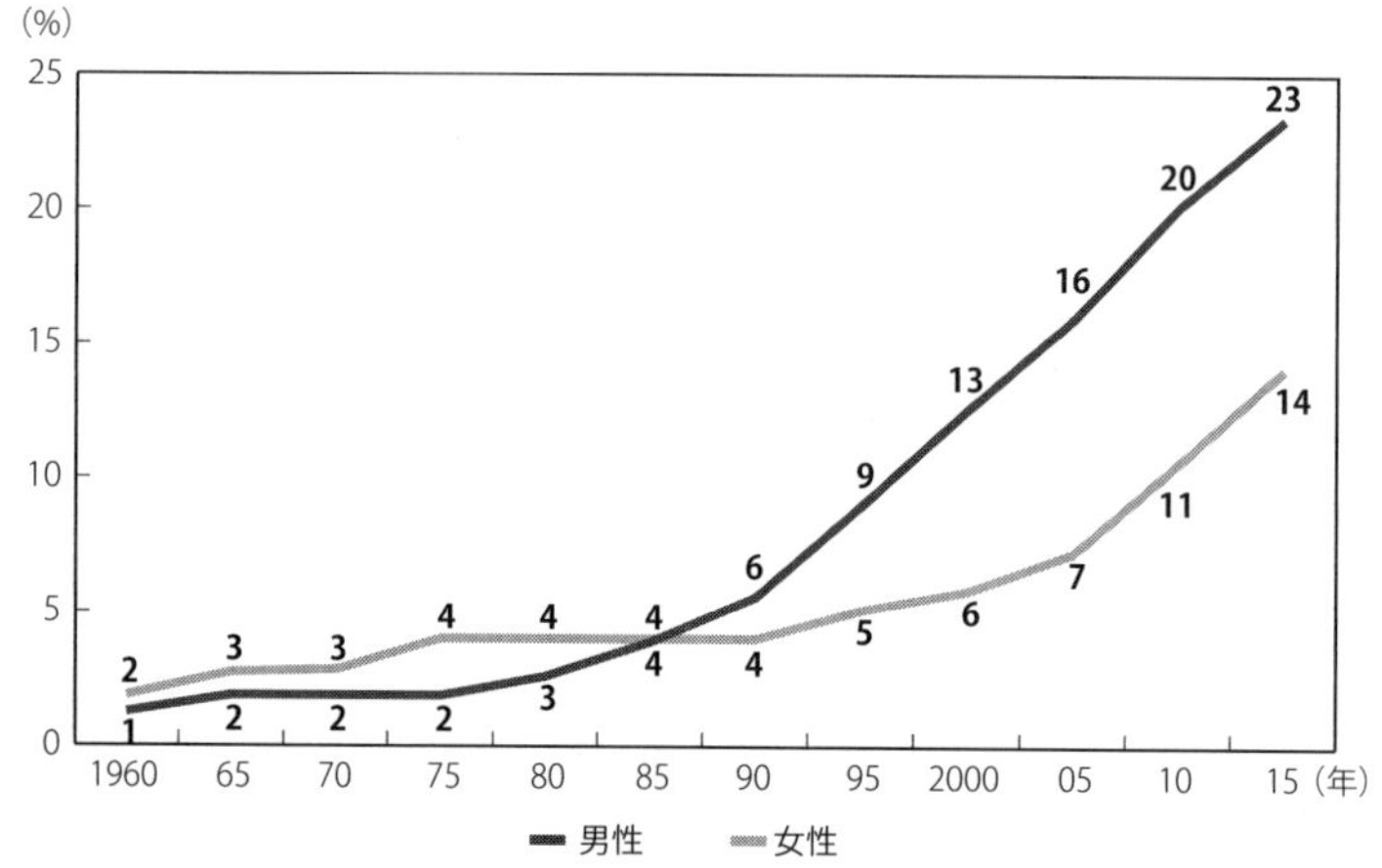

出所：国立社会保障・人口問題研究所「人口統計資料集」

されている。

単身世帯の増加には、男女とも平均寿命の増加、および夫婦どちらかと死別したことによる高齢単身世帯の増加も多分に含まれるが、晩婚化・非婚化も単身世帯増加の大きな要因である。

生涯未婚率は、50歳人口における未婚人口の比率で定義されることが多い。50歳を過ぎても結婚する人はいるが、件数が少ないために実質的に生涯未婚であると考えられている。図表３－４－４は45歳〜49歳と50歳〜54歳の未婚人口比率の平均値を表している。生涯未婚率は、バブル期であった１９９０年前後から男性の生涯未婚率は先に上昇し、女性の生涯未婚率は１９９５年から徐々に上昇してきた。男性は２０００年の段階で10%を超えているが、女性はそれから10年後の２０１０年で生涯未婚率が10%を超えている。

２０１０年ころから女性の生涯未婚率の増加傾

向の傾斜が男性並みになっているのは、女性の社会進出の拡大が影響しているだろう。１９８６年に男女雇用機会均等法が施行された後、２０１０年段階では25年弱が経過している。２０１０年時点で50歳前後の女性はバブル世代に相当するが、１９８６年当時は25歳前後であり、ちょうど大学・大学院を卒業したころである。仕事において女性が活躍する場が増え、結婚して家庭に入る以外の選択肢ができたことから、自然と晩婚化・非婚化の流れにつながっていった。

こうした単身世帯の増加によって、「普通は結婚するよね」という世間的な圧力が弱まり、「結婚しない人も普通にたくさんいる」状態になったということだ。これは第１章で紹介した生活価値観の変化においても顕著に現れていることである。

背景②：「つながり疲れ」が「ひとり志向」の引き金に

先にあげた「つながり疲れ」がひとり志向につながるもう一つの大きな要因となっている。いつでもどこでも人とつながるようになったことで、「返信」しなくては、「いいね」しなくては、「映える投稿」しなくては、という疲れやストレスを感じ、その反動で「一人の時間が欲しい」と考える人が増えてきている。

インターネット利用に対する懸念事項として「インターネット利用による人間関係に疲れを感じることがある」を尋ねたところ、若年層を中心にこの3年で増加の傾向が見られ、ＳＮＳによる「つな

図表3-4-5　インターネット利用に対する懸念事項

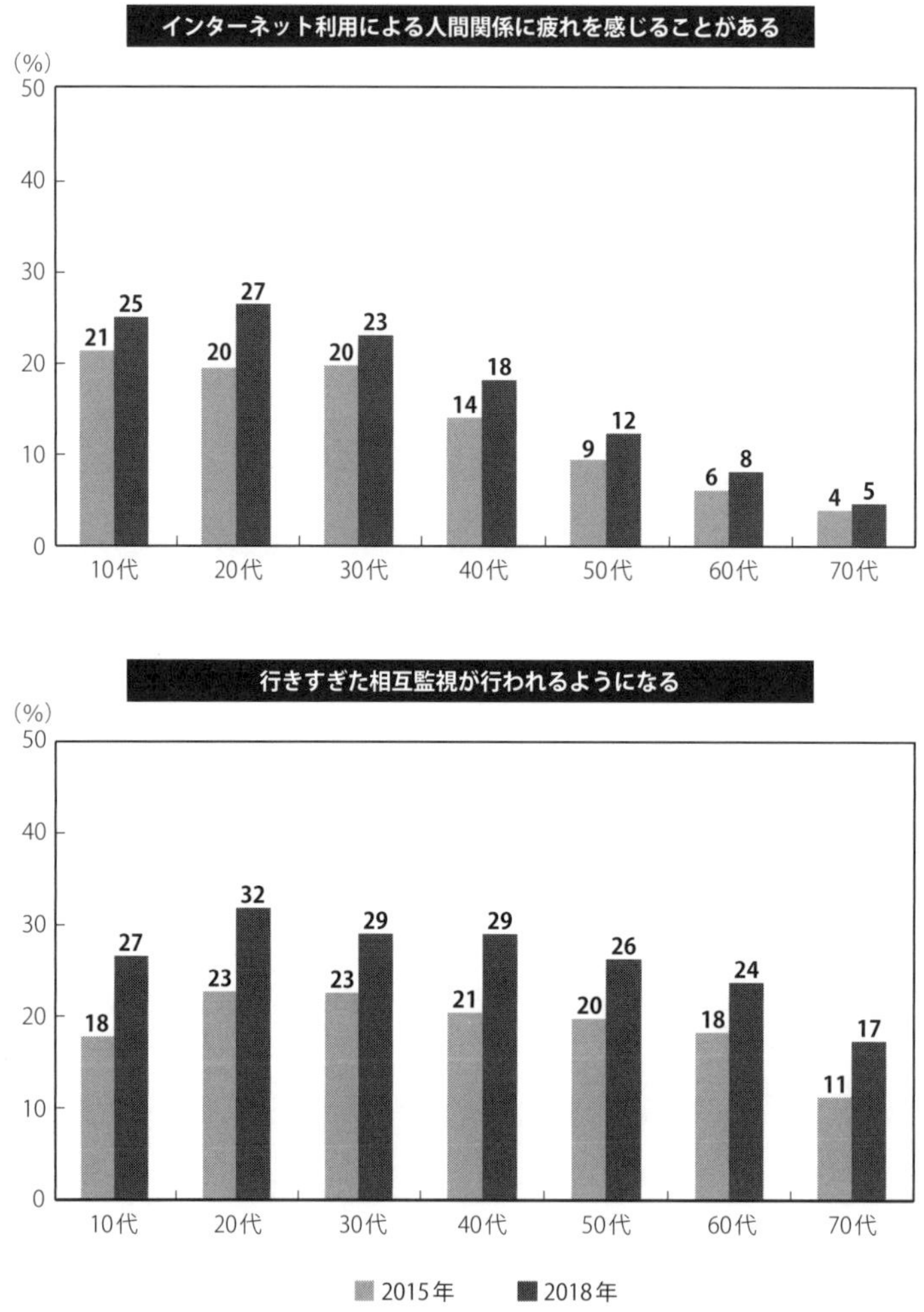

出所：NRI「生活者1万人アンケート調査」（2015年、2018年）

がり疲れ」であることが示唆される。また、インターネット上でつながり過ぎることは、逆に他人からいつでも見られている状態とも解釈でき、それによって生じる「行きすぎた相互監視が行われるようになる」のような懸念は各年代で大きく上昇している（図表3-4-5）。

2018年の年末に実施したNRI「生活者年末ネット調査」において、一人行動の実態について調べた。実は、以前より一人行動が「増えた人」は、一人行動が「増えていない人」（減った人+どちらともいえない人）よりも、普段から家族・親族以外の人とのコミュニケーションが多く（図表3-4-6）、ま

図表3-4-6　週1回以上コミュニケーションをとる割合（家族・親族を除く）

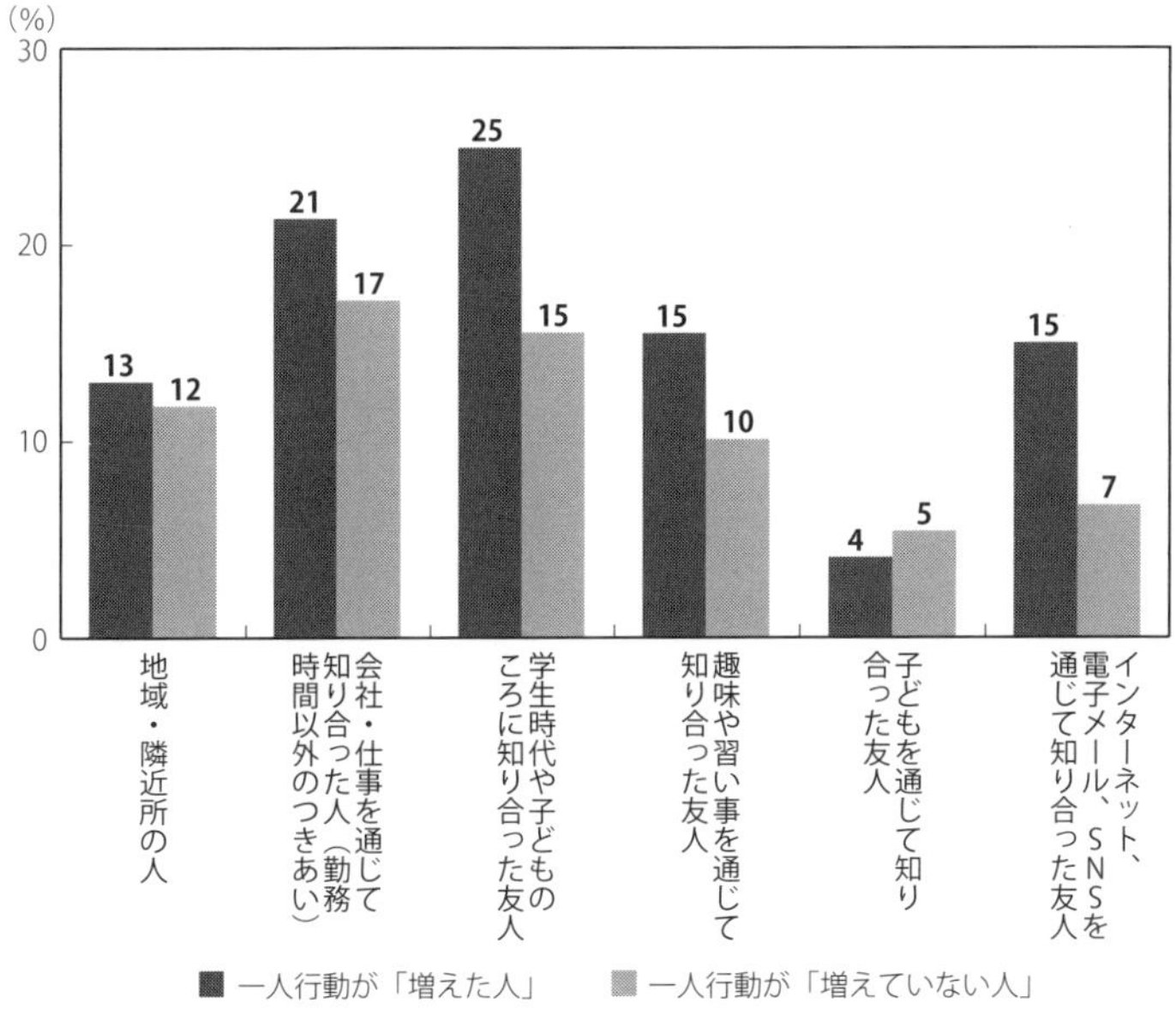

出所：NRI「生活者年末ネット調査」（2018年）

図表3-4-7　スマートフォンで行うアクティビティ
（一人行動が「増えた人」「増えていない人」の差分が5ポイント以上ある項目）

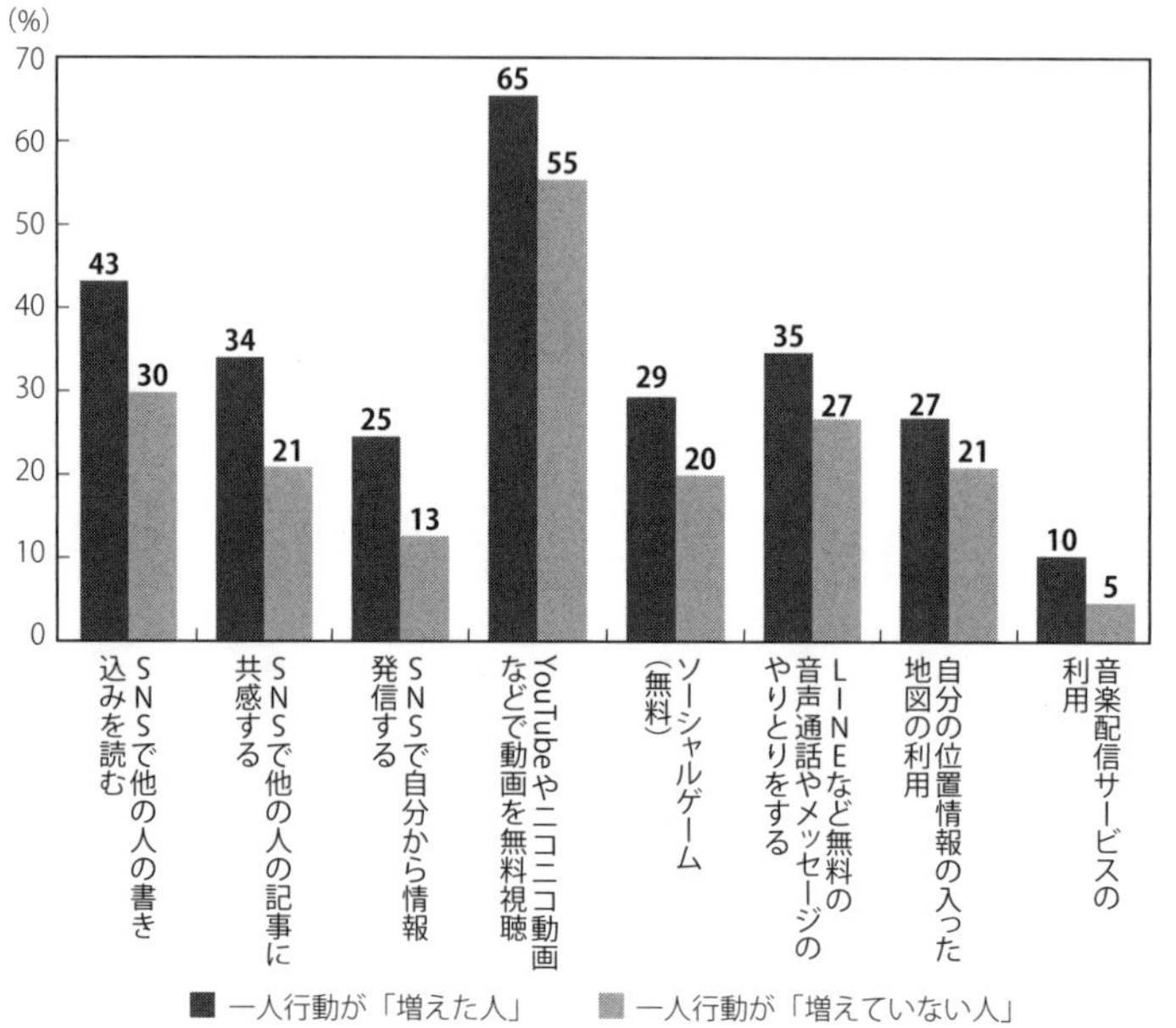

出所：NRI「生活者年末ネット調査」（2018年）

たスマートフォンのアクティビティではSNS利用が多いことがわかっている（図表3-4-7）。この結果からも、普段から他人とのコミュニケーションが多い人や、SNS利用が多い（＝インターネット上のつながりが多い）人は、つながり疲れにより一人行動が増えたのではないかと推察することができる。

NRI「生活者1万人アンケート調査」の実施にあたり20代の若年層を集めたグループインタビューを実施したところ、2012年調査時の若者では「SNSの友達が多いと『引き出しの多い人間』と思ってもらえる」「モノを持つより人脈を持ちたい」など、いわゆるリア充志向ともいうべき発言が多かった。

それが、2015年調査時では「一人旅や食べ歩きが好き。あまり人に知られていない経験をしたい」「一人カラオケ行く。気楽で楽しいし、普通にスマホでやり取りしていると、あまり一人という気がしない」など、一人行動をポジティブに表現する発言が多くなっていた。そして、2018年調査時は、「友だちとの時間」「一人の時間」それぞれを、意識せずに楽しむ若者の傾向が見られ、「一人で行動する」ことが当たり前のようになっている様子がみられている。

背景③：スマートフォンが一人行動の相棒に

スマートフォンが普及し、外出先など、どこでもインターネットとつながり時間つぶしができるようになったことも、一人行動を後押ししている。インターネットを通じて「他人の一人行動」の様子を知ることで、自分も取り組みやすくなったということもある。さらには、SNSの普及はつながり疲れだけでなく、一人カラオケ女子のように「一人でいても一人じゃない」安心感をあたえることで、一人行動を後押ししている側面もある。

以前より一人行動が増えた人に対して、増えた理由を調査した結果が以下である（図表3-4-8）。「他人とつながることにわずらわしさを感じるようになったから」という「つながり疲れ」を示す理由がトップに来るが、次いで上位項目として「周りでも一人で行動する人が増えて、抵抗感がなくなっ

図表3-4-8　一人行動が増えた理由

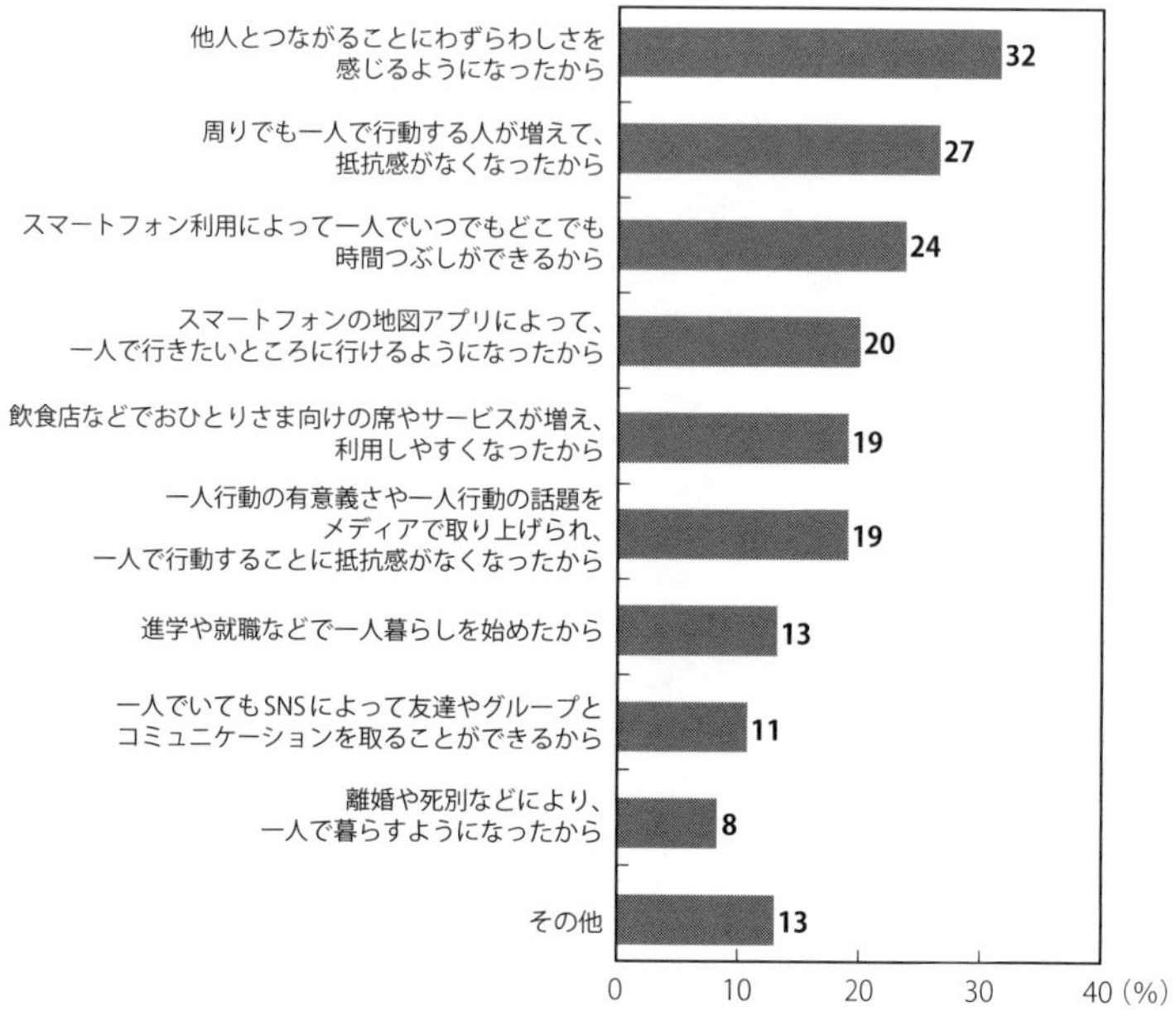

出所：NRI「生活者年末ネット調査」（2018年）

たから」「スマートフォン利用によって一人でいつでもどこでも時間つぶしができるから」「スマートフォンの地図アプリによって、一人で行きたいところに行けるようになったから」などがあげられており、スマートフォンが一人行動を支えた影響は大きい。

背景④：「おひとりさま」が利用しやすい商品・サービスの拡充

こうした消費者側の変化・ニーズに応えて、「おひとりさま」向けの商品・サービスや「おひとりさま」歓迎のお店も増えている。そこで

図表3-4-9　一人で行動する場合の抵抗感

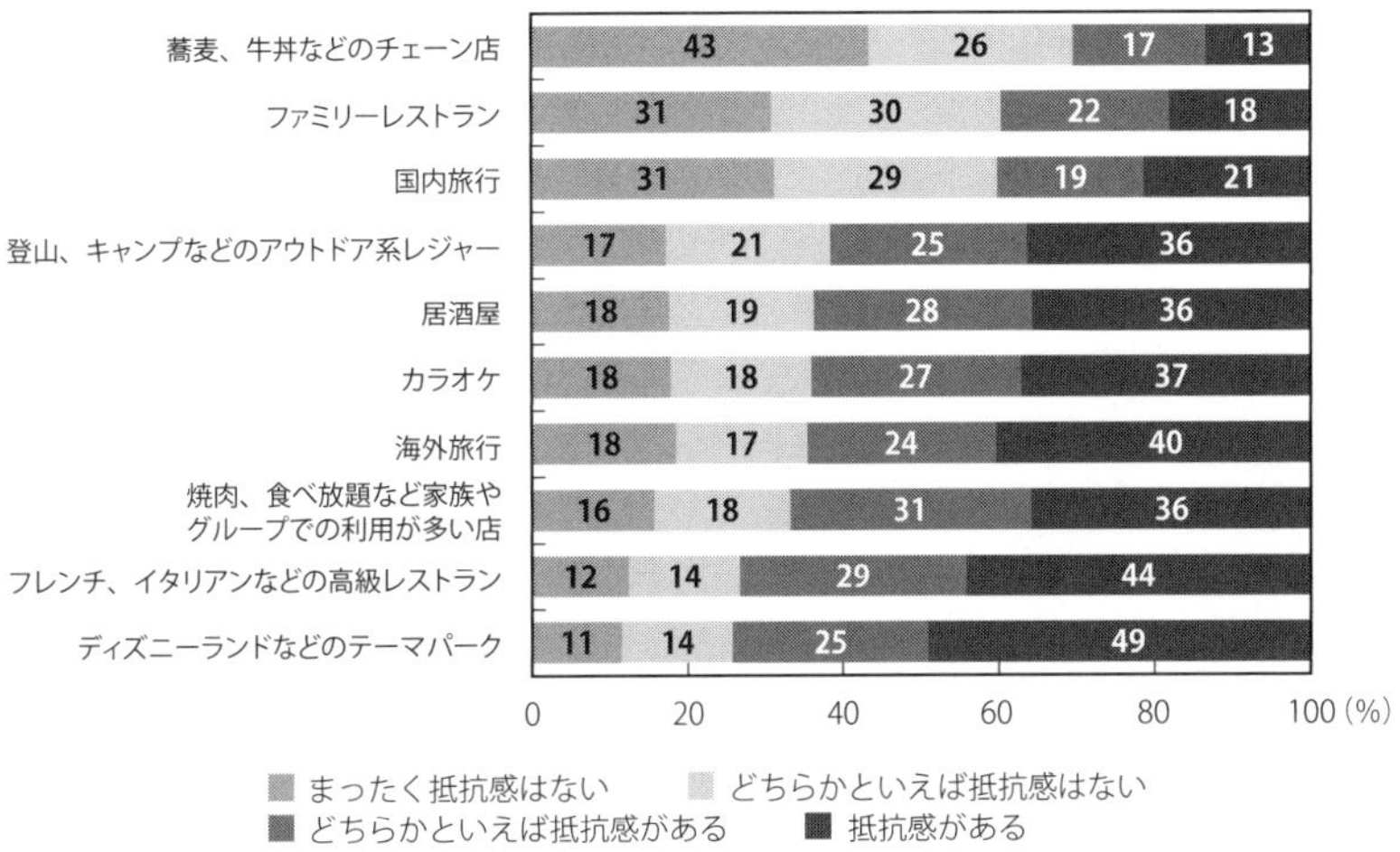

出所：NRI「生活者年末ネット調査」（2018年）

ＮＲＩ「生活者年末ネット調査」では、図表3－4－9のような形で、一人で行動する場合の抵抗感について調査を行った。

「蕎麦、牛丼などのチェーン店」は抵抗がない人が7割程度いる。一人で行動するのが苦手な人でも、チェーン店では一人で食事をしている人も多く、忙しいランチタイムにさっと利用する程度であれば、周りの目も気にならないだろう。

一人で「国内旅行」することに抵抗がない人は6割であり、「ファミリーレストラン」の抵抗感と同等レベルであることに驚かされる。今や各旅行会社のサイトを訪れると、おひとりさま向けの旅行・宿泊プランやツアーを多数、見つけることができる。また、昭文社の「働く女性の等身大の旅を応援する」をコンセプトにした情報ガイドブック「ことりっぷ」や集英社の

「女性の一人旅を応援する」をコンセプトにした「ひとりっぷ®」などが刊行されるなど、「おひとりさま」が気軽に旅行を楽しめるような情報が提供されるようになっていることも影響していると見られる。

「国内旅行」よりはハードルが上がるものの、一人で「登山、キャンプなどのアウトドア系レジャー」をすることに抵抗がない人は4割程度いる。一人でキャンプすることは「ソロキャンプ」とも呼ばれるが、ソロキャンプ向けに適切なサイズの器具をレンタルするサービスが提供されていたり、軽自動車をベースにした一人用のキャンピングカーが登場したりしている。軽キャンピングカーは、元々定年退職した男性をメインターゲットにしていたものだったが、軽自動車で小回りが利いて運転・駐車がしやすく、キャンピングカーのわりには維持費が安いこともあり、ソロキャンプがブームとなっている女性にも売れているという。

「ディズニーランドなどのテーマパーク」は、まだまだ一人で遊びに行くには抵抗が大きいようだが、東京ディズニーリゾートやユニバーサル・スタジオ・ジャパンには「シングルライダー」という一人利用者を優遇するシステムがある。アトラクションに一人分の空席があれば、一人利用客を優先的に案内してくれるもので、タイミングがよければ1時間待ちのアトラクションもたった数分で乗車することが可能だ。

また、グルメやエンターテインメントなどの情報雑誌「TokyoWalker」の出版元であるKADOKAWAは２０１７年末に初めての試みとして「おひとりさま専用Walker」を発行している。ひとりカラオケ、ひとり旅、個サル（個人参加フットサル）などの「おひとりさま」を支援する情報が話題となり、結果として3度の重版になるほどだったという。2018年末には東京以外の首都圏、東海、関西、九州エリアも盛り込んだ「全国版」の「おひとりさま専用Walker」を発行している。

さまざまな企業による「おひとりさま」サービスの拡充によって、一人行動をする際に世間の目を気にしないですむようになった、という社会的な受容が進んだこともあり、「ひとり志向」に基づく行動が広がっていったのである。

「ひとり志向」を実現するために重要な3つの視点

「ひとり志向」は結婚をしていない「おひとりさま」だけの志向ではない。第1章の価値観変化でも紹介したとおり、家族世帯であっても「背中合わせの家族」として、同様の傾向がみられる。家族とはこれまでどおりのつながりを持ちつつも、個人の時間を大切にしたいというニーズだ。それらのニーズを捉える商品・サービスの提供が今後求められるだろう。

現在、「おひとりさま」向けのさまざまな商品・サービスが続々と生まれているが、消費者の「ひとり志向」ニーズを満たすために考慮しておきたい視点が3つある。

1つ目の視点は、「ひとり志向」を実現しやすい環境作りである。例えば、自分の趣味・嗜好に基づく買い物を家族に知られたくないとして、宅配受け取りに私書箱を利用する人もいる。他方で、何でもかんでも家族に自分の行動を秘密にするのは気が引ける。そのような場合は、「TimeTree」などの予定共有アプリを利用し自ら予定を家族に知らせることで、お互い最低限の情報を共有することができ、家族から余計な心配をされずに済むだろう。

こうした家族と緩やかなつながりを保ちながらも、過剰な干渉を受けずに個人の時間を楽しむ環境作りは、気兼ねなく「ひとり志向」を実現するのに不可欠な要素である。

2つ目の視点は、「ひとり志向」を実現する時間の創出である。毎日が仕事や家事・育児で忙しい生活の中で個人の時間を確保するためには、それ以外の時間を削減する必要がある。家事・育児の負担軽減から生み出される1〜2時間程度の「すきま時間」であっても、「ひとり志向」を実現するには十分な時間である。

食器洗い乾燥機や時短調理機能の付いたスチームオーブンレンジなど、時短をアピールする家電製品は「忙しい日常の中でも家族とのつながり」をテーマにした広告訴求をすることが目立つが、「ひとり志向」に着目した訴求の仕方もまた、生活者の潜在ニーズを掘り起こすことになるのではないか。

3つ目の視点は、「ひとり志向」を楽しむ場所「サード・プレイス」の存在である。サード・プレイスとは、自宅（ファースト・プレイス）や職場・学校（セカンド・プレイス）以外に軽い息抜きやリフレッシュ、新たなやる気を生むような場所を示し、ストレス社会を生き抜くためのリラックスできる場所として必要性が認識されている。

例えば、女性のリラックスをテーマに、気取り過ぎず、出入りしやすく、日常的過ぎない場所としてデパ地下の「ちょい飲み」がブームになっている。また企業の福利厚生の一環として、社員食堂を夕方以降にジャズが流れ、お酒が飲めるバーのようにする企業もある。

このような取り組みは、毎日が自宅と職場・学校の往復だけで終わるのではなく、たまには一人でリラックスできる時間を過ごしたいというニーズにつながっている。「つながり疲れ」の先にある「ひとり志向」ニーズをキャッチし、ひとりでも気軽に利用しやすい「サード・プレイス」コンセプトを意識したサービス設計も重要である。

つながりを求める一方で、たまにはひとりの時間も欲しい。逆にひとりの時間が満たされれば気持ちは豊かになり、人とのつながりにも活きるだろう。「つながり志向」と「ひとり志向」は背反する志向ではなく、互いに補完する志向であることを改めて認識しておきたい。

あとがき

本書の執筆陣は日頃から、ビッグデータと呼ばれるような膨大な企業の取引データやＩＤ－ＰＯＳのような消費者の購買実績を記録したデータから、定性的な消費者の生の声や意見に至るまで、さまざまなマーケティング関連のデータを扱い、その分析に基づきコンサルティングの業務に取り組んでいる。

それらの分析をする際のベースにしているのが、本書で主に紹介しているＮＲＩ「生活者１万人アンケート調査」である。我々は１９９７年から3年に１回の頻度で全国の約１万人を対象にした調査を積み重ねており、２０１8年の調査までの計8回、約20年間にわたる時系列データを得ている。

これらのデータは消費をめぐる意識・行動の現状を正確に把握するために用いられるとともに、将来の社会、生活などのシナリオを検討する際にもしばしば活用されている。時代が平成から令和に移り変わる中で、先行きが不透明な将来の社会、産業、生活がどうなっていくのかを展望することの要請は以前にも増して強まっているといえるだろう。

その際には、少子高齢化、グローバル化、ＩＣＴの普及拡大などの社会環境変化、経済予測、技術革新の動向の展望などと併せて、生活者や需要サイドを起点に将来を見据えていくことを我々は重視したいと考えている。

中でも、今回は改めて「世代」から見た分析を行うことで、生活者の価値観や消費をめぐる意識がどのように変わってきて、今後どう変化しようとしているかを検討した。そのボリュームの大きさから戦後、一貫して大きな影響力を持っていた「団塊の世代」から、近年のＩＣＴ、スマートフォンの影響を強く受けて育った「デジタルネイティブ世代」に至るまでの各世代の特徴と変化の方向性についてまとめた結果を今後の展望に役立てていただければと考えている。

改めて申し上げると、ＮＲＩ「生活者1万人アンケート調査」は、日本の生活者を対象に大規模かつ時系列で実施されており、他に類例をみない調査データとして、政府の審議会・官公庁の報告書、民間企業の中期計画やマーケティング戦略の立案など、さまざまな形や用途でご活用いただいている。

２０１８年の調査実施後、主な調査結果は速報版などの形ですでに公表しているが、今回、令和の時代を迎える最初の年に書籍として刊行することとなった。本書の前著にあたる『なぜ、日本人は考えずにモノを買いたいのか?』(東洋経済新報社)も多方面から反響をいただき、さまざまな企業や機関から取材や意見交換の場を頂戴することができた。本書の内容も同様に、ご活用いただければ幸いである。

最後に、本書を執筆するに際し、意見交換をし、貴重な示唆を与えてくださった社内外の方々に厚く御礼を申し上げたい。

野村総合研究所の此本臣吾社長には、今回の調査の企画を主導し、また分析についても助言をいただいた。コンサルティング事業本部長の村田佳生専務執行役員からの調査の実施に関する支援など、本書執筆にあたってのさまざまな配慮にも感謝を申し上げる。

インサイトシグナル事業部の塩崎潤一部長は、ＮＲＩ「生活者1万人アンケート調査」を筆者とともに最初に企画したときのメンバーだが、今回はプロジェクトの総括責任者として全体の管理や社内調整などを担当しており、結果としてプロジェクトを円滑に推進することができた。ＩＣＴメディア・サービス産業コンサルティング部の三宅洋一郎部長とは、メディア利用の類型化に着目した分析を共に進める機会をもつことができた。アナリティクス事業部の石原進一上級コンサルタントは「ひとり志向」の消費行動の傾向に早くから着目しており、今回もディスカッションを通じて彼からアドバイスを得たことで、分析を深めることができた。

また、本書の構成・執筆に関する的確な助言をし、編集を担当してくれた東洋経済新報社の藤安美奈子氏にも御礼を申し上げる。

２０１９年７月

日戸浩之

NRI「生活者1万人アンケート調査」について

NRIでは、1997年より3年おきに、生活者1万人に対して、訪問留置法（調査員が家庭を直接訪問して調査票の記入依頼を行い、後日調査票を回収する調査方法）による大規模アンケート調査を実施し、インターネットの利用によらない日本人の縮図を長期時系列で把握している。サンプル数や調査項目などの調査概要は左記のとおりである。

■NRI「生活者1万人アンケート調査」（1997年、2000年、2003年、2006年、2009年、2012年、2015年、2018年）

・調査手法：訪問留置調査

・対象者：全国の満15歳～69歳の男女個人。2012年調査から対象者を満15歳～79歳に拡大

・サンプル数：10052人（1997年）、10021人（2000年）、10060人（2003年）、10071人（2006年）、10252人（2009年）、10348人（2012年）、10316人（2015年）、10065人（2018年）

・サンプル抽出方法：層化二段無作為抽出法

・主な調査項目：生活価値観、人間関係、就労スタイル、消費価値観、消費実態、余暇・レジャー、生活設計な

ど、日常生活や消費動向全般

※過去の調査結果と時系列で比較する際には、２０１２年および２０１５年調査データのサンプルを15歳～69歳に限定し、それぞれサンプル数は８８２１人（２０１２年）、８７１８人（２０１５年）、８４３１人（２０１８年）としている。

調査では、巻末の「日本人の平均データ」にみられるように、平均世帯年収は減少傾向にあったがアベノミクスによる雇用環境改善の影響もあり２０１５年以降に改善した様子や、コンビニエンスストアの利用頻度やインターネット利用率が大幅に上昇していることなど、現代消費者の生活実態が明確に見て取れる。この他にも、消費価値観や消費動向など幅広い項目に関してデータを取得しているため、個別企業のニーズに応じた分析を行うことも可能である。

趣味・余暇（%）	97年	00年	03年	06年	09年	12年	15年	18年
園芸、庭いじり	24.0	28.0	27.5	24.0	20.5	20.3	14.8	13.7
読書	19.0	20.9	22.8	22.5	21.9	19.5	19.6	20.2
カラオケ	17.0	11.8	13.8	14.2	11.5	12.1	11.9	12.0
グルメ、食べ歩き	15.0	13.7	19.4	20.8	20.4	21.2	24.1	29.1
ドライブ	18.6	21.0	20.3	21.5	19.6	17.5	17.2	18.3
国内旅行	12.7	13.7	17.0	17.7	14.9	17.2	17.4	19.8
海外旅行経験（過去1年間）	18.8	23.9	23.2	23.9	22.3	22.6	17.4	18.5
ペットを飼っている割合	—	—	44.8	46.8	44.8	42.4	40.9	38.1

直面している不安（%）	97年	00年	03年	06年	09年	12年	15年	18年
自分の健康	51.1	50.4	52.0	55.4	52.4	51.4	49.4	53.0
雇用、失業	9.9	16.8	20.5	16.5	22.6	19.2	14.2	13.7
社会保障制度の破たん	—	26.8	28.7	26.6	24.3	22.7	21.4	21.1
増税、社会保険料増加	39.5	25.5	30.3	33.0	28.8	28.8	27.7	29.0
治安悪化、犯罪増加	19.3	28.0	27.7	25.8	17.9	12.1	15.2	11.9
自然災害	22.0	15.4	22.7	33.4	28.2	38.2	33.5	42.6

生活（%）	97年	00年	03年	06年	09年	12年	15年	18年
生活程度（中の中）	53.8	53.1	53.1	49.7	52.1	52.4	53.6	54.6
現在の生活に満足	71.7	71.1	70.6	72.0	68.5	73.1	75.8	76.3
生きがいは「家族」	20.0	25.3	23.8	22.9	24.2	26.0	23.5	22.2
「景気」はよくなる	7.8	13.7	8.4	18.4	11.6	5.7	11.6	12.2
「家庭収入」はよくなる	8.9	9.0	6.1	9.8	6.5	6.9	10.0	10.7
今以上の収入を前提	24.4	22.5	18.6	20.6	16.4	14.4	15.8	18.6
転職経験	46.9	42.5	52.6	52.9	54.7	54.7	56.1	56.4
離婚率（離別状態比率）	2.2	2.7	3.7	4.5	4.6	5.3	5.5	5.7

出所：NRI「生活者1万人アンケート調査」（1997年、2000年、2003年、2006年、2009年、2012年、2015年、2018年）

日本人の平均データ

財産・金融（%）	97年	00年	03年	06年	09年	12年	15年	18年
平均世帯年収（万円）	713	654	614	596	595	583	645	668
平均個人年収（万円）	288	257	249	236	253	239	272	285
平均世帯貯蓄額（万円）	859	853	818	827	896	926	1,014	1,015
持ち家率	77.1	78.0	77.4	77.3	78.7	79.1	81.2	81.7
自動車保有率	86.3	88.6	89.2	90.0	89.6	88.4	90.0	90.2
不動産相続率（既＋見込み）	43.0	46.4	54.8	55.0	52.2	53.9	56.4	57.0

商品保有率（%）	97年	00年	03年	06年	09年	12年	15年	18年
パソコン	26.2	43.4	62.7	70.2	77.0	80.7	80.5	80.6
ファックス	24.5	38.9	48.2	57.1	59.0	57.0	53.8	47.4
携帯電話（含PHS、スマートフォン）	21.8	45.8	71.3	82.9	89.7	80.2	86.1	92.0
カメラ	85.3	79.7	74.2	61.6	—	—	—	—
デジタルカメラ（コンパクト、一眼）	3.1	11.0	36.3	56.4	67.9	70.9	67.3	62.6
DVD機器	0.7	2.5	27.2	58.3	61.7	60.6	59.0	55.1
ブルーレイレコーダー	—	—	—	—	8.1	39.7	48.8	53.9
食器洗浄機	9.2	12.9	16.1	22.2	26.5	29.4	34.2	35.7

チャネル利用（回／月）	97年	00年	03年	06年	09年	12年	15年	18年
コンビニエンスストア	6.0	6.5	6.7	7.6	8.2	8.4	9.0	9.7
食品スーパー	—	9.6	10.1	9.9	9.7	9.0	9.5	9.3
百貨店・デパート	1.6	1.1	1.1	1.0	0.8	0.7	0.7	0.6
薬局・ドラッグストア	1.4	1.8	2.0	2.3	2.4	2.4	2.8	3.2
雑誌・カタログ通販	0.2	0.3	0.3	0.3	0.3	0.2	0.3	0.3

インターネット接触（%）	97年	00年	03年	06年	09年	12年	15年	18年
インターネット利用率	3.6	27.3	53.1	64.2	83.3	90.0	93.7	96.6
電子メールの送受信	—	19.5	44.5	52.6	79.3	82.7	85.6	90.2
インターネットショッピング	—	4.8	13.8	23.3	30.4	38.0	48.5	58.2
ネットバンキング	—	—	—	—	—	14.5	19.0	24.3
株式オンライントレード	—	—	—	—	—	4.8	7.2	9.2
位置情報を活用した地図利用	—	—	—	—	—	13.3	21.4	34.3

本書で取り上げた、NRI独自アンケート一覧

■NRI「生活者1万人アンケート調査」（1997年、2000年、2003年、2006年、2009年、2012年、2015年、2018年）

※216～217ページを参照

■NRI「生活者年末ネット調査」（2012年、2013年、2014年、2015年、2016年、2017年、2018年）

・調査手法：インターネット調査

・対象者：全国の満15歳～69歳の男女個人

・サンプル数：3171人（2012年）、3095人（2013年）、3095人（2014年）、3096人（2015年）、3098人（2016年）、3098人（2017年）、3098人（2018年）

・主な調査項目：生活価値観、消費価値観などの日常生活や消費動向全般や情報収集の仕方、消費行動におけるリアルとネットの使い分けなど

■NRI「生活者アンケート調査」（1985年）

・調査方法：訪問留置調査

・対象者：全国の満15歳～70歳の男女個人

・サンプル数：1074人

・主な調査項目：生活価値観、消費価値観など、日常生活や消費動向全般

■NRI「日・米・中インターネット生活者調査」（2014年8月）

・調査方法：インターネット調査

・各国別の調査対象者とサンプル数割り当て：

日本……満15歳～69歳の男女より、3000人を回収

米国……満15歳～69歳の男女より、3000人を回収

中国……満15歳～59歳の男女より、3000人を回収

※中国は60歳～69歳はパネル上のサンプルが極端に少ないため、対象者から除く

調査対象都市は都市規模、地域バランスを考慮して左記のように設定

Tier 0. 都市：北京、上海、広州、各500サンプル

Tier 1. 都市：大連、南京

Tier 2. 都市：ハルビン、西安、成都、各300サンプル

・主な調査項目：価値観、理想のライフスタイル、就業状況、働き方に対する考え方、基本的な消費行動、ICTの利用実態、今後利用してみたいサービスなど

執筆者紹介

松下東子（まつした・もとこ）
インサイトシグナル事業部、上級コンサルタント。1996年東京大学大学院教育学研究科教育心理学専攻修了、同年野村総合研究所入社。以来、一貫して消費者の動向について研究し、企業のマーケティング戦略立案・策定支援、ブランド戦略策定、需要予測、価値観・消費意識に関するコンサルテーションを行う。初回より「生活者1万人アンケート調査」（1997年～）の調査設計・分析に携わる。現在インサイトシグナル事業部（https://www.is.nri.co.jp/）にて、独自データとシステムによるマーケティング・広告活動の見える化に取り組んでいる。
著書（共著）に『なぜ、日本人はモノを買わないのか？』(2013年)、『なぜ、日本人は考えずにモノを買いたいのか？』(2016年、いずれも東洋経済新報社）がある。

林　裕之（はやし・ひろゆき）
アナリティクス事業部、主任コンサルタント。2009年東京大学大学院新領域創成科学研究科先端エネルギー工学専攻修了後、グローバルコンサルティングファームを経て、2015年野村総合研究所入社。専門領域は、生活者の意識・行動分析、需要予測などの予測モデル構築、購買実績データによる顧客の購買行動特性分析など、データに基づくマーケティング活動支援や戦略立案。
著書（共著）に『なぜ、日本人は考えずにモノを買いたいのか？』(2016年、東洋経済新報社）がある。

日戸浩之（にっと・ひろゆき）
コーポレートイノベーションコンサルティング部、グループマネージャー、上席コンサルタント。1985年東京大学文学部社会学科卒業、同年野村総合研究所入社。1996年東京大学大学院経済学研究科修士課程修了。専門は、マーケティング戦略立案、生活者の意識・行動分析、サービス業（教育、人材関連など）の事業戦略など。
現在、東京理科大学大学院経営学研究科技術経営専攻教授、北陸先端科学技術大学院大学客員教授を兼務。
著書（共著）に『変わりゆく日本人』(1998年)、『続・変わりゆく日本人』(2001年)、『第三の消費スタイル』(2005年、いずれも野村総合研究所)、『大衆化するIT消費』(2007年)、『なぜ、日本人はモノを買わないのか？』(2013年)、『なぜ、日本人は考えずにモノを買いたいのか？』(2016年)、『デジタル資本主義』(2018年、いずれも東洋経済新報社）などがある。

日本の消費者は何を考えているのか？
二極化時代のマーケティング

2019年9月5日発行

著　者——野村総合研究所　松下東子／林　裕之／日戸浩之
発行者——駒橋憲一
発行所——東洋経済新報社
〒103-8345　東京都中央区日本橋本石町 1-2-1
電話＝東洋経済コールセンター　03(5605)7021
https://toyokeizai.net/

装　丁………………竹内雄二
本文デザイン・DTP……アイランドコレクション
印　刷………………東港出版印刷
製　本………………積信堂
編集担当……………藤安美奈子

ISBN 978-4-492-55790-7